古典文獻研究輯刊

六 編

潘美月・杜潔祥 主編

第 9 冊

張岱《四書遇》研究

簡 瑞 銓 著

國家圖書館出版品預行編目資料

張岱《四書遇》研究／簡瑞銓 著 — 初版 — 台北縣永和市：花木蘭文化出版社，2008〔民 97〕

目 6+250 面；19×26 公分
（古典文獻研究輯刊 六編：第 9 冊）

ISBN：978-986-6657-07-8（精裝）
1.（明）張岱　2.四書　3.注釋　4.學術思想

121.212　　　　　　　　　　　　　　97001077

ISBN 978-986-6657-07-8

古典文獻研究輯刊
六 編 第 九 冊　　　　　　　　ISBN：978-986-6657-07-8

張岱《四書遇》研究

作　　者　簡瑞銓
主　　編　潘美月　杜潔祥
企劃出版　北京大學文化資源研究中心
出　　版　花木蘭文化出版社
發 行 所　花木蘭文化出版社
發 行 人　高小娟
聯絡地址　台北縣永和市中正路五九五號七樓之三
　　　　　電話：02-2923-1455 ／傳真：02-2923-1452
電子信箱　sut81518@ms59.hinet.net
初　　版　2008 年 3 月
定　　價　六編 30 冊（精裝）新台幣 46,500 元

張岱《四書遇》研究

簡瑞銓　著

作者簡介

作者簡介：簡瑞銓，男。生於民國 55 年 10 月，台灣‧南投人。畢業於東吳大學中國文學研究所，學術領域為四書學、易經與佛學。目前任教於亞洲大學，課餘並致力於心靈淨化工作之推展。

提　要

　　張岱（1597～1680 年）字宗子，又字石公，號陶庵，又號蝶庵居士，明神宗萬曆二十五年（1597）八月出生於浙江山陰縣。學問廣博，著述宏富，前半生，繁華綽麗，浪漫多姿；明亡後，砥志厲節，隱居不仕，默默以終。從本論文對其僅存的經學著作《四書遇》的探討，可知張岱亦是一位力主經世致用的經學家，其思想主要是服膺儒家思想，以陽明心學為實踐軸心，並將之落實於自己的日常生活，貫穿於自己的生命歷程與著作的一位經學家。

　　我們把張岱的《四書遇》放在《四書》學詮釋史的脈絡中來看，其顯現出的價值與文化意義主要有五點：

（一）在義理上，展現以陽明心學詮釋《四書》之成果與面貌。

（二）在治學方法與態度上，特種實踐精神，表達出知識份子實現儒家傳統「內聖外王」的願望與途徑。

（三）在學風上，反映當代《四書》學之新面貌。

（四）在詮釋方式上，呈現活潑多采的經典詮釋方式與詮釋平民化之傾向。

（五）在內容上，保留彙整晚明陽明後學的《四書》見解，並突顯個人風格特色。

　　綜上所論《四書遇》體現了陽明學注經的面貌，匯聚了陽明學者詮釋《四書》的總成果，反映了當代的經學風氣，突顯了自己的著作風格。其所建構的無非是想建立以實踐道德精神為導向的《四書》學著作，響應當代通經致用的風氣，引領學風。

目
次

第一章　緒　論

第一節　研究緣起

一、研究動機與目的

　　《四書》對明代知識份子來說，可說是最重要的一部典籍。就生活物質層面來講，知識分子研讀《四書》，透過科舉考試，可以入仕為官，生活前途獲得出路與保障；就生命的精神面來講，知識份了透過《四書》的理解，不論是程朱的「主敬窮理」，還是陽明的「致良知」，由此知道「作聖之功」，人人皆可「居仁由義」而成德成聖。前者於是產生了專為科舉功名而詮釋《四書》的時文講章之作；後者則成為學術主流，產生了許多宗朱或宗王的《四書》學著作。

　　這些經學主流的《四書》學著作，依時代來分，明中葉以前率皆是宗朱的《四書》作品。代表作如蔡清《四書蒙引》、呂柟《四書因問》等，皆奉程朱之學為圭臬。但是由於朱子的《四書集注》自元、明以來成為科舉考試定本，朱子學成為官方正統意識形態後〔註1〕，通過科舉考試與官方的提倡，這些宗朱的著作基本上籠罩在朱子《四書集注》之下，多為朱子學的發揮而少有新意。漸漸的，士大夫溺於訓詁詞章之學，程朱學說則被當成獵取名利的工具。更甚者，乃至轉相抄襲產生許多因襲剽竊之作〔註2〕，導致經義學問漸至荒疏，朱學逐漸僵化，知識份子對聖學的講

〔註1〕 如容肇祖先生說：「明初尊崇朱學，所定考試制度，及永樂敕撰的《五經大全》、《四書大全》、《性理大全》，幾乎是要把讀書人的思想，統治在程朱學之下。」見氏著：《明代思想史》（臺北：台灣開明書店，1982年7月），頁34。
〔註2〕 如陳琛《四書淺說》乃合蔡清《四書蒙引》、林希元《四書存疑》而成；管大勳《四書三說》也是折衷蔡、林二書以為己意；王守誠《四書傳三義》輯《四書蒙引》、《四

求，墮落爲對功名利祿的追求。此種學術面貌到了明中葉王陽明的「心學」盛行後，才有所改變。陽明在〈稽山書院尊經閣記〉一文中說：

經，常道也。其在於天謂之命，其賦於人謂之性，其主於身謂之心。……是常道也，以言其陰陽消息之行焉，則謂之《易》；以言其紀綱政事之施焉，則謂之《書》；以言其歌詠性情之發焉，則謂之《詩》；以言其條理節文之著焉，則謂之《禮》；以言其欣喜和平之生焉，則謂之《樂》；以言其誠僞邪正之辯焉，則謂之《春秋》。是陰陽消息之行也，以至於誠僞邪正之辯也，一也，皆所謂心也、性也、命也，通人物，達四海，塞天地，亙古今，無有乎弗具，無有乎弗同，無有乎或變者也，夫是之謂《六經》。《六經》者非他，吾心之常道也。故《易》也者，志吾心之陰陽消息者也；《書》也者，志吾心之紀綱政事者也；《詩》也者，志吾心之歌詠性情者也；《禮》也者，志吾心之條理節文者也；《樂》也者，志吾心之欣喜和平者也；《春秋》也者，志吾心之誠僞邪正者也。君子之于《六經》也，求之吾心之陰陽消息而時行焉，所以尊《易》也；求之吾心之紀綱政事而時施焉，所以尊《書》也；求之吾心之歌詠性情而時發焉，所以尊《詩》也；求之吾心之條理節文而時著焉，所以尊《禮》也；求之吾心之欣喜和平而時生焉，所以尊《樂》也；求之吾心之誠僞邪正而時辯焉，所以尊《春秋》也。……蓋昔者聖人之扶人極，憂後世，而述《六經》也，猶之富家者之父祖慮其產業庫藏之積，其子孫者或至於遺忘散失，卒困窮而無以自全也，而記籍其家之所有以貽之，使之世守其產業庫藏之積而享用焉，以免於困窮之患。故《六經》者，吾心之記籍也，而《六經》之實則具於吾心。〔註3〕

這一篇文章可說揭示了陽明的經學觀，亦即「六經皆心學」的觀點，而這一觀點，隨著陽明心學的盛行，提倡以自我良知爲中心，重視個人良知的展現和自我人格的完成，於是晚明儒家經典的詮釋有了新的風貌，即是揚棄程朱的學說而產生了大量以「陽明心學」爲思想基礎來詮釋《四書》的「宗王」著作。〔註4〕如李卓吾的《四書評》、管志道的《論語訂釋》及《孟義訂測》、焦竑的《焦氏四書講錄》、周汝登的《四書宗旨》、楊起元的《四書眼評》、葛寅亮的《四書湖南講》、周宗建的《論語商》、

書存疑》、《四書淺說》三書而成。

〔註3〕見王陽明：《王陽明全集》（上海：上海古籍出版社，2006年4月）卷7，頁254。

〔註4〕這種現象表現在對《四書》的詮釋上最爲明顯，蓋明人于儒家經典特種《四書》，其原因有二：一是學人往往就《四書》以講學，尤其是以《大學》架構規模，演成學說；二是「明代儒生以時文爲重，時文以四書爲重」。語見《四庫全書總目提要·四書人物考提要》。

劉宗周的《論語學案》及《孔孟合璧》、袁黃的《四書訓兒說》及《四書刪正》、王肯堂的《論語義府》、張鼐的《四書演》、周宗建的《論語商》、張岱的《四書遇》等等蔚爲一股風潮。但是由於清初學者將亡國罪名歸咎於陽明後學之空言誤國，如王夫之說：

> 姚江王氏始出焉，則以其所得於佛老者，殆攀是篇〈中庸〉以爲證據。其爲妄也既莫之窮詰，而其失之皎然易見者，則但取經中片句隻字與彼相似者，以爲文過之媒。至於全書之義，詳略相因，巨細靈畢，一以貫之……迨其徒二王、錢、羅之流，恬不知恥，而竊佛老之土苴以相附會，則害愈烈，而人心之壞，世道之否，莫不由之矣。〔註5〕

此外，王夫之又責「王學」之末，喪盡廉恥，忘及君父，他說：

> 王氏之學，一傳而爲王畿，再傳而爲李贄。無忌憚之教立，而廉恥喪，盜賊興。……故君父可以不恤，名義可以不顧，陸子靜出而宋亡，其流禍一也。〔註6〕

最後一句，暗指「王學」斷送明代天下之意；若不明說，也是爲避清政府之諱。顧炎武更憤激，斥責陽明破壞學風：

> 以一人而易天下，其流風至於百有餘年之久者，古有之矣。王夷甫（衍）之清談；王介甫（安石）之新說。其在於今，則王伯安（守仁）之良知是也。孟子曰。「天下之生久矣；一治一亂。」撥亂世，反諸正；豈不在後賢乎？〔註7〕

於是，陽明心學由「異端」而得亡國的罪名。其實，專制政權的崩潰，與其政體本身的缺點，有切實關係。明朝末年，內憂外患，國勢日危，這與朝廷用人不當，信人不足，是不可分的。細讀《明儒學案》之「東林學案」與「蕺山學案」即可知。明神宗（萬曆）懶於理事，明思宗（崇禎）心有餘而才力皆不足。明朝自始而終，寧信宦官而不信忠臣，其滅亡是在人意料之內的。黃宗羲的《明夷待訪錄》，不只是分析與批判專制政權的著作，也可說是解釋歷代興亡（包括明代）的借鏡。將明亡歸罪於「王學」，是簡單化歷史。誠如余英時先生所說：「中國人以往評論歷史，常在有意無意之間過高地估計了思想的作用，特別是在追究禍亂的責任的時候。因此，五胡亂華之禍要歸咎於魏晉清談，明朝之亡國則諉過於『空言心性』，甚至所謂『洪、楊之亂』也要漢學考證來負責。這種觀點一直到今天還流動在許多人的歷史判斷之

〔註5〕見王夫之：《禮記章句》（下）（臺北：廣文書局，1977年）卷31，頁1136。
〔註6〕見王夫之：《張子正蒙注》（臺北：世界書局，1962年4月）卷9，頁282。
〔註7〕見顧炎武：《日知錄集釋》（臺北：世界書局，1962年4月）卷18，頁439。

中。把共產主義在中國的得勢，溯源至『五四』前後的新文化運動，依然是一個相當普遍的看法。這個傳統的觀點並非毫無根據，但是在運用時如果不加分析，那就不免要使思想觀念所承擔的歷史責任遠超過它們的實際效能。」〔註8〕可是明朝遺老，受到了國破家亡的創傷，其悲痛是不言可喻的，因此在悲憤之餘，便把明朝滅亡的責任歸罪到「王學」的身上，指責王學夾雜釋老，「陽儒陰釋」空疏虛誕，例如張烈、陸隴其、張伯行，都屬此輩，又皆是在朝之學者。因此清廷官修的《四庫全書》中對陽明後學的排斥，使得這些「宗王」學者的《四書》著作，未受應有的重視，《四庫》館臣在《總目》中屢屢批評這些「心學」的《四書》學著作是「禪學」，並將這類著作排拒於《四庫全書》之外，僅列名「存目」，部分著作甚至列入「禁燬書」當中。因此學者在《四庫全書》所見到的明代《四書》學著作多為「朱學」或「漢學」之作，且凡論及明代，率皆以為是經學積衰時代，經義荒疏，不足一觀。例如《明史・儒林傳》云：

> 專門經訓，授受源流，則二百七十餘年間，未聞以此名家者。經學非漢、唐之精專，性理襲宋、元之糟粕，論者謂科舉盛而儒術微，殆其然乎！
>
> 〔註9〕

皮錫瑞《經學歷史》也說：

> 論宋、元、明三朝之經學，元不及宋，明又不及元。〔註10〕

類似上述說法者，在各種經學史或思想史的典籍中，可說俯拾皆是，不勝枚舉。因此，後代學者受顧炎武等清初學者的看法影響，都對明代經學毫無研究興趣，導致明代經學長期遭到漠視與誤解，其實際內容與發展情形，也因缺乏研究而無法清楚的為世人所了解。即如今人李威熊先生說：「經學盛衰，可由經學著作的多寡，質的高下，政府與民間是否重視，或透過比較來加以區分。明代經學，經由上面的分析，大略有了輪廓。就宋學而言，初、中期是以朱學為主流，但過了中期，朱學逐漸走下坡。繼之而起的是晚明的陽明心學，並轉為當時的經學大流，為宋學的陸、王學派另創高峰，但經學著述卻乏善可陳。這時批判宋學的聲音也陸續出現，在考據、辨偽、輯佚方面，也有一些的成就，不過仍屬旁支，然而可說是清乾嘉實學前頭的伏流。因此，明代宋學，往前比不上宋、元，漢學比不上清代，當然可以判定：明代是一個經學積衰的時代。」〔註11〕此等「陽明心學的經學著述卻乏善可陳」的批

〔註8〕見余英時：《歷史與思想》（臺北：聯經出版事業公司，1986年7月），自序，頁4。
〔註9〕見張廷玉：《明史・儒林傳》（臺北：藝文印書館）卷282，頁3096。
〔註10〕皮錫瑞：《經學歷史》（臺北：學海出版社，1985年9月）〈經學積衰時代〉，頁252。
〔註11〕見李威熊：〈明代經學發展的主流與旁支〉，《明代經學國際研討會論文集》，頁91。

評可說給以王學極低之評價，更遑論以陽明心學注經之著作。以《四書》學的角度來看，從《新集四書註解群書提要附古今四書總目》〔註12〕中，剔除掉舉業參考書的著作後，以陽明心學注經的作品數量還是頗有可觀，其質量皆不容小覷。學者如能超越顧、王等人的看法，卸下對王學的成見，當可發現其實陽明心學最可貴者乃在於心性修養功夫論方面，這是傳統儒學所最欠缺者。陽明所提倡的「致良知」，表達的就是不忍世風日下、儒學淪落爲功利之具，希望藉由心學的實踐，力挽狂瀾、提振人心，「實康濟得天下，挽回三代之治，」的方法與主張。〔註13〕黃宗羲即慧眼獨具的指出：「自姚江指點出良知人人現在，一反觀而自得，便人人有個作聖之路。故無姚江，則古來之學脈絕矣。」〔註14〕

如今《續修四庫全書》、《四庫全書存目叢書》、《四庫禁毀書叢刊》相繼刊印出版，以及由國立編譯館主編的《新集四書註解群書提要附古今四書總目》，使得吾人現在能大量探討陽明學的《四書》面貌，且近年張岱《四書遇》的發現及出版，尤爲可喜。然而目前學界對這些陽明學者的《四書》學著作的探討尚屬缺乏，而有關張岱《四書遇》的探討則更爲稀少。因此本文擬直接從張岱《四書遇》著手，探討「宗王」《四書》學之面貌，與陽明學說對張岱在詮釋《四書》時的影響，以幫助吾人瞭解陽明學說對當代《四書》學的影響面貌及深度、意義與價值。

筆者選擇《四書遇》爲研究題目有兩個意義：第一點，從《四書》學史的脈絡來看，筆者在攻讀碩士期間，研究晚明以禪解經的新《四書》學著作《四書蕅益解》以及十數年親身實踐心性之學所知，愚以爲陽明「致良知」學說乃最能直接孔、顏心法者，然而陽明並沒有直接完整之《四書》詮釋作品。張岱《四書遇》則彙整了晚明陽明學者對《四書》義理實踐、體悟的精要見解，可提供呈現此時期之實證心學之方法、過程與結果。這對有志實踐儒家「內聖外王」之學者可說是值得研究取資的典籍。從《四書遇》所編纂的注文中，最能看出晚明《四書》學的發展狀況，但目前未有以此爲學位論文的研究專著。

另外就圖書文獻學的角度來看，「《四書遇》不僅爲我們深入研究，全面考察張岱，提供了重要的原始資料，還由於該書的旁證博引、廣採眾說，而給明季學者及其著作，提供校勘、辨訛、考證的依據。就《四書遇》所引語錄涉及的二百

〔註12〕國家圖書館漢學研究中心收藏許多由日本傳回的晚明《四書》學著作，國立編譯館
　　　　並將之編成《新集四書註解群書提要附古今四書總目》（上、下）（臺北：華泰文化
　　　　公司，2000 年 5 月）一書，以供學人檢索。
〔註13〕見王陽明：《王陽明全集》，〈年譜〉五十六歲，正月條，頁 1304。
〔註14〕見黃宗羲：《明儒學案》（臺北：華世出版社，1987 年）卷 10，〈姚江學案序〉，頁
　　　　179。

六十七人中，除去唐宋元明著名學者及有著作傳世的人而外，有不少張岱同時代人，得賴此書以傳世。就所引證的典籍來說，亦可作考證、校勘、辨訛之資。」〔註15〕

第二點，從張岱個人思想研究來看，自來學界只知張岱是文學家、史學家，不知他亦是經學家。張岱的治學態度就如王船山所說：「夫讀書將以何為哉？辨其大義，以立修己治人之體也；察其微言，以善精義入神之用也。乃善讀者，有得於心而證之以書者，鮮矣。」〔註16〕然而「像張岱這樣一位本應在中國史學史、文藝理論批評史乃至哲學史上都占一席之地的重要人物，過去因受材料的限制，特別是其煌煌巨著《石匱書》及《史闕》、《四書遇》等長期以來密鎖深藏，鮮為人知，他作為史學家和經學家的地位一直被淹沒，一般僅在《中國文學史》中作為『明末小品文作家』略為提及，為人知曉。」〔註17〕

由於對張岱經學著作研究的缺乏，導致一般人容易有這樣印象式的批評：「（張岱）他也治經學，撰《明易》、《四書遇》等論著，對程朱理學批判嘲諷尤力；但總體言之，未能在李贄、三袁等人之外別樹旗幟。所可喜者是他善於從日常生理中的人情事裡戳破道學的虛假窒人，用今日的話是頗具內出血效應。」〔註18〕或想當然爾的結論：「宗道之評解《四書》，也為其後文人之《四書》評解提供了借鑒。晚明文人張岱受公安派影響甚大，其《四書遇》也以陽明學為本，且主張儒佛合一，以禪理陶冶儒經，宗道之影響宛然可見於其中。」〔註19〕

張岱的經學作品主要有《四書遇》、《明易》、《大易用》，除了《四書遇》近年被發現外，《明易》與《大易用》已亡佚了，而《瑯嬛文集》中尚留存有《大易用》序一文。因此欲明張岱的經學思想，只能從《四書遇》中著手，方能一探其經學特色與成就，以上兩點即為本論文寫作的動機與目的。

〔註15〕朱宏達：《四書遇·前言》（杭州：浙江古籍出版社，1985年6月），頁9。

〔註16〕見王夫之：《讀通鑑論》（臺北：里仁書局，1985年2月），頁594。

〔註17〕見胡益民：《張岱研究》（合肥：安徽教育出版社，2002年1月），頁3。

〔註18〕見胡益民：《張岱評傳》（南京，南京大學出版社，1990年）何滿子序，頁2。其實張岱《四書遇》的特色與價值是超過李卓吾的《四書評》與袁宗道的《白蘇齋類集·說書類》中的《四書》學，關於這個部分請參本論文第五章〈四書遇的內容特色〉一文。

〔註19〕周群：〈論袁宗道的四書詮釋〉，《中日四書詮釋傳統初探》（臺北：台灣大學出版中心，2004年8月），頁535。其實張岱的《四書遇》並沒有主張儒佛合一，而《四書遇》受袁宗道影響的地方則微乎其微，全書亦僅徵引一則宗道的《四書》見解。相反的，則是受李卓吾與楊起元、張鼐等人的影響較多。關於這個部分請參考本論文第七章〈張岱四書遇與晚明四書學的關係〉。

二、歷來研究成果回顧

檢視前人對這個領域的研究，可說非常缺乏。在經學史方面，如皮錫瑞的《經學歷史》，馬宗霍的《中國經學史》等，講到明朝《四書》學的時候，只是幾筆帶過。而由林師慶彰所主編的《經學研究論著目錄》（1912～1987）、《經學研究論著目錄》（1988～1992）等所錄來看，近人對晚明《四書》學的研究，還是缺乏。學界目前關於晚明《四書》學的研究成果有羅永吉《四書蕅益解研究》〔註20〕、簡瑞銓《四書蕅益解研究》〔註21〕、吳伯曜《林兆恩四書正義研究》〔註22〕、陳昇輝《晚明論語學之儒佛會通思想研究》〔註23〕、陳孟君《李卓吾四書評與晚明新四書學》〔註24〕等篇，單篇論文有周群〈論袁宗道的四書詮釋〉〔註25〕、吳伯曜〈陽明學說對焦氏四書講錄的影響〉〔註26〕·〈陽明心學對晚明四書學的影響〉〔註27〕、朱宏達〈張岱四書遇的發現及其價值〉〔註28〕、黃俊傑〈張岱對古典儒學的解釋──以四書遇為中心〉〔註29〕等幾篇文章。

日人有關陽明後學這一部分之著作則有：佐野公治的《四書學史の研究》〔註30〕第五章介紹李卓吾《四書評》，而〈第六章晚明の四書學〉只介紹周汝登的《四書》學〔註31〕。荒木見悟的《明末思想研究》〔註32〕第十章專文探討葛寅亮的《四書湖

〔註20〕羅永吉：《四書蕅益解研究》（臺南：國立成功大學中國文學研究所碩士論文，1995 年）

〔註21〕簡瑞銓：《四書蕅益解研究》（臺北：東吳大學中國文學研究所碩士論文，1996 年）

〔註22〕吳伯曜：《林兆恩四書正義研究》（彰化：國立彰化師範大學國文教育研究所碩士論文，2001 年）

〔註23〕陳昇輝：《晚明論語學之儒佛會通思想研究》（臺北：淡江大學中國文學系碩士論文，2002 年）

〔註24〕陳孟君：《李卓吾四書評與晚明新四書學》（南投：暨南國際大學中國語文學系碩士論文，2004 年）

〔註25〕周群〈論袁宗道的四書詮釋〉，《中日四書詮釋傳統初探》（下）（臺北：國立台灣大學出版中心，2004 年 8 月）

〔註26〕吳伯曜：〈陽明學說對焦氏四書講錄的影響〉，《明代文學、思想與宗教國際研討會論文集》（嘉義：南華大學文學系，2005 年）

〔註27〕吳伯曜·〈陽明心學對晚明四書學的影響〉，《湖南大學學報（社會科學版）》2006 年第 2 期，頁 30～37。

〔註28〕朱宏達：〈張岱四書遇的發現及其價值〉，《杭州大學學報》第十五卷第一期（1985 年 3 月），後來收入新校標點本《四書遇》（杭州：浙江古籍出版社，1985 年），成為該書之〈前言〉。本論文所據之版本即為 1985 年，浙江古籍出版社出版之刊本，此本也是目前市面上可見唯一流通之刊本。

〔註29〕黃俊傑：〈張岱對古典儒學的解釋──以四書遇為中心〉，《明清之際中國文化的轉變與延續研討會論文集》（臺北：文史哲出版社，1991 年）。

〔註30〕佐野公治：《四書學史の研究》（東京：創文社，1988 年）

〔註31〕探討周汝登的《四書》學著作包括《東越證學錄》與《四書宗旨》等二部。

南講》〔註33〕、松川健二編《論語思想史》〔註34〕第三部明清之部收有〈王守仁傳習錄和論語〉、林兆恩《四書標摘正義》、〈李贄李溫陵集和論語〉等三篇文章。相較於晚明陽明後學大量的《四書》學作品，如此的研究成果顯然不夠。

關於張岱《四書遇》部份，學界對張岱的研究，大部分研究集中在探討張岱的文學成就，諸如：黃桂蘭《張岱的生平及其文學》〔註35〕、陳清輝《張岱生平及其小品文研究》〔註36〕、郭榮修《張岱散文理論及作品研究》〔註37〕、陳麗明《張岱散文美學研究》〔註38〕、徐世珍《張岱夜航船研究》〔註39〕、郭秉融《張岱及其散文研究》〔註40〕等等。首先對張岱比較全面研究的則是夏咸淳的《明末奇才——張岱論》一書〔註41〕，全書約十五萬字，分爲：一塊遺落的補天石、新潮與傳統的融匯、豐富的美學思想、散文藝術的奇葩、金聲玉振傳千秋等五章。此書的主要特色在於對張岱的詩歌和散文研究甚爲深入，在材料的運用上，除了《陶庵夢憶》、《西湖夢尋》、《瑯嬛文集》外，兼採用了《石匱書》、《石匱書後集》、《四書遇》等材料，對於張岱的研究有很大的提升。

接著是胡益民先生的《張岱研究》、《張岱評傳》。這兩本書內容大致相同，只是章節編排不同而已。〔註42〕《張岱研究》是胡先生的博士論文，《張岱評傳》則是根

〔註32〕荒木見悟：《明代思想研究》（東京：創文社，1972 年）

〔註33〕此文主要介紹明末新《四書》學的勃興、新《四書》學的動向、《四書湖南講》的版本與作者、《四書湖南講》的思想立場等四部份。

〔註34〕松川健二主編・林師慶彰等譯：《論語思想史》（臺北：萬卷樓圖書公司，2006 年 2月）

〔註35〕黃桂蘭：《張岱的生平及其文學》（臺北：文史哲出版社，1977 年）

〔註36〕陳清輝：《張岱生平及其小品文研究》（高雄：高雄師範學院國文研究所碩士論文，1981 年）

〔註37〕郭榮修：《張岱散文理論及作品研究》（臺北：台灣大學中國文學研究所碩士論文，1993 年）

〔註38〕陳麗明：《張岱散文美學研究》（臺北：台灣師範大學國文研究所碩士論文，1996 年）

〔註39〕徐世珍：《張岱夜航船研究》（臺北：政治大學中國文學研究所碩士論文，2002 年）

〔註40〕郭秉融：《張岱及其散文研究》（臺北：台北市立師範學院應用語文學研究所碩士論文，2004 年）

〔註41〕夏咸淳：《明末奇才——張岱論》（上海：上海社科院出版社，1989 年版）

〔註42〕《張岱研究》的章節分爲上下兩編。上編爲：第一章社會哲學思想，第二章文藝美學思想，第三章史學的貢獻與成就，第四章散文創作及成就。下編爲：第五章家世生平考索，第六章交游考論，第七章著述考略，第八章張岱卒年及《明史紀事本末》作者問題考辨。書末附錄有：編年事輯、張岱明岱文學史論（輯校）、《康熙會稽縣志・凡例》輯校等三篇文章。而《張岱評傳》的章節爲：緒論一位不應被忘却的大師，第一章家世、生平與著述，第二章交游與張岱的文化性格，第三章社會哲學思想，第四章文藝美學思想，第五章史學的成就與貢獻，第六章詩詞創作及其成就，

據上書，重新潤飾、安排章節而成，由南京大學出版，並收入匡亞明先生主編的中國思想家評傳叢書。胡先生對張岱的研究範圍主要分兩部分：一外圍部份，包括家世生平、交游、著述、生卒年等論述；一為核心部分，包括社會哲學思想、文藝美學思想、史學貢獻與成就、文學創作及成就等四方面。其中社會哲學思想部分，第一節對程朱理學及八股科舉制度的理性主義批判，主要以《四書遇》為材料，論述張岱反對程朱理學，以及以程朱理學為範本的科舉考試制度。第二節辨證法思想，主要以《四書遇》、《石匱書》、《大易用序》中所引《易》學資料為根據，論述張岱的《易》學思想。第三節「心本體」問題和張岱哲學思想的美學化傾向，亦以《四書遇》為素材，指出張岱是陽明哲學的崇奉者，對「宇宙即吾心」的理論基本上是全盤肯定的。

　　胡先生的著作可說是目前學術界對張岱研究最全面也最深入的論述。對張岱的思想包括文學、史學、經學皆有述及；對張岱生平、交游、個性皆有詳盡的分析，其對張岱的研究，取得了空前的成就。然而或許是馬克思主義的影響，其論述有時失去客觀性。例如第一章第一節，〈對程朱理學集八股科舉制度的理性主義批判〉說到張岱對朱子學的態度問題。基本上，張岱反對程朱理學，主要是因為對心學認知不同所致〔註43〕，並不如胡先生所言：「我們對張岱及其後繼者們對理學人性論的激烈批判是持完全肯定態度的，因為理學人性論對中國社會帶來的直接後果是嚴重阻礙了文明的歷史腳步。」〔註44〕這樣的過度詮釋，凸顯作者個人的主觀認定，有失客觀。

　　又由於《張岱研究》研究的面向較廣，涉及的論題較多，並沒有專門針對張岱的《四書遇》作深入的探究。目前學界直接研究《四書遇》的著作，只有朱宏達先生所發表的〈張岱四書遇的發現及其價值〉以及黃俊傑先生的〈張岱對古典儒學的解釋──以四書遇為中心〉兩篇文章。朱先生的文章主要論述的重點可分為四點：

（1）《四書遇》抄稿本的發現經過與面貌。

（2）《四書遇》的成書時間。由書中注文推斷全書在甲申明亡之前已經基本定稿，入清以後或有增補，其結集下限最遲不得超過康熙四年（1665），張岱六十九歲自為墓誌銘之前。

（3）《四書遇》的內容思想，包括對程朱理學的批評、陸王心學的繼承、三教合流之傾向。

（4）舉《四書評》的作者問題為例，說明《四書遇》可提供校勘、辨偽、考證方面的資料。

　　第七章絕代散文家。書末附錄有：張岱簡譜。

〔註43〕詳見本論文第七章第一節〈張岱對朱子學的態度〉一文。

〔註44〕見胡益民：《張岱研究》，頁11。

　　除了撰文介紹《四書遇》的發現及其價值外，朱先生更對《四書遇》作基本的整理，包括：《四書遇》中所引證的典籍和唐宋前名家語錄，大部分作了核對，並加以注明列在《四書》經文之後。注文的部分包括所徵引的書名、篇名或卷數，有時並摘錄所引書之原文。此外更將《四書遇》中所引用到的人名，整理出「人名索引」一篇，各人物之下，簡介其字號、年里、事跡。對《四書遇》的研究工作來說，他可說是開路功臣，居功甚偉。若沒有朱先生的整理與出版，目前學界仍無緣得見《四書遇》的原貌。

　　接著，黃俊傑先生的《張岱對古典儒學的解釋──以四書遇爲中心》一文即在〈張岱四書遇的發現及其價值〉的基礎上更深入的研究《四書遇》，以之作爲探討明末清初歷史的發展中，思想與學術思潮的持續性或斷裂性問題之個案，探討以下三個問題：

　　（1）張岱在明末清初，持何種基本立場，重新解釋以《四書》爲中心的古代儒學。

　　（2）張岱如何透過他對古代儒學的解釋回應朱子學。

　　（3）張岱的《四書遇》在何種程度內表現晚明三教合一的思想傾向？

　　最後結論指出張岱的《四書遇》和他的文學作品一樣代表了明代思想與時代精神中那種特有的「解放精神」與自由學風，在《四書》學史上卻有其代表性的意義。並點出了《四書遇》中所蘊含的新《四書》學之特色，包括以陽明心學「心即理」爲詮釋的思想基礎，對程朱理學「理、氣二分」、「天理、人欲二分」的反對內涵，呈現的自由學風與儒佛合流的傾向，舉例貼切、論述精要。

　　然而此二篇文章不足的部分，一爲缺少對張岱《四書》見解，諸如「格物致知」、「中庸」、「仁」、「學」、「性善」、「王道與仁政」等更細緻的觀察；一爲將之放在《四書》學史的脈絡中觀察其特色與意義。此外，朱宏達與黃俊傑先生皆以爲，《四書遇》只是明末文人的讀經札記，這一點筆者並不認同。徵諸其自序云：

　　　　余遭亂離兩載，東奔西走，身無長物，委棄無餘。獨於此書，收之篋
　　底，不遺隻字。曾記蘇長公儋耳渡海，遇颶風，舟幾覆，自謂《易解》與
　　《論語解》未行世，雖遇險必濟。然則余書之遇知己，與不遇盜賊水火，
　　均之一遇也。遇其可遇言哉！

由此文中，可見張岱對其書的重視。綜觀全書，筆者以爲《四書遇》的撰著動機目的、特色與價值當不止是明末文人的讀經札記而已。〔註45〕《四書遇》最主要的內

〔註45〕詳見本論文第三章，第一節〈四書遇的成書〉。

容即是紀錄了張岱以及晚明陽明學者實踐儒家義理的心得與方法。其在《四書》學史上的意義，不止反映晚明《四書》學「解放精神」與自由學風，更反映了在義理上，展現以陽明心學詮釋《四書》之成果與面貌，在治學態度上，特種實踐精神，表達出知識份子實現儒家傳統「內聖外王」的願望與途徑，在文獻上，保留彙整晚明陽明後學的《四書》見解等方面。

　　基於此，本論文即是在二位先生所奠定的研究基礎與方向上，對《四書遇》作更深入而全面的探討，期望能對張岱的經學涵養與著作特色、價值，取得一定的了解。

三、研究方法與範圍

　　研究《四書遇》首先即需面對一個方法論的問題。因為《四書遇》的內容除了張岱個人的見解外，還輯錄了大量宋明學者的言論，以闡釋《四書》的涵意。黃俊傑先生以為：「其中有一個方法論的問題：在張岱自己的意向與他所引用的宋明儒者的意向之間如何聯繫？例如在《論語・顏淵》『仲弓問仁』章的解釋中，張岱引用徐自溟的說法來詮釋孔子。那麼，張岱、徐自溟、孔子三者各自的義理脈絡，如何調適？」〔註46〕針對這個問題，從張岱的成書動機與詮釋體例來看〔註47〕，筆者以為《四書遇》所輯錄者，乃張岱援引符合自己見解的《四書》學言論，用來論證自己的觀點；且其所援引的見解，都是經過張岱博覽約取，擇其精要之處，而特意保存下來者。其中除了廣引諸說及兼存異說之文外，率可視為張岱的意見。〔註48〕

　　本論文探討的重心即是透過《四書遇》的解讀，探討張岱對儒家經典的詮釋方向，如何繼承陽明學說，其受影響的程度為何？如何以陽明心學詮釋《四書》，其詮釋後的成果面貌有何特色？其次探討《四書遇》在當代乃至整個《四書》學史中，扮演什麼樣的角色，凸顯出什麼意義？

　　由於文本會隨著詮釋者的內在涵養、詮釋者的切入解度、詮釋者的觀念以及

〔註46〕黃俊傑：〈張岱對古典儒學的解釋——以四書遇為中心〉，《明清之際中國文化的轉變與延續研討會論文集》，頁363。

〔註47〕詳見本論文第三章〈四書遇的成書及詮釋方式〉。

〔註48〕張岱引用他人見解的部分，則是經過他深心明眼，審於去取而留存的精華。他在《廉書小序》即說：「學海無邊，書囊無底，世間書怎讀的盡？只要讀書之人，眼明手辣，心細膽粗，眼明則巧於掇拾，手辣則易於剪裁，心細則精於分別，膽粗則決於去留。」這是張岱一貫的治學態度，其許多著作如《詩韻確》、《老饕集》、《一卷冰雪文》等皆是如此成書。

研究的方法工具，而產生不同的風貌。那麼如何選擇研究方法，則是研究者需要考量的重要問題。〔註 49〕我們知道，中國的注經傳統，總不脫離以下幾點陳述方式：（1）針對於解釋名物、典章制度、疏通文義爲主的語文學詮釋類型；（2）增補史實、提供背景爲主的歷史考據學詮釋類型；（3）側重挖掘文本文字中的深層含義，即探求文本「微言大義」的詮釋類型；（4）側重討論和發揮哲學命題的思辨哲學詮釋類型。〔註 50〕這些詮釋角度與內涵雖有差異，但是都有一個共同的基本立場──那就是「神聖的作者觀」，這是研究經學者所不可不知的基本認識。中國注疏傳統不論是漢學的訓詁考證或者是宋明理學的義理發揮，其旨要皆在於發明探求聖人本意，使得聖人的教誨不因時空背景的隔閡，能爲當代所用。但因歷史主客觀因素的影響，當注疏偏離此一目標時，就會有「回歸原典」之要求，此爲學者不可不知。

因此本論文主要採用「以經解經」的研究〔註 51〕與詮釋方法〔註 52〕，因爲「以經解經」的詮釋法不會因時代變遷而落伍淘汰，是最好最根本的經典詮釋法；而「以經解經」的研究法則能客觀呈現原作者的思想原貌，不致落入研究者主觀的見解。

於是本論文的寫作從《四書遇》最基本的注文爬梳整理開始，直接切入註解文字並將之歸納整理、解析研究。且行文時，爲了避免論述過於主觀，因此論述時儘量引用《四書遇》中的注文爲例證說明，並選取幾個《四書》學上的重要概念，以彰顯張岱詮釋的特點、見解的原貌，以明其經學主張與思想內涵。並試圖整理出他在詮釋解析各書時的詮釋立場與理論重心，期望做到合理的詮釋必須忠於原典作者的思想立場及原典內部的一貫邏輯。

再來是將《四書遇》放在晚明的《四書》學作品當中，以觀其著作特色。最後更擴大放在整個《四書》學史的脈絡中，以凸顯《四書遇》的價值與意義。

〔註 49〕陳大齊先生於《孔子學說》一書中即指出研讀《論語》的方法與應注意的事項，包括：力避斷章取義、同名務作同解、不忽視虛字的作用、作必不得已的補充、少作不合文例的解釋、少作事實判斷看待、不作不當的推測、疏通似是而非的矛盾、以言論間的符順助證、可疑章句不求強解、會通以求完整義理等十一點。見氏著：《孔子學說》（臺北：正中書局，1992 年 12 月），頁 25～56。

〔註 50〕見王勳敏：〈知識理性與價值理性──中國古代文本闡釋的雙軌與多維〉，《湖北大學學報》第 2 期，（1996 年）頁 63～67。

〔註 51〕所謂「以經解經」的研究法，就是南懷瑾先生所說的：「僅讀原文，把原文讀熟了，它本身的語句思想，在後面的語句中就有清晰的解釋。」見南懷瑾：《論語別裁》（上）（臺北：老古出版社，2003 年 2 月），頁 5。

〔註 52〕所謂「以經解經」的詮釋法，就是以經典的語言詮釋經典，以原作者的語言詮釋原作者的思想。

　　因此本論文架構可分三個部分。第一、二章屬於外圍部份，首章緒論除了說明本論文的研究動機、探討前人研究成果、本論文的研究範圍外，即針對晚明新《四書》學面貌予以介紹，以便幫助吾人掌握《四書遇》成書時的經學學術環境與風貌。第二章敘述張岱家世生平、學佛因緣與著作，以便對其人格特質有基礎之認識。尤其在《四書遇》中，張岱屢引佛典禪語解經，從張岱學佛因緣的探究，可以幫助我們對《四書遇》中援佛入儒的地方有更深入的理解。

　　第二部分屬於核心部分，包括第三、四、五章。第三章探究張岱《四書遇》的成書經過與詮釋方式。第四章探討《四書遇》的《四書》義理內涵，對《四書遇》做深入的剖析，觀其對《大學》《中庸》中「三綱領」、「八條目」「中庸」、「誠」等意義，以及《論語》《孟子》中的見解包括「禮」「仁、義」與「學」「性善」「知言養氣」「王道與仁政」等核心議題，是如何闡述？以明張岱對儒家經典的義理見解爲何。第五章把《四書遇》放在當代《四書》學的氛圍來看，觀其論述內容有何特色。

　　第三部分屬於綜論部分，包括第六、七、八章。第六章〈陽明學說對四書遇的影響〉闡述其《四書》學的淵源。包括遵循陽明提倡之《大學》古本、以陽明心學詮釋《四書》承襲陽明對孔門人物的觀點。第七章〈四書遇與晚明四書學的關係〉探討《四書遇》中如何展現當代《四書》學的風氣，以及所呈現程度、面貌。包含對朱子學的態度，與晚明《四書》學自由解釋風氣的關係，以及與晚明《四書》學「三教合一」風氣的關係等三個角度，以呈現其《四書》學在時代中所受到影響的部分。第八章結論的部分，則將《四書遇》放在整個《四書》學詮釋史上來看，以凸顯出《四書遇》成書的價值與意義。

　　本論文希望經由如此宏觀的展望與微觀的聚焦，達到對《四書遇》縱橫兩個面向的了解。使吾人對《四書遇》能有更深入的認識，對張岱的經學成就，以及《四書遇》在《四書》學史上能有更適當的評價與地位。

第二節　晚明四書學的新面貌

　　明中葉以後，由於陽明學的興盛及普遍的流傳，打破了元、明以來程朱理學及《四書集注》在學術上的權威，使得《四書》學的發展，不再侷限於程朱理學的藩籬，而有更廣闊的揮灑空間。隨著陽明派學者的相繼興起，陽明所秉持的「經學即聖人之心學」的思想，形成了一股以心學注經的風氣，並反映在明中葉以後的《四書》學上。陽明「心學」的提出，對明中葉以後的《四書》學有著兩個重要的影響，第一點在於打破了百年來朱注的權威，開啟了廣闊的《四書》注疏空間；第二點在

於拉近了三教間的疆界，給與了三教合一，乃至儒佛合流的新契機。〔註53〕

另一方面，晚明佛教的復興促成了三教合一論的盛行。三教合一論盛行後，對當時的經學、思想、小說、戲曲、民間宗教都造成一股很大的影響，其表現在《四書》學的注釋則更快、更為明顯，蓋「明代儒生以時文為重，時文以《四書》為重」。王學興盛與三教合一論的盛行，對《四書》學產生新的面貌，日人荒木見悟稱之為「新四書學」。〔註54〕荒木見悟指出晚明《四書》著作有「重視良知主體」、「儒佛融合的思想」與「以己意自由解經」等特徵〔註55〕；而佐野公治則歸納晚明「新四書學」的特徵為：「禁慾傾向的淡化」、「經書觀與聖人觀的變遷」、「採用佛老思想解釋《四書》」等三項。〔註56〕筆者在研讀《經義考》與《四庫提要》、《續修四庫提要》、《新集四書註解群書提要附古今四書總目》及其他資料所著錄的《四書》著作過程中，認為晚明「新四書學」主要有以下三點特徵：（1）在著作態度上持反對朱子《四書》學之立場；並以陽明心學取代程朱理學為詮釋《四書》時的思想基礎。（2）在研究精神與方法上則自由解釋大興，充滿著自由學風與解放精神。（3）在著作內容上，除了反映心學解經的面貌外，更呈現出三教融合乃至儒佛合流的傾向。茲分述如下：

一、宗王反朱的態度

即反朱子之《四書》學，代以陽明心學為思想內涵。由於陽明心學的影響，朱注在晚明《四書》學中的權威性明顯削減；學者詮釋《四書》更具自信，並勇於對朱注提出質疑與批評。在這些晚明新《四書》學的著作中，反對朱子的《四書》學幾乎是共同的基調。「不讀朱註」幾乎是晚明知識份子解讀《四書》時的共識，如黃宗羲在其《孟子師說》序就表明這種立場：

> 四子之義平易近人，非難知難盡也。學其學者，詎止千萬人千百年！而明月之珠，尚沈於大澤，既不能當身理會，求其著落，又不能摒去傳註，獨取遺經。精思其故，成說在前，此亦一述朱，彼亦一述朱，宜其學者之愈多而欲晦也。〔註57〕

〔註53〕 詳見簡瑞銓：《四書蕅益解研究》（臺北：東吳大學中文研究所碩士論文，1996 年 6 月），頁 45～54。（日）佐野公治亦指出：「從宋代至明代的經學研究可以視為從朱子的四書學的繼承、發展到揚棄的過程，其中明代的王守仁居於分水嶺的地位，到了晚明的《四書》學則自由解釋大興，佛教思想也大量流入《四書》學解釋之中。」見氏著：《四書學史の研究》（東京：創文社，1988 年 2 月），序章，第一節，頁 9。
〔註54〕 見荒木見悟：《明代思想研究》（東京：創文社，1972 年），頁 292～304。
〔註55〕 同上注，頁 292～304。
〔註56〕 見佐野公治：《四書學史の研究》，頁 358。
〔註57〕 見〔清〕黃宗羲：《孟子師說》（台北，藝文印書館，1971 年），卷首，頁 1。

黃宗羲認為聖人的本意本來簡易明白，但是學者不能有所體會的原因主要有二：一為不能於日常生活中實踐力行，二為受朱子傳註及其後學的影響，使經義愈解愈晦。因此陽明後學皆主張「不讀朱注」。在這樣的學術背景下，晚明註解《四書》大都以陽明學說為宗，排抵朱子學。如李贄《四書評》、焦竑《焦氏四書講錄》、楊起元《四書眼評》、周汝登《四書宗旨》、葛寅亮《四書湖南講》、沈守正《四書說叢》、毛尚忠《四書會解》、寇愼《四書酌言》、譚貞默《三經見聖編》、張岱《四書遇》等議論風發，每多所見，但都刻意對朱子發難，顯示了晚明期間《四書》學的路向。這些反朱子《四書》學的意見中，彙總起來有版本體例問題、註解方式與內容、到最核心的義理思想等等。茲略述如下：

（一）反對《四書集注》之版本體例

朱子在《大學》研究史中的創舉有二：一是提出《大學》分經、傳的說法；二是撰作〈大學補傳〉。朱熹的《大學》經傳之分，乃受二程的的啓發，認為《大學》「三綱、八目」的部分應屬於孔子親作的「經文」至於「三綱、八目」的釋文，也就是「經」的釋文，則應屬於「傳」。《大學》經傳初步劃分之後，朱熹接著針對「傳」的部分進一步加以改訂〔註58〕，於是「傳」的部分再經朱熹細分而有十章。認為必如此，經始「辭約而理備，言近而旨遠，非聖人不能及」；自此以後朱熹的《大學》改本，隨著其《四書集注》的流傳，而影響後世深遠。這種見解，到了明中期以後則受到了相當大的質疑，最先發難的則屬王陽明，他並抬出《大學古本》以為因應，其《年譜》云：

> 先生在龍場時，疑朱子《大學章句》非聖門本旨，手錄古本，伏讀精思，始信聖人之學，本簡易明白，其書止為一篇，原無經傳之分；格致本於誠意，原無缺傳可補。以誠意為主，而為致知格物之功，故不必增一敬字；以良知指示至善之本體，故不必假於見聞，至是錄刻成書，傍為之釋，而引以為敍。〔註59〕

就《年譜》所說，陽明於是刊刻《古本大學》，加以旁釋，即今傳《古本大學注》，或稱《大學古本旁釋》，而對流行數白牛的《大學章句》中的注釋　概不取，且作序（即《大學古本旁釋》）曰：

> 《大學》之要，誠意而已矣；誠意之功，格物而已矣；誠意之極，止至善而已矣。……是故不務於誠意，而徒以格物者，謂之支；不事於格物，

〔註58〕此一部分即朱熹《大學》改本的主要內容，改訂的情形詳見李紀祥：《兩宋以來大學改本之研究》，第二章第四節，頁60。

〔註59〕見王陽明：《王陽明全集》卷33，〈年譜一〉，「先生四十七歲，在贛」條，頁1254。

而徒以誠意者，爲之虛；不本於致知，而徒以格物誠意者，謂之妄；支與
虛與妄，其於至善也遠矣。合之以敬而益綴，補之以傳而益離；吾懼學之
日遠於至善也；去分章而復舊本，傍爲之什，以引其義，庶幾復見聖人之
心，而求之者有其要。〔註60〕

此一段序，有數個要點：其一，陽明以爲《大學》的要旨在「誠意」一事，「格物」
是誠意的功夫，既如此，朱子先「格物」後「誠意」，實非《大學》之本旨。其二，
「誠意」和「格物」不可相離，離誠意而專事格物，則流於「支」；離格物而專事誠
意，則流於「虛」。然「誠意」和「格物」，都應本於「致知」。能「致知」，則可免
於支、虛、妄之病。其三，朱子之《大學章句》既有支、虛、妄之病，則應回復《大
學》古本。聖人作《大學》之本意也才能突顯出來。〔註61〕接著晚明《四書》學的
詮釋者，繼承了陽明的看法，對朱子的改訂紛紛持著相反的見解，主張恢復大學古
本。蕅益智旭在其《四書蕅益解》就是抱持著這種看法：

〈大學〉《戴禮》列爲第四十二，所以章首在明明德承前章末，予懷
明德而言。本非一經十傳，舊本亦無錯簡，王陽明居士已辨之矣。〔註62〕

對《大學》分「三綱八目」的見解，蕅益智旭不以爲然的以爲：

親民、止至善，只是明明德之極致，恐人不了，一一拈出，不可說爲
三綱領也。〔註63〕

對朱子的「格物致知」補傳，晚明的《四書》學者更是認爲是多餘的，有些甚至
只在其「格物致知」補傳文末題「不必補」三字。〔註64〕張岱在《四書遇》中亦
云：

以「古之欲明明德」直接在「止於至善」之下，直截痛快，不必更爲
補傳。〔註65〕

晚明學者除了反對朱子的《大學》改本，主張恢復古本外，有些學者甚至自己改訂
〈大學〉，例如，豐坊的《僞石經大學》、王道的《大學億》、李材的《大學約言》、
管志道的《重訂古本大學章句》、顧憲成的《重定大學》等等造成一股風潮。〔註66〕

〔註60〕見王陽明：《王陽明全集》卷32，〈大學古本原序〉，頁1197。
〔註61〕上文引自林師慶彰：《明代經學研究論集》（臺北：文史哲出版社，1994年），頁70。
〔註62〕見蕅益大師原著，江謙居士補註：《四書蕅益解補註》（臺北：佛教書局，不著年月），
頁2。
〔註63〕同上註，頁8。
〔註64〕例如，李卓吾的《四書評》、張汝英的《四書參》等。
〔註65〕見張岱：《四書遇》，頁10。
〔註66〕見李紀祥：《兩宋以來大學改本之研究》，頁85～222。

（二）不滿《四書集注》之註解內容

晚明學者對朱子《四書集注》的詮釋方式、內容與字義的訓詁亦表不滿。首先李卓吾的《四書評》便打破了朱子學獨斷之局面，批判了當時的學術氛圍。〔註67〕其在解《大學》「此謂知本，此謂知之至也」時云：

> 朱文公既曰「明德」爲本，「新民」爲末，則第一章釋「明明德」，第二章釋「新民」，是「本末」已釋過了，何必又釋「本末」？無乃眉下添眉耶？況三綱領、八條目有傳，而「本末」二字不過經文中字眼，何必有傳？若「本末」有傳，「終始」、「先後」亦當有傳耶？都不可解。還是此篇釋「格致」耳。「大畏民志」，「使之無訟」，正是「格物」處。「物格而後知至」，故以「此謂知本，此謂知之至也」結之。文字明明白白，人自看不到耳。〔註68〕

這裡明白指出朱註解「本末」之不當。又如《論語・顏淵・崇德》章，關於「誠不以富，亦祇以異」這二句的引文，朱熹引程頤之言而註曰：「程子曰：『此錯簡也，當在第十六篇齊景公有馬千駟之上，因此下文亦有齊景公字而誤也。』」〔註69〕，《四書評》在此節則評曰：

> 就在此處，有何不好，引來證其意耳，何必字字明白。宋儒解書，病在太明白。〔註70〕

這評語正呼應了其序文中對「講章」之反感，同時也表現出李卓吾對朱子學注疏繁瑣的不滿。又如周汝登《四書宗旨》闡釋《論語・雍也・質勝》章：「子曰：『質勝文則野，文勝質則史。文質彬彬，然後君子。』」時說：

> 心粗鄙則質勝文而野；心浮誇則文勝質而史。心體中和，自然文質相稱而德成，一切本於心。《註》中「損有餘，補不足」全不知本，不知如何損、如何補也？

周汝登認爲這一章主要是指出吾人心體若能善加修養，保持中和的狀態，自然能文質配合得宜，呈顯出良好的德性。因此要成就一切良好德性，根本在於心靈的修養。周汝登批評此章朱註所謂「學者當損有餘，補不足，至於成德，則不期然而然矣。」〔註

〔註67〕其《四書評》序即云：「善道理有正言之不解，反言之而解者，有詳言之不解，略言之而解者。世之案頭講章之所以可恨者，正爲講之詳、講之盡耳。」見李贄：《四書評》（上海：上海人民出版社，1975年5月），頁1。

〔註68〕見李贄：《四書評》，頁4。

〔註69〕見朱熹撰《四書集注》之〈大學章句〉（臺北：文史哲出版社，1981年12月）頁136。

〔註70〕見李贄：《四書評》，頁104。

〔註71〕見朱熹：《四書集注》，頁89。

71）的說法完全不知德性修養的根本所在，怎知該由何處去「損」、「補」？又如焦竑《焦氏四書講錄》闡釋《中庸・祖述》章：「萬物並育而不相害；道並行而不相悖。小德川流；大德敦化。此天地之所以爲大也。」時說：

> 不害與並育；不悖與並行，是一串的事。晦庵子分不害、不悖屬小德；並育、並行屬大德，誤矣！〔註72〕

除此之外，甚至有人著書專門來討論朱子《四書集注》之缺失，例如高拱的《問辨錄》，就是專爲批判朱註而作。〔註73〕而張岱在詮釋《四書》時對朱註亦是多所不滿。〔註74〕關於晚明「新四書學」對朱註形式與內容不滿的例子，可說是不勝枚舉。這可說是晚明「新四書學」，在註解《四書》時的一種基本傾向。

（三）義理上以陽明心學取代程朱理學

朱子《四書》學的特色乃是將其理學見解融入於《四書》當中，將《四書》理學化，而納入於自己的思想體系當中，並藉著《四書》的流行，影響後來的知識份子。等到王學興起，提出「心即理」與朱子的「性即理」相抗衡時，自然要對已遭朱子理學化的《四書》做一番改造的工夫。首先陽明即以其心學內涵重新詮釋《大學》而成《大學問》一書，後起之陽明派學者更是繼承了陽明的路線，以「陽明心學」取代「程朱理學」做爲註解《四書》時的思想基礎，並引陽明學說作爲自己講論的依據。〔註75〕如葛寅亮《四書湖南講》詮釋《論語・雍也・陋巷》章：「子曰：『賢哉，回也！一簞食，一瓢飲，在陋巷，人不堪其憂，回也不改其樂。賢哉，回也！』」中「顏子之樂」時說：

> 陽明子謂「樂是心之本體」，……顏子不以人情之憂奪所樂，其於本體亦庶幾矣！〔註76〕

陽明「樂是心之本體」一語出自王陽明《傳習錄》卷中〈答陸原靜書〉，葛氏引述於此，用以說明顏回不因生活處境困苦而憂，乃是因爲顏回能以「樂」爲己心之本體，常保有一顆本然的、超越的、恬適的心體，所以能時時處於樂境。又如《四書澫益解・中庸直指》「博學之，審問之，愼思之，明辨之，篤行之。」條，智旭引錄陽明

〔註72〕見焦竑：《焦氏四書講錄》《續修四庫全書》（上海：上海古籍出版社，1995 年）162 冊，〈中庸〉卷3，頁 53。

〔註73〕《四庫全書總目》即云：「此編取朱子《四書章句集註》疑義，逐條辨駁。」見〔清〕紀昀等著：《四庫全書總目》（臺北：藝文印書館，1987 年），經部，四書類，頁 746。

〔註74〕詳見本論文第七章第一節〈四書遇對朱子學的態度〉

〔註75〕關於陽明心學影響晚明《四書》著作的詳細情形可參看吳伯曜：〈陽明心學對晚明四書學的影響〉，《湖南大學學報》第 20 卷第 2 期（2006 年 3 月），頁 30～37。

〔註76〕見葛寅亮：《四書湖南講》《續修四庫全書》163 冊，〈論語湖南講〉卷2，頁 187。

的話說：

> 王陽明曰：問、思、辨、行，皆所以爲學，未有學而不行者也。如言
> 學孝，則必服勞奉養，躬行孝道，然後謂之學，豈徒懸空口耳講說乎？學
> 射，則必張弓挾矢，引滿中的；學書，則必伸紙執筆，操觚染翰。盡天下
> 之學，無有不行而可以言學者，則學之始，固已即是行矣。篤者，敦實篤
> 厚之意；已行矣，而敦篤其行，不息其功之謂耳。蓋學之不能無疑，則有
> 問；問即學也，即行也。又不能無疑，則有思；思即學也，即行也。又不
> 能無疑，則有辨；辨即學也，即行也。辨既明矣，思既慎矣，問既審矣，
> 學既能矣，又從而不息其功焉，斯之謂篤行，非謂學、問、思、辨之後，
> 始措之於行也。〔註77〕

此處智旭所引錄的陽明論述，出自《傳習錄》卷中，〈答顧東橋書〉。陽明的這一段
話指出「學」即是「行」，此一觀點實際上就是陽明的「知行合一」論。

又如焦竑在詮釋《論語・爲政・誨知》章：「子曰：『由！誨女知之乎！知之爲
知之，不知爲不知，是知也。』」時，闡釋此章所謂的「知」說：

> 知是心之本體，天下之理無窮，及其至也，雖聖人亦有所不知焉，不
> 知何累於本體？但所知者，自知其爲知；所不知者，自知其爲不知。此心
> 之明覺不昧、自然之知，即此而在，故曰『是知也』。〔註78〕

另外在闡釋《論語・子罕・鄙夫》章：「子曰：『吾有知乎哉？無知也。有鄙夫問於
我，空空如也；我叩其兩端而竭焉。』」所謂的「知」時也說：

> 人心本是空空的，有知乎哉？無知也。然無知而卻無不知，猶日月本
> 是空空的，有照乎哉？無照也。然無照而卻無不照，無不照者遇物便有照；
> 無不知者遇事便有知。人的心體都是如此，不特聖人爲然也。夫子此處是
> 將心體說出來示人，若作謙詞有何趣哉？〔註79〕

對照《傳習錄》當中陽明的說法：「知是心之本體，心自然會知。見父自然知孝，見
兄自然知弟，見孺子入井，自然知惻隱，此便是良知，不假外求。」〔註80〕可知焦
竑是以陽明心學的「心體」觀念來詮釋「知」的意涵。而張岱在詮釋《四書》時，
更是以陽明心學爲思想基礎，《四書遇》中處處呈現「心即理」、「知行合一」、「致良
知」的詮釋觀點。

〔註77〕見蕅益大師原著，江謙居士補註：《四書蕅益解補註》，頁54～55。
〔註78〕見焦竑：《焦氏四書講錄》《續修四庫全書》162冊，〈論上・卷四〉，頁70。
〔註79〕見焦竑：《焦氏四書講錄》《續修四庫全書》162冊，〈論上・卷五〉，頁119。
〔註80〕見王陽明：《傳習錄》卷上・〈徐愛錄〉，頁11。

　　當特別聲明的，晚明陽明學者的「宗王反朱」乃是代表「道德的覺醒」。陽明後學在其《四書》詮釋著作中對道德本體的一再地強調與探討，實質上傳揚了道德本體的信念，也可說是傳揚了心學的信仰；強化了讀者的道德本體信念，也可說是強化了讀者對心學的信仰。人們對於道德本體這一理念的信奉，事實上也是對自己本有良知良能的自信，如同陽明宣講心學喚起了人們對本有良知良能的自信一樣，晚明《四書》學中的「心學」詮釋，目的也是在建立人們對於本有良知的自信。晚明陽明學者對《四書》的「心學」詮釋，或多或少傳佈了「心學」的信仰，也多少達到了他們「啓迪人們良知本心」的淑世願望。

二、自由解釋的學風

　　明中葉受陽明學說的影響，知識份子重視自我意識的覺醒，主體精神的張揚，要求個性自由和個性解放，這種學風使得從明初以來，以朱註爲《四書》學主流的情形受到衝擊，《四書》學的解釋擺脫了朱註的藩籬，呈現出百家爭鳴，自由解釋大興的狀況。首先陽明主張：

　　　　夫學貴得之心，求之於心而非也，雖其言之出於孔子，不敢以爲是也；
　　求之於心而是也，雖其言之出於庸常，不敢以爲非也。〔註81〕

陽明這種「學貴得之於心」的治學方法，講究的是獨立思考的精神，這種精神對晚明新《四書》學呈現自由解釋、解脫精神有很大的影響。此外陽明又認爲聖人之學簡易廣大，爲學首重學問大頭腦，他說：「居夷三載，見得聖人之學若是其簡易廣大」〔註82〕，又說「聖人之學所以至易至簡，易知易從，學易能而才易成者，正以大端惟在復心體之同然，而知識技能非所與論也。」〔註83〕陽明認爲學者要能抓住問題的主要核心「學問的大頭腦處」〔註84〕不拘泥文句解釋的方式，因此主張詮釋經典注重簡單明瞭，他在〈重修山陰縣學記〉說：

　　　　夫聖人之學，心學也，學以求盡其心而已。……聖人既沒，心學晦而
　　人僞行，功利訓詁、記誦辭章之徒紛遝而起，支離決裂，歲盛月新，相沿
　　相襲，各是其非，人心日熾而不復知有道心之微。〔註85〕

陽明指出，「功利訓詁、記誦辭章之徒紛遝而起，支離決裂」這使得「人心日熾而不復知有道心之微」。他認爲：

〔註81〕見王陽明：《傳習錄》卷中・〈答羅整菴少宰書〉，頁138。
〔註82〕見王陽明：《傳習錄》卷上・〈薛侃錄〉，頁76。
〔註83〕見王陽明：《傳習錄》卷中・〈答顧東橋書〉，頁103。
〔註84〕見王陽明：《傳習錄》卷上・〈薛侃錄〉，頁80。
〔註85〕見王陽明：《王陽明全集》卷7，〈文錄四〉，〈重修山陰縣學記〉，頁256。

　　　　學者讀書，只要歸在自己身心上。若泥文著句，拘拘解釋，定要求個
　　執定道理，恐多不通。蓋古人之言，惟示人以所嚮往而已。若於所示之嚮
　　往，尚有未明，只歸在良知上體會方得。〔註86〕

此處陽明提到「古人之言，惟示人以所嚮往而已。」學者如果對古人的指示處不能
明瞭，「只歸在良知上體會方得」。他說：

　　　　「致良知」是學問大頭腦，是聖人教人第一義。〔註87〕

　　　　良知本體原是無動無靜的，此便是學問頭腦。〔註88〕

這裡強調學者應從自己本心良知處反思體悟，以瞭解「古人之言」的義蘊所在。反
對「泥文著句，拘拘解釋」的解經方式，這樣會導致「執定道理，恐多不通。」此
即陽明專提「致良知」而沒有完整詮釋《四書》義理的原因。〔註89〕由於陽明治學
的方法與詮釋的方式，隨著陽明心學的傳佈，開創了晚明《四書》學解經形式開放，
不再依循傳統注疏方式，內容自由體悟、不拘泥成說的解脫精神，造成一股潮流，
如語錄等形式的盛行。〔註90〕誠如佐野公治所言：「從宋代到明代的經書研究可以
視爲從朱子的《四書》學（乃至四書五經學）的繼承、發展到揚棄的過程，其中明
代的王守仁居於分水嶺的地位，到了晚明的《四書》學則自由解釋大興，佛教思想
也大量流入《四書》學解釋之中。」〔註91〕因此晚明的學者詮釋《四書》時，其詮
釋方式類似語錄一般活潑自由，形式上大都以「畫龍點睛」的方式指出經義精要之
處，而不著重於文字的訓詁與義理的發揮，如李卓吾的《四書評》、楊起元的《四書
眼評》、張岱的《四書遇》等等。內容上更是五花八門、三教合流等等多樣性的風貌
如雨後春筍般出現。這種情形，從張岱所編纂的《四書遇》中，就忠實反映出此種
現象。

〔註86〕見王陽明：《王陽明全集》卷32，〈傳習錄拾遺〉第三十條，頁1176。
〔註87〕見王陽明：《傳習錄》卷中・〈答歐陽崇一〉，頁131。
〔註88〕見王陽明：《傳習錄》卷下・〈黃省曾錄〉，頁194。
〔註89〕陽明並沒有專門的《四書》學著作，其對《四書》的見解都是回答門弟子之問而發，
　　　　這些言論主要散見於《傳習錄》中。而其《大學問》一書，亦僅指出《大學》義理
　　　　綱要而已。
〔註90〕「明代心學派學者的治經方式，與宋、元理學家一樣，常常以語錄來闡述對經義的
　　　　一得之見，其中最有名的如王陽明的《傳習錄》，書中便有不少討論到經義的問
　　　　題，⋯⋯其他像王畿有《龍溪語錄》，高拱有《問辨錄》、《本語》，吳悌有《日錄》，
　　　　羅汝芳有《近溪語錄》，胡居仁有《居業錄》，湛若水有《問辨錄》，王艮有《心齋語
　　　　錄》等，在《明儒學案》中所存語錄不少。這些語錄雖然都只是片斷的隨感而發，
　　　　但正可反映出他們對經義體驗的深刻，這也可代表明代經學的一大特色。」見李威
　　　　熊：〈明代經學發展的主流與旁支〉，《明代經學國際研討會論文集》，頁88～89。
〔註91〕見佐野公治：《四書學史の研究》（東京：創文社，1988年），序章，第一節。

　　首先李卓吾的《四書評》擺脫了傳統訓詁的詮釋方式，書名不稱作「注、疏、解、詁、訓、釋」之類傳統的名稱而用「評」，這顯示了他要站在平等自由的地位，對經典加以品評。通過自己的裁量來詮釋經典，而不是一味崇奉遵循前人的註解。李卓吾詮釋《四書》的方式與傳統的儒者有所不同，他並不是亦步亦趨的訓釋著聖人的經典，除了「正言」、「詳言」之外，又採「反言」、「略言」的方式來解讀《四書》，顯現出一種特殊的經典詮釋方法，並宣示了一種新的閱讀態度。他在《四書評》序云：

> 千古善讀書者，陶淵明一人而已。何以？以其「好讀書不求甚解」也。夫讀書解可也，即甚解亦無不可者，只不可求耳。善道理有正言之不解，反言之而解者；有詳言之不解，略言之而解者。世之案頭講章之所以可恨者，正爲講之詳、講之盡耳。〔註92〕

在此，李卓吾認爲陶淵明之所以善讀書是因其讀書重視心領神會。這種強調以己心詮釋經典而鄙薄文字訓詁，重視經典眞精神的詮釋方式，呈現了一種新的經典詮釋的方法與面貌。〔註93〕《四書評》解經的方式相當活潑自由，書中常出現簡潔的評語，諸如「不必補」、「絕妙文字」、「口訣」、「直截」、「眞、眞」「好贊法」、「畫」等有力的用語；亦常出現日常生活化的口語，諸如：「扯淡」、「妙」、「狠」、「痛快」、「爽明」……等俗語，這與傳統的經典註疏、訓詁兩相對照之下有極大的不同。除此之外，《四書評》也重視經典中的文學用語，常針對《四書》的文章結構與用字加以讚嘆，如其云：「絕妙文字，轉換過接，無跡可尋，後人所不能及也」、「天地間有如此文字，曰識，曰才，曰膽，都有」、「絕世奇文」、「文品亦高古」、「文法錯綜妙甚」等等。《四書評》重視經典的文學性，與傳統重視經典中的微言大義者立異，這亦是《四書評》突破傳統詮釋方法之一。〔註94〕晚明《四書》著作，如：張雲鸞編《四書經正錄》、張汝英撰《四書參》、陳天定撰《慧眼山房說書》、余應科撰《四書千百年眼》、徐奮鵬撰《古今大全》、《古今道脈》、楊復所《四書眼評》、釋智旭《四書蕅益解》、張岱《四書遇》等，皆受到李卓吾《四書評》的影響，由此亦可見出《四書

〔註92〕 見李贄：《四書評》，頁1。
〔註93〕 《四書評》問世之後，接著就產生了大量以「參」、「眼評」、「點睛」、「遇」、「管窺」、「千百年眼」等等字眼爲書名的《四書》新著。詳見國立編譯館編：《新集四書註解群書提要附古今四書總目》（上）（臺北：華泰文化公司，2000年，5月），頁2～15。
〔註94〕 經筆者研究後，將《四書評》的詮釋方式概括分爲：（1）根據個人的研讀理解與生命體悟；（2）把經書當成小說一般評點；（3）反諷；（4）注重經典視的文學性；（5）充滿個人感慨，富有個人特色；（6）雜引佛老爲釋；（7）以日常生活化之口語詮釋等七項特色。

評》在明末新《四書》學中的地位。其中如楊起元的《四書眼評》，張岱評論道：

> 復所有《四書評》數卷，不下注腳，不立訓詁。只以白文內數虛字、
> 閒字、無著落字，翻出妙理……，是豈章句之儒所能夢見也哉？〔註95〕

楊起元，字貞復，別號復所，萬曆時著名學者，屬陽明學派。他著重詮釋經文中的「虛字、閒字、無著落字」，反而能「翻出妙理」，如《論語・學而・威重》章：「子曰：「君子不重則不威；學則不固；主忠信，無友不如己者；過則勿憚改。」《四書遇》：

> 楊復所曰：「學則不固」與「則學不固」有辨。蓋「重」便是「學」，
> 別無二事，故曰「君子不重則不威，」「學則不固。」一不「重」就是「不
> 威」，「不固」了，故二「則」字俱在上。如今人解「重」之外，還有個「學」，
> 分明是「則學不固」了，豈「學則不固」之文脈哉！〔註96〕

又如《孟子・萬章下・友善》章：

> 孟子謂萬章曰：「一鄉之善士斯友一鄉之善士，一國之善士斯友一國
> 之善士，天下之善士斯友天下之善士。以友天下之善士爲未足，又尚論古
> 之人。頌其詩，讀其書，不知其人，可乎？是以論其世也。是尚友也。」

《四書遇》：

> 楊復所曰：「斯」字最妙。自家人品不到此，即與聖賢覿面，亦自當
> 面蹉過了也。畢竟自家爲何等人品，方纔能友何等人品，不然材學堂中，
> 黃髮孺子，腐齒老翁，日日在彼伊吾「曰若稽古，帝堯」，並「關關雎鳩」，
> 便爲尚友古人乎？〔註97〕

由以上兩則例子，就可概略看出，楊起元《四書眼評》詮釋的特色與巧思，頗有獨創性。張岱在詮釋《四書》經典時，即受到這種時代風氣的影響，而表現了形式自由、內容多樣的風貌。

　　總而言之，這種自由解釋的學風與獨立解脫的精神，反映在《四書》學上的面貌，除了版本的任意更改，註解方式的解放，最主要的還是內容的多樣性，因爲大家都強調以己心解經，然而每個人對心學的理解卻又未必一樣，因而造成了各種性格的《四書》學作品了。〔註98〕有些著作是「特自抒其一人之見」、「依大

〔註95〕見張岱：《石匱書》，《續修四庫全書》139 冊（上海：上海古籍出版社），卷 201〈儒林列傳〉，頁 83。

〔註96〕見張岱：《四書遇》，頁 73。

〔註97〕見張岱：《四書遇》，頁 501。

〔註98〕我們從《四庫全書總目》中，就可窺探當時之學術風氣如《四庫全書總目提要》：「《論語商》二卷，明周宗建撰，……其學則沿姚江之末派，乃頗近於禪。如云人心之樂，非情非趣、非思非爲；虛中之影、水中之相。如斯之類，殆似宗門語錄。」又如：「《大

學古本次序，採輯眾說，加以己意而疏解之。」；有些著作則是「頗近於禪」、「殆似宗門語錄」、「引佛遺教經，以為儒釋一本」；有些則是「專為明末時事而發」、「雜引史事，以相發明」；更有「務與程朱牴牾，可謂敢為異說者矣」，甚至夾雜陰陽五行觀念「凡四書所言皆以五行八卦配合之」者〔註 99〕，呈現晚明《四書》學多樣貌的色彩。

三、三教合流的傾向

在晚明《四書》學各種的風貌中，除了心學內容外，三教合流乃至以禪解經的傾向是晚明「新四書學」數量最多也是最主要的面貌。〔註100〕這些著作成書之年代約為萬曆前後，其作者也大多是陽明心學的繼承者。此種經學現象的成因乃由於陽明學說與佛、道的關係相當密切，且王陽明本人對佛、道的態度比程朱學者更具開放，影響後來陽明學者的態度，為三教合一說開啟了新頁。

就學術思想史來看，雖然宋代理學本身即是受佛、道二教影響下的產物，但是，宋之理學家大都主張排佛，或以夷夏之辨繩之，或以滅棄人倫責之，其中尤以朱子為烈。如朱子曰：

> 禪學最害道。莊老於義理絕滅猶未盡，佛則人倫已壞，至禪則又從頭將許多義理掃滅無餘。〔註101〕

又曰：

> 異端之學，以性自私，固為大病，然又不察氣質情欲之偏，率意妄行，便謂無非至理，此尤害事。近世儒者之論，亦有流入此者，不可不察。〔註102〕

對儒教而言，主張虛無寂滅的佛教，乃是最可惡的異端，而接近佛教，是汙辱儒者顏面之事，此種宋代程朱學狷介的佛教觀，乃至明初尚繼續不變地保持著其大勢。例如邱濬說：

> 秦漢以來，異端之大者，在佛老。必欲天下之風俗皆同，而道德無不

學管窺》一卷，明廖紀撰，……（是書）其後依大學古本次序，採輯眾說，加以己意而疏解之。」又如：「《大學千慮》一卷，明穆孔暉撰，……其書就章句或問，引伸其說，中引佛遺教經，以為儒釋一本。」詳見（清）紀昀等著：《四庫全書總目》，經部，四書類存目，頁 763～773。

〔註99〕 詳見簡瑞銓：《四書蕅益解研究》，頁 70～72 所引諸條。

〔註100〕 這些著作詳見簡瑞銓：《四書蕅益解研究》，頁 73～74 所錄。

〔註101〕 〔宋〕黎靖德編・王星賢點校：《朱子語類》（北京：中華書局，1999 年 6 月）第八冊，〈釋氏〉卷 126，頁 3014。

〔註102〕 同前註，第一冊，〈持守〉卷 12，頁 206。

一，非絕去異端之教不可也。〔註103〕

彼又評佛教初傳中國之史實而歎曰：「嗚呼，自天地開闢以來，夷狄之禍，未有甚於此者也。」（《世史正綱》卷七）對此，薛瑄則憂世態而云：「如佛老之教，分明非正理，而舉世趨之。雖先儒開示精切，而猶不能祛其惑。」（《讀書錄》卷七）；胡居仁認爲「禪學絕滅物理，摒除思慮，以謂心存。是空其心，絕其理。內未嘗有主，何以具天下之理哉。」（《居業錄》卷七）而責言曰：「楊墨老佛莊列，皆名異端，皆能害聖人之道，爲害尤甚者，禪也」（《胡敬齋集》卷二〈歸儒峰記〉）在這種以佛、老爲異端的精神風尚中，一般儒者對佛、老的思想是避之唯恐不及，而遑論其他了。這種情況到了王陽明以後，則逐漸改觀。一方面由於其心學受了禪學很大的影響，其學說與禪學有很類似而互相可通的地方；一方面由於其心學性格開放，且其本人曾出入釋、老，因此在對佛、老的態度上較爲柔和，對異端的觀念較淡薄，而給與了三教融合的新契機。

到了陽明的高徒王龍谿，其對儒釋之辨的問題，更有其獨特的看法。王龍谿基本上是平等看待儒釋道三教，並且各承認其價值意義，他反對輕易地排斥佛道爲異端之說。而隨著陽明心學的盛行，與其對三教間的看法漸漸演變成「三教合一說」的提出，在當時主張「三教合一」的學者：羅汝芳、管志道、楊起元、李贄、祝允明、陸西星、袁黃、林兆恩、屠隆、焦竑、王道、穆孔暉、薛惠、鄧球、王世懋、鄭曉敷、袁宏道等，大都是陽明派的學者〔註104〕，由此可看出陽明後學對「三教合一」說是有多大的影響。

晚明佛教的復興，更是促成「三教合一」說盛行的最主要因素，其人物可以明末四大師（雲棲袾宏、達觀眞可、憨山德清、蕅益智旭）爲代表。由於四大師的德學俱優以及致力佛法的弘揚，使得沈寂已久的佛教復興起來，形成了「居士佛教」的潮流。受到「居士佛教」盛行的風氣影響，許多學者（尤其是陽明派的學者）亦開始研習佛法並與禪師相往還，有的甚至身體力行而成爲佛教的在家居士。〔註105〕四大師除了有極深的佛學素養之外，亦兼涉世學，其間雲棲袾宏首開並論三教的風氣，其餘的三大師則主張三教融合，配合著陽明派在家居士的響應，「三教合一」的主張在當時則蔚爲一股風潮。對佛教界來說，晚明「三教合一說」興盛最大的意義即在於化解程、朱以來的排佛壓力，並形成了「居士佛教」的蓬勃發展。對經學界

〔註103〕見邱濬著・林冠群校點：《大學衍義補》（中）（北京：京華出版社，1999年4月），頁667。
〔註104〕請參鄭志明：《明代三一教主研究》（臺北：台灣學生書局，1988年8月），頁384。
〔註105〕明末居士與明代理學家的關係請參見聖嚴法師：《明末佛教研究》，頁281～283。

來說，即是產生了許多以「佛、道」詮釋《四書》的著作。例如李卓吾的《四書評》、焦弱侯的《焦氏四書講錄》、管志道的《論語訂釋》《孟義訂測》、楊起元的《四書眼評》、王肯堂的《論語義府》、周宗建的《論語商》、來斯行的《四書小參》《四書問答》、釋德清的《大學綱目決疑》、《中庸直指》、林兆恩的《四書正義》、釋智旭的《四書蕅益解》以及張岱的《四書遇》等等。〔註 106〕這些作者大都是陽明派的學者或是佛教的僧人及居士。這些居士除了有經學著作之外，在佛學方面也有專著，例如：李卓吾的《華嚴經合論簡要》、《般若心經提綱》、焦弱侯的《法華經精解評林》、《楞嚴經精解評林》、袁宏道的《西方合論》、王肯堂的《成唯識論證義》《因明入正理論集解》、楊起元的《維摩經評註》、來斯行的《居士傳宗讚》、《拈古頌》、林兆恩的《金剛經統論》、《般若心經概論》等等。〔註 107〕甚至張岱也有註解《金剛經》，可惜其書已不傳了。

　　明代三教論的主張，雖盛行一時，然而三教分別代表三種信仰立場或三種思想體系，故三教會通，並未達真正合一的效果，反而其「一」的內涵與立場卻各自差異，形成各式各樣各說各話的三教調和論。有的是立足於道教，有的是立足於佛教，有的立足於儒家，有的則是純粹要調和三教。如陽明學者李贄云：

　　　　三教聖人，頂天立地，不容異同明矣。故曰：「天下無二道，聖賢無
　　二心」，我高皇帝，統一寰宇，大造區夏，其敬孔子、敬老子、敬釋迦，
　　有若一人，然其御製文集，凡論三教聖人往往以此兩言斷之，以見其不
　　異也。夫既謂之道，謂之心矣，則安有異哉。則雖愚夫愚婦，以及昆蟲
　　木，不能乎此道此心之外也，而況三教聖人哉。（《李溫陵集》卷十，三
　　教品序）

此處李贄所引明太祖的「天下無二道，聖賢無二心」的說法即為晚明「三教合一」論者論斷三教之思想基礎，認為「雖愚夫愚婦，以及昆蟲木，不能乎此道此心之外也，而況三教聖人哉。」然而李卓吾論「心」的蘊涵卻是以陽明心學為本質，其立場則是以儒家為本位。在佛教方面，蕅益智旭對三教的看法則以為：

　　　　儒以之保民、道以之不疵癘於物、釋以之度盡眾生。如不龜手藥，所
　　用有大小耳。故吾謂求道者，求之三教，不若求於自心。自心者，三教之

〔註 106〕關於晚明這些以佛、道詮釋《四書》的詳細書目，請參見簡瑞銓：《四書蕅益解研究》，頁 72～74。

〔註 107〕明朝的佛教著作，不論出於僧侶或居士者，凡有相當價值的，幾乎都在明末的階段。而明末居士的佛教著作現在大都保存於《居士傳》及《卍字續藏經》中。聖嚴法師則依據上舉二書之記載，整理成圖表，以利學者檢索。因此關於明末居士的佛教著作，請參聖嚴法師：《明末佛教研究》，頁 297～301。

源，三教皆從此心施設。〔註108〕

由此可知蕅益智旭認為儒、道、佛三教，無非都是由我們的心中所顯現而已，只是在其適用範圍方面，有廣狹、大小的差異罷了，其所依的心，其實是相同的。而其「此心」的內涵卻是其獨特的「現前一念心」之發揮。又如「三一教主」林兆恩則主張「三教一致」與「三教歸儒」的立場。〔註109〕

由上所舉可知「三教合一」說雖然是晚明當時三教學者共同的論調，然儒、釋、道三方面的論說卻各有其立場也各有其蘊涵，可說是同吹一號卻又不同調。

綜覽這些「新四書學」作品，其呈現的「三教合一」說的內容，大致可分成兩類：一類作品呈現三教合流之傾向，另一類作品則完全是以佛解經，茲分述於下：

（一）著作呈現三教合流之傾向

這些作品的產生主要是受時代風氣所影響，或是認同三教合一的觀念而在注文中雜引佛、老。其著作主要思想仍是以「陽明心學」為核心，其援佛或老莊入儒的地方，多半止於詞彙的引用、行為的比擬、觀念的託付或表面文意之比附，較少涉及義理層次。其呈現的面貌有：

1. 詞彙、典故、經文、語錄的引用

此項出現甚多，許多的作者都受到時代的薰習，而在其著作中自然就夾雜著佛、道之語，或三教並論。如：《論語・憲問》篇：「子曰：『莫我知也夫！』子貢曰：『何為其莫知子也？』子曰：『不怨天、不尤人，下學而上達，知我者其天乎！』」《四書評》曰：「不做誑語。」「誑語」乃佛家名詞，此處只是用來形容孔子的話是真實的罷了。像這種詞彙的引用在晚明的《四書》學著作中，是時常出現的。在《四書遇》中這樣的例子是不勝枚舉的如：「得月忘指」、「地獄不空，誓不成佛」、「邊見」、「積業深重」等等。有時則舉佛經之經文、典故或禪師之語錄以作詮釋，如《論語・里仁・志仁》章：「子曰：『苟志於仁矣，無惡也。』」《四書遇》云：

雪庵上人曰：「一源既澄，萬流皆清。揭起慧燈，千巖不夜。孔門志仁無惡，其旨如此。塵魔作祟，皆緣主人神不守舍。念之，念之。」〔註110〕

〔註108〕 見蕅益大師：《靈峰宗論》卷7之4（臺北：佛教出版社，1976年，1月）〈金陵三教祠重勸施棺疏〉，頁11378。

〔註109〕 林兆恩的「三教一致」偏重在本體理論的詮釋，「三教歸儒」偏重在工夫的實踐。他提出「歸儒宗孔，教復于一」的主張，並非獨尊儒家，而是提出一套「教復于一」的可行方法。其對「道一教三」的「道」的體會，則相當接近陽明心學的意涵。此點可參鄭志明：《明代三一教主研究》，下篇第三章，《心學的三教論》，頁341～387。

〔註110〕 見張岱：《四書遇》，頁118。

這裡引用禪師的語錄爲注。又如《論語‧學而‧貧富》章,《四書遇》註曰:「嘗言志學章,非夫子能進,乃夫子能舍。學問時時進,便時時舍。天龍截却一指,痛處即是悟處。禪學在掃,聖學在脫,總一機鋒。」〔註111〕這裡則並論儒、釋之修養功夫都是一致的。

2. 行爲的比擬

例如,《論語‧憲問‧方人章》:「子貢方人。子曰:『賜也賢哉乎?夫我則不暇。』」李卓吾則評曰:「好棒喝。」又《論語‧公冶長》:「子謂子貢曰:『女與回也孰愈?』對曰:『賜也何敢望回?回也聞一知十,賜也聞一以知二。』子曰:『弗如也,吾與女弗如也。』」李卓吾則評曰:「夫子造就子貢處,大有禪機。」這裡很顯然地李卓吾是把孔子對子貢的教化比成當頭棒喝的禪師。這種例子在《四書遇》中也是不勝枚舉,如《論語‧學而‧三省》章:「曾子曰:『吾日三省吾身:爲人謀而不忠乎?與朋友交而不信乎?傳不習乎?』」《四書遇》云:

> 昔有禪師常日喚主人公「惺惺否?」自答曰「惺惺。」此即是日省之意。三「乎」字是細細問心之詞,故曰「三省」。〔註112〕

此把佛家之參禪功夫用來類比儒家的三省功夫。又《論語‧雍也‧三月》章:「子曰:「回也,其心三月不違仁。其餘則月至焉而已矣。」」《四書遇》:

> 昔有祖師言:「四十年打成一片,」「不違仁,」打成一片也。又有云:「他人爲十二時辰使,我使得十二時辰。」曰:「月至焉,」猶被時辰使也。〔註113〕

這裡則把禪宗的修行功夫比擬爲儒家的「不違仁」。又《孟子‧盡心上‧盡心》章:「孟子曰:『盡其心者,知其性也。知其性,則知天矣。存其心,養其性,所以事天也。殀壽不貳,身以俟之,所以立命也。』」《四書遇》云:

> 戴忠甫曰:在仙家,首段是丹頭,二段是工夫,三段是沐浴防危。於佛,則爲觀,爲止,爲常寂定。〔註114〕

這裡則把儒家「盡心知性、存心養性」的功夫與佛家「止、觀、定」、道家「沐浴防危」等功夫相比擬。

3. 文意之相比附或引以爲註

例如《論語‧子罕‧川上》章:「子在川上曰:『逝者如斯夫!不捨晝夜。』」《四

〔註111〕 見張岱:《四書遇》,頁79。
〔註112〕 見張岱:《四書遇》,頁71。
〔註113〕 見張岱:《四書遇》,頁153。
〔註114〕 見張岱:《四書遇》,頁533。

書評》曰：「亦動人不捨也。與道家『流水不腐』之語同。」又如〈中庸・誠明〉章
《四書遇》注曰：

> 天命之謂「性」，脩道之謂「教」，異名只是同源。「自誠明謂之性，
> 自明誠謂之教」，兩路總歸一路。《楞嚴經》上說「性覺妙明，本覺明妙」
> 松山註云：「即寂而照曰妙明；即照而寂曰明妙。」即此意也。〔註115〕

這裡就把中庸的「自誠明謂之性，自明誠謂之教」與《楞嚴經》的「性覺妙明，本
覺明妙」相比附。又如《論語・爲政・誨知》章：子曰：「由！誨女，知之乎！知之
爲知之，不知爲不知，是知也。」《四書遇》：

> 「知之爲知之，不知爲不知，」息息不昧，千古長存。禪家謂之孤明，
> 吾儒指爲獨體。既不倚靠聞見，亦不假借思維。當下即照，更無轉念，故
> 曰「是知。」〔註116〕

此處則把「禪家謂之孤明」比喻爲儒家的「獨體」。有時則直引佛、道之言以爲注，
如《論語・爲政・不器》章「子曰：『君子不器。』」則直引「老子曰：『朴散則爲器，
聖人用之，則爲官長，故大制不割』」來注。這種文意的比附有時相輔相成，有時則
偏離孔子之意而顯的牽強附會，例如《四書遇》引：

> 劉元城曰：孔子佛氏之言，相爲表裡。孔子之言「毋意，毋必，毋固，
> 毋我」，而佛言「無我，無人，無眾生，無壽者」其言若出一人。〔註117〕

這裡以佛教的「無我」比附在孔子的「毋我」。從上舉諸例來看，近人馬一浮在《四
書遇題記》中便說：「明人說經，大似禪家舉公案，張宗子亦同此脈。卷中時有雋語，
雖未必得旨，亦自可喜，勝於碎義逃難，味同嚼蠟者遠矣。」〔註118〕

（二）以佛解經

這種作品的形成，乃是刻意將三教合一乃至儒佛融合的理論落實在其著作裡，
其所用的方法乃是完全以禪爲思想中心來融合儒、道之思想，將三教合一論的主張，
從義理會通方面落實到《四書》學裡，其作品有：方時化的《中庸點綴》、萬尚烈的
《四書測》、來斯行的《四書小參》、陸鴻漸的《空山擊碎》、釋德清的《大學決疑》
《中庸直指》、釋智旭的《四書蕅益解》等等。例如憨山德清在《中庸直指》中即這
樣解釋「中庸」二字：

> 中者，人人本性之全體也。此性，天地以之建立，萬物以之化理，聖

〔註115〕見張岱：《四書遇》，頁49。
〔註116〕見張岱：《四書遇》，頁92。
〔註117〕見張岱：《四書遇》，頁208。
〔註118〕見張岱：《四書遇》，卷首。

> 凡同稟，廣大精微，獨一無二，所謂惟精惟一，大中至正，無一物出此性
> 外者。故云中也。庸者，平常也。乃性德之用也。謂此廣大之性，全體化
> 做萬物之靈，即在人道日用平常之間，無一事一法不從性中流出者。故吾
> 人日用行事之間，皆是性之全體大用顯明昭著處，以全中在庸，即庸全中，
> 非離庸外別有中也。

這裡憨山德清把「中」解釋成聖凡同稟，人人本俱的「性體」天地萬物皆從此建立；
「庸」解釋成「性德之用」，即吾人日常施為，應機接物之妙德。簡而言之，即是以
「自性本體」解「中庸」二字，「中」表佛性之體、「庸」表自性本體之用，如《六
祖壇經·定慧》品云：「定慧一體不是二。定是慧體，慧是定用；即慧之時定在慧，
即定之時慧在定。」憨山德清即是以「自性本體」為中心思想來容攝儒、道兩家的
思想。這種現象到了蕅益智旭時，表現的更為徹底，他不用儒家與道家的思想，而
純以佛理來解《四書》。其《四書蕅益解》成書的最大動機與目的即是「以佛入儒，
務誘儒以知禪」，「俾儒者道脈同歸佛海」。其注《大學》云：

> 大者，當體得名，常遍為義，即指吾人現前一念之心，心外更無一物
> 可得。無可對待，故名當體；此心前際無始，後際無終，生而無生，死而
> 不死，故名為常；此心包容一切家國天下，無所不在，無有分劑方隅，故
> 名為遍。學者覺也，自覺覺他，覺行圓滿，故名大學。大字即標本覺之體，
> 學字即彰始覺之功。本覺是性，始覺是修，稱性修，全修在性，性修不二，
> 故稱大學。〔註119〕

這段文字，涵蓋了整部〈大學直指〉的意趣。由此可看出貫穿整部〈大學直指〉
的中心思想即其所謂「現前一念心」，此心包容一切家國天下，無所不在，無有分
際方隅。蕅益智旭即以此「現前一念心」作為其註解《四書》時的中心思想，逐
步地把《四書》佛化。「大學之道」，即成為「大覺之道」，而〈大學直指〉的宗旨，
也就即著這個成就究竟大覺的過程來鋪陳發揮，換言之，〈大學直指〉乃是就著〈大
學〉這部儒家的典籍，來開示「成佛的大道」。如他在詮釋《大學》三綱領時就這
麼說：

> 道者，從因趨果所歷之路也。只一在明明德，便說盡大學之道。上
> 明字，是始覺之修；下明德二字，是本覺之性。性中本具三義，名之為
> 德。謂現前一念靈知洞徹，而未嘗有形，即般若德；現前一念雖非形像
> 而具諸妙用，舉凡家國天下，皆是此心中所現物，舉凡修齊治平，皆是

〔註119〕見蕅益大師原著，江謙補註：《四書蕅益解補註》，頁7。

此心中所具事，即解脫德。又復現前一念，莫知其鄉而不無，位天育物
而非有，不可以有無思，不可以凡聖異，平等不增不減，即法身德。我
心既爾，民心亦然，度自性之眾生，名爲親民。成自性之佛道，名止至
善。親民、至善，只是明明德之極致。恐人不了，一一拈出，不可說爲
三綱領也。〔註120〕

「明」明德爲「始覺之修」，「明德」爲本覺之性；「度自性之眾生，名爲親民」，「成
自性之佛道名止至善」。而所謂「格物」爲「作唯心識觀」，「致知」爲「轉第六識爲
妙觀察智」。〔註121〕這即是以佛法的概念意涵詮釋儒典的基本觀念，將儒家思想的
主幹改爲佛家之意涵，然後順此解釋轉變爲佛教的思想體系，於是儒家「內聖外王」
的《大學》便成爲佛教修行成佛的寶典了。

又如《論語・爲政・志學》章：「子曰：『吾十有五而志於學，三十而立，四十
而不惑，五十而知天命，六十而耳順，七十而從心所欲不踰矩。』」蕅益智旭就這麼
詮釋孔子一生的爲學歷程：

> 只一學字到底。學者，覺也。念念背塵合覺，謂之志。覺不被迷情所
> 動，謂之立。覺能破微細疑網謂之不惑。覺能透眞、妄關頭，謂之知天命。
> 覺六根皆如來藏，謂之耳順。覺六識皆如來藏，謂之從心所欲不踰矩。此
> 是得心自在。若欲得法自在，須至八十九十，始可幾之。故云：若聖與仁，
> 則吾豈敢，此孔子之眞語實語。若做謙詞解釋，冤卻大聖一生苦心。反聞
> 聞自性。初須入流亡所。名之爲逆。逆極而順，故名耳順。即聞所聞盡，
> 方得耳門圓照三昧也。〔註122〕

此處以佛法修行工夫融入《論語》之中，將禪宗之修行工夫與《楞嚴經》之觀
音菩薩耳根圓通法門來比擬孔子一生的爲學境界。並認爲孔子是一位到達了「心自
在」的禪師，而其爲學過程則是一連串覺悟成佛的過程。除了修行的比擬之外，許
多儒家之基本概念，到了《四書蕅益解》時，更轉變成佛教的觀念或修養方法。例
如《大學》：「所謂誠其意者，毋自欺也。」《四書蕅益解》云：

> 直心正念眞如，名爲誠意，妄計實我實法，名爲自欺。〔註123〕

又如《大學》：「是故君子有大道，必忠信以得之，驕泰以失之。」《四書蕅益解》云：

> 大道，即大學之道。君子不以位言，忠信即誠意之異名，直心正念眞

〔註120〕同上註，頁 7～8。
〔註121〕詳見簡瑞銓：《四書蕅益解研究》，頁 127～128。
〔註122〕見蕅益大師原著，江謙補註：《四書蕅益解補註》，頁 88。
〔註123〕同上註，頁 14。

> 如，名至誠心，亦名爲忠；了知心佛眾生，三無差別，名之爲信。……。
> 〔註124〕

這裡蕅益智旭即把儒家的「誠意」、「忠信」的觀念轉爲佛家的「直心正念眞如」的修行功夫。又如《論語‧述而》篇：「子曰：『仁遠乎哉！我欲仁,斯仁至矣。』」《四書蕅益解》云：

> 欲仁即仁，仁體即是本來至極之禮，猶所云念佛心即是佛也。〔註125〕

此處以「本來至極之體」來比擬儒家「仁」之觀念，亦即以佛性比喻「仁」體。《四書》的內容經過蕅益智旭的精心架構後〔註126〕，整部《四書蕅益解》便將儒家維持人倫之德目，轉換成佛家觀心法門，孔子成爲一位處處觀機逗教機鋒百出的大禪師，而整部儒家「內聖外王」的經典也徹底的禪化，變成學佛者的修行寶典了。在儒佛的交涉史中，《四書蕅益解》可說是一個高峰，它代表了晚明佛教界在此一風氣下，有目的、有方法、有系統，全面從義理上融和儒釋的成果。在新《四書》學的風潮中，其最大特色在建構了完整的「援佛入儒」的理論架構，呈現了一種特殊的《四書》學新面貌。而在儒佛互動的歷史脈絡中，其最大的作用，即是將儒家的經典納入佛法之中，成爲佛法的一部份，從義理上回應與化解程朱以來儒者的排佛壓力，並藉此作爲接引儒者的橋樑。

由上面的論述中，我們可發現晚明這許多新《四書》學的著作，與王學的興起及三教合一論的流行有著密切的關係。在整個《四書》學史中，王陽明對晚明《四書》學的影響居於關鍵地位。陽明心學的提出與興起，打破了百年來朱注的權威，開啓了廣闊的《四書》注疏空間並拉近了三教間的疆界，給與了三教合一，乃至儒佛合流的新契機，因而有大量新《四書》學的作品產生。

繼之而起的則是李卓吾《四書評》的問世。《四書評》突破傳統註疏的解經方式，充滿了解脫精神因而帶動了自由解釋的《四書》風潮，產生了「參」、「眼評」、「點睛」、「遇」、「管窺」等等書名的《四書》新著。這些作品的共同特徵：在著作態度上持反對朱子《四書》學之立場，並以陽明心學取代程朱理學作爲詮釋經典的思想基礎；在研究精神與方法上則自由解釋大興，充滿著自由學風與解放精神；在著作內容上，最主要的特色爲呈現三教融合乃至儒佛合流的傾向。

晚明新《四書》學的作品，一部份是佛教界（包含在家居士）的著作，如蕅益

〔註124〕 同上註，頁 26。
〔註125〕 同上註，頁 136。
〔註126〕 關於蕅益大師如何融會儒釋二家思想的理論與方法，請參閱簡瑞銓：《四書蕅益解研究》，頁 131～148。

智旭《四書蕅益解》、憨山德清的〈大學綱目決疑〉、〈中庸直指〉等。這類著作大都專門「以禪解經」，有著「三教合一」的著作動機，理論性亦較強；另一部份則是陽明學的學者所作，其立論的中心思想，仍是以「陽明心學」爲中心。其內容雜有佛、道的部份，乃是受當時三教合一論流行的影響所致。而其著作援引佛道的地方，大概爲：名詞的引用、行爲的比擬、文意觀念的相比附，較少深入義理層次的融合，其中尤以明末張岱的《四書遇》爲最具代表性，是陽明學學者「新四書學」作品中的集大成者。

這種學風到了清初以後，一方面清代官學沿襲元明之舊，以程朱爲宗，〔註127〕一方面清初學者把明朝滅亡的責任歸咎到王學的身上，指責王學夾雜釋老，空疏虛誕，而得異端亡國的罪名。於是這種以陽明心學與三教合一說爲背景詮釋《四書》的新學風便至蕩然無存。

綜觀整個《四書》學史來說，晚明新《四書》學的多樣性與豐富性，其立論的自主性都可說是《四書》學史上的一道異彩。

〔註127〕 如順治二年定士例，即以朱熹《四書集註》爲主，康熙五十一年，將朱熹奉祀於「十哲」之列，對於朱學可謂推崇備至。

第二章　張岱家世、生平與著作

不論是文學創作或是思想著作，作品的內涵通常反映出作者之思想、情感以及人格特質。而作者的個性與思想卻受時代因素、家庭背景、成長環境很大的影響。因此對於作者本身及其生平環境、家世背景、著作種類之了解，有助於我們對其著作內涵之掌握和理解。張岱博學多聞，能詩善文，兼通戲曲、音樂、書法、繪畫、篆刻、園林諸藝，著述宏富。本章首先彙整張岱生平之傳記、評述、著作等相關資料，分別對其家世背景、生平，學佛因緣，著作種類等做整體性之瞭解。

第一節　張岱生平考述

張岱（1597～1680 年）字宗子，又字石公，號陶庵，又號蝶庵居士，浙江山陰人。先世為四川劍州（劍閣縣）人，故〈自為墓誌銘〉稱「蜀人張岱」。張岱家世頗為顯貴，自高、曾祖以來都是位居要津，服用奢麗。他的生平可以崇禎甲申年（1644 年）為限，劃分為兩階段。前一段生活極豪侈，性情極浮華；而明代滅亡後，在滿清統治下，作了四十年逸民，隱居於剡溪山中。一向沉溺於聲色犬馬，養尊處優的日子，一旦國亡，卻能甘心貧乏，將人事滄桑、亡國之痛，視同一夢，寄寓於《陶庵夢憶》中，其一生可說是充滿著傳奇性的色彩。

一、書香門第、官宦世家

張岱家族在浙江山陰地方是世家望族，其家的發祥始於高祖張天復。天復字復亨，號內山，生於正德八年（1513 年），卒於萬曆二年（1574 年），享年六十二歲。天復於嘉靖二十六年（1547 年）進士及第，先後歷任吏、兵二部，又曾為全楚學政，後為雲南臬副。在雲南期間，天復擊武定賊鳳繼祖有功，因功遷甘肅道行太僕卿，

事蹟附見《明史‧文苑傳》。曾修《山陰縣志》，並著有《皇輿考》十二卷〔註1〕。

曾祖元汴，字子蓋，號陽和，生於嘉靖十七年（1538年），卒於萬曆十六年（1588年），享年五十一歲。元汴乃隆慶五年（1571年）狀元，官至詹事府左諭德。元汴事親至孝，時人稱爲「忠孝狀元」是王陽明的再傳弟子，師事陽明大弟子王畿，以良知學爲宗。其一生著述良多，據張岱《石匱書》所載，著有《紹興府志》、《會稽縣志》、《雲門志略》、《山游漫稿》、《槎間漫筆》、《不二齋稿》、《志學錄》、《讀尚書考》、《讀史膚評》、《皇明大政記》、《讀詩考》等書。〔註2〕

祖父汝霖，字肅之，號雨若。汝霖幼好古學，博覽群籍。萬曆二十三年（1595年）中進士，歷任廣昌令、山東主考、南都刑部、貴州主考、廣西參議、福州副史。後因其岳父朱金庭當國，有所迴避，不再出仕。汝霖視學黔中時，極力提拔人才，才俊如楊文驄、梅豸，都出於門下，黔中當地譽爲「三百年來無此提學」。於廣西任參議時，撫治苗猺，甚得民心，後因病歸鄉，苗人慟哭送至黔界。汝霖卒於天啓五年（1625年），享年五十三歲。著有《易經因旨》、《四書荷珠綠》、《甕史》等著作。由於受到戚婭的薰染，張家自汝霖時，開始講究服飾飲食、宮室器具之精美，張岱於其〈家傳〉中即指出：

> 我張氏自文恭（元汴）以儉樸世其家，而後來宮室器具之美，實開之
>
> 舅祖朱石門先生，吾父叔輩效而尤之，遂不可底止。〔註3〕

張岱父親張耀芳，字爾弢，號大滌。耀芳少極聰敏，善歌詩，聲出金石。耀芳少即精舉子業，之後沉埋帖括四十餘年，屢試不中。天啓四年（1624年）五十三歲時，以副榜貢謁選，授魯藩長史。時魯王好神仙，而耀芳精導引，故頗得魯王敬重。耀芳身軀偉岸，性喜詼諧，即使面對晚輩仍不廢笑謔，崇禎五年（1632年）無疾而終。張岱母親陶氏善理財，行事恭愼，雖因出身布衣，失歡高堂，但克盡婦道，有「女中曾閔」之譽。

〔註1〕 《皇輿考》十二卷，《四庫全書》〈史部‧地理類存目〉著錄。《四庫全書總目》云：「明張天復撰。天復號內山，山陰人，嘉靖丁未進士。官至雲南按察司副使，事蹟附見《明史‧文苑傳》。其子元汴傳中，是書取閩本《志略》稍加潤飾。其自序云：『文襄桂公《輿地圖志宮諭》、念菴羅公《廣輿圖》、司馬許公《九邊論》詞約而事該。』故往往引三家之說冠於篇端。文襄桂公者，桂萼；念菴羅公者，羅洪先；司馬許公者，許論也。其大意在規《明一統志》之失，但貪列人物，依然掛一漏萬，至若四至八到，郡縣沿革，皆略而不詳，未爲善本。」見紀昀等著：《四庫全書總目》卷72，頁1503。

〔註2〕 見張岱《石匱書》，《續修四庫全書》139冊（上海：上海古籍出版社），卷201〈儒林列傳〉，頁82。

〔註3〕 見張岱著‧夏咸淳校點：《張岱詩文集》，〈瑯嬛文集〉卷4，〈家傳〉，頁255。

　　由於張岱家數代累宦，家世顯赫，張岱的為人處世與行事作風受其家學、家風影響甚巨。尤其張氏幾代都能詩善文，並有治經、治史傳統。家裡藏書三萬餘卷，往來頗多名流俊士，著名畫家陳洪綬、書法家董其昌、一代文壇奇人徐文長都是張氏家族密友。還有許多大名鼎鼎的文學家、藝術家也常出入張家。這樣的家庭氛圍，為日後張岱成為文史藝術方面的通才，提供了良好的條件。

　　張家自其先祖就有治經、治史之傳承，例如高祖天復曾修《山陰志》，曾祖元汴相繼修撰《紹興府志》、《會稽縣志》，時人譬之談、遷父子。受此家學影響，張岱亦有修史抱負，以修一部明史鉅著為畢生的職志。他自己曾說：「自幸吾先太史有志，思附談、遷，遂使余小子欲追彪、固。」〔註4〕因此，他利用家中歷代收藏的豐富圖書，著成《石匱書》等史書，為有明一朝留下珍貴的史料記錄。此外自其曾祖亦有經學著作《讀尚書考》、《讀詩考》，祖父著有《易經因旨》、《四書荷珠綠》等書，承此家學，張岱亦有《大易用》、《明易》、《四書遇》等經學著作。

　　張岱一家雖歷代仕宦，但卻有別於一般傳統士大夫之家。如高祖天復自歸故里後，構業於鏡湖之阯，高梧深柳，自與所狎縱飲其中。又命一小僕距於樹巔，俟元汴舟至，馬上肅衣冠，待元汴去後，即開門轟飲，叫囂如故。這樣的行徑，在一般的世家之中恐怕難得一見。而曾祖元汴曾師事王畿，為陽明再傳弟子，心學講求發展良知、肯定自我的理論，對其子孫必有影響。故自張岱祖父時，張家即具有濃厚的自由氣息。其祖父汝霖自小即具大膽而詼諧的性格，張岱在〈家傳〉中記載了祖父小時的一個小故事：

　　　　（汝霖）髫時以文恭（元汴）命，入獄視徐文長先生。見囊盛所著械
　　懸壁，戲曰：「此先生無絃琴耶？」文長摩大父頂曰：「齒牙何利！」案頭
　　有〈闕編〉序，用『怯里赤馬』大父曰：「徐先生，『怯里馬赤』，那誤得
　　『怯里赤馬』？」文長咋指曰：「幾為後生窺破。」〔註5〕

小小年紀敢對父執輩的徐文長開玩笑，且唐突的指出文長的錯誤，可看出汝霖個性的詼諧大膽與敏捷才思。至於張岱的父親更喜詼諧，對子姪亦不廢謔笑。又如張岱的仲叔聯芳亦「善詼諧，在京師與漏仲容、沈虎臣、韓求仲輩結噱社，嗷喋數言，必絕纓噴飯。」〔註6〕這樣的家風對張岱個性的影響是巨大的。其在〈自為墓誌銘〉一文中記載著他自己的一段小故事：

　　　　六歲時，大父雨若翁（汝霖），攜余至武林（杭州），遇眉公先生（陳

〔註4〕見見張岱著·夏咸淳校點：《張岱詩文集》，〈瑯嬛文集〉卷3，〈徵修明史檄〉，頁197。
〔註5〕見張岱著·夏咸淳校點：《張岱詩文集》，〈瑯嬛文集〉卷4，〈家傳〉，頁251。
〔註6〕見張岱：《陶庵夢憶》卷6，〈噱社〉。

繼儒）跨一角鹿，爲錢塘遊客，對大父曰：「聞令孫善屬對，吾面試之。」
指屏上李白騎鯨圖曰：「太白騎鯨，采石江邊撈月夜。」余應曰：「眉公跨
鹿，錢塘縣裡打秋風。」眉公大笑，起躍曰：「那得靈儁若此，吾小友也。」
〔註7〕

在這段文字中，我們除了驚訝於張岱靈敏反應及幽默個性外，也可以看出張岱之祖
父對張岱的教導並非是一般傳統道學家庭的僵化教條，否則張岱豈敢如此消遣當代
名士陳繼儒？由於家學與家風的自由開放、不拘小節，使張岱可以充分發展其興趣。
再加上富裕家境的支撐，良好的讀書環境等外在環境的配合下，張岱才能對各種事
物多方涉獵，養成其豐富的識見，繼而表現在其作品中。但也由於岱生長在世代富
貴的家庭，生活的富裕雖使他不必汲汲求取功名，卻使他年輕時沾染了世家紈袴子
弟的習氣。

張岱家族世系圖

張天復→　張元汴→ （高祖）　（曾祖）	─張汝霖（祖）→	─張耀芳（父） ─張聯芳（二叔）	─張岱 ─？ ─張岷（三弟）
	─張汝懋	─張炳芳（三叔） ─？ ─？ ─？ ─張燁芳（七叔）	

二、繁華靡麗、過眼皆空

張岱一生並未獲取功名，其事蹟見諸史料的並不多，其著作在生前也多未付梓。
明亡後，張岱又隱居荒陬，所以其事蹟無詳細傳略可供參考。吾人對張岱的瞭解，
只能從《紹興府志》、邵廷采《思復堂逸民傳》、徐鼒《小腆紀傳補遺》及張岱自作
之〈自爲墓誌銘〉等文獻中，得知張岱生平的一鱗半爪。今參考張岱〈自爲墓誌銘〉、
方志、史傳所載及後人對張岱的研究資料中，略述張岱之生平。

（一）明亡前，園林詩酒，服食豪侈

張岱於明神宗萬曆二十五年（1597年）八月在浙江山陰縣（今紹興縣）出生。

〔註7〕見張岱著・夏咸淳校點：《張岱詩文集》，〈瑯嬛文集〉卷5，〈自爲墓誌銘〉，頁294。

自幼聰敏穎異，才華出眾，也曾期望科舉入仕，獻身報國。但一舉不中，深感科舉取士誤人誤國，轉而致力於經、史、文學的研究。其一生大致可以明亡前後分為兩個階段。明亡之前，張岱因家庭累世通顯，家境極為富裕，過的是：

> 少為紈袴子弟，極愛繁華。好精舍，好美婢、好孌童、好鮮衣、好美食、好駿馬、好華燈、好煙火、好梨園、好鼓吹、好古董、好花鳥，兼以茶淫橘虐、書蠹詩魔，勞碌半生，皆成夢幻。〔註8〕

這樣優渥的生活環境與經驗，對他的文藝涵養提供了充足的養分。尤其他自小口齒犀利，對答如流，善於屬對。在《快園道古》〈夙慧部〉中記載：

> 陶庵六歲，舅氏陶虎溪指壁上畫曰：「畫裡仙桃摘不下。」陶庵曰：「筆中花朵夢將來。」虎溪曰：「是子為今之江淹。」
>
> 陶庵六歲，在渭陽家，一客見缸中荷葉出，出對曰：「荷葉如盤難貯水。」陶庵對曰：「榴花似火不生煙。」一座賞之。

對聰慧如此的孫兒，祖父汝霖自然疼愛異常，常常帶張岱出席文人雅士的集會。張岱自幼好讀書、六歲就隨父親讀書「懸杪亭」。祖父張汝霖曾對他說：「諸孫中唯爾好書，爾要看者，隨意攜去。」〔註9〕長輩的關愛與支持，加上與風雅名士的往來頻繁，使張岱培養出不同一般文人的胸襟見識，十七歲以後，開始了其多彩多姿的青年生活。這段時間，他的學問日漸增長，生活則是日趨糜爛。《紹興府志‧張岱傳》中說：

> 及長，文思坌湧，好結納海內勝流。園林詩酒之社，必頡頏其間。岱累世通顯，服食豪侈，畜梨園數部，日聚諸名士度曲徵歌，詼諧雜進，及間以古事挑之，則自四部七略，以至唐宋說家薈粹瑣屑之書，靡不該悉。〔註10〕

此時的張岱除了廣交文友，從事各種文藝活動外，還極力縱情聲色，表現出文藝興趣之外的生活頹廢面。他在《陶庵夢憶》卷七〈品山堂魚宕〉中說：：「二十年前強半住眾香國，日進城市，夜必出之。」〔註11〕他講究生活品味和享受，對於美的事物有特殊的偏好。在〈自為墓誌銘〉中，曾自述喜好精舍、美女婢、鮮食、駿馬、孌童等，對於華燈、飲茶、煙火、梨園、鼓吹、古董，加上鬥雞、臂鷹、六博、

〔註8〕　同前註，頁295。
〔註9〕　見張岱：《陶庵夢憶》卷2，〈三世藏書〉。
〔註10〕　〔清〕李亨特總裁‧平恕等修：《紹興府志》（臺北：成文出版社影印，1975年），卷54，〈人物志一四〉，頁1319。
〔註11〕　見張岱：《陶庵夢憶》（北京：中華書局，1985年）卷7，〈品山堂魚宕〉頁62。

蹴踘、彈琴、劈阮等技亦多有涉及。除了講究享受生活的品味外，他還深入的研究，擁有自己獨特的見解，並且一一呈現在張岱作品中。以飲茶爲例，《陶庵夢憶》卷三〈閔老子茶〉一文中，就看出張岱對於茶道的造詣：

> ……余問汶水（閔老子）曰「此茶何產？」汶水曰：「閬苑茶也。」
> 余再啜之，曰：「莫紿余，是閬苑製法而味不似。」汶水匿笑曰：「客知是
> 何產？」余再啜之，曰：「何其似羅岕甚也。」汶水吐舌曰：「奇！奇！」
> 余問：「水何水？」曰：「惠水。」余又曰：「莫紿余，惠泉走千里，水勞
> 而圭角不動，何也？」……少頃，持一壺滿斟余曰：「客啜此。」余曰：「香
> 撲烈，味甚淳厚，此春茶耶？向淪者的是秋採。」汶水大笑曰：「予年七
> 十，精賞鑒者無客比。」遂定交。〔註12〕

張岱以精湛的茶道折服閔汶水，讓他與己定交，由此可知張岱對飲茶一藝研究的精深。其它有關飲茶的篇章，在張岱的作品中還有許多，如〈禊泉記〉、〈蘭雪茶〉、〈露兄〉等。張岱生活的多彩多姿，也可從他所交往的不同階層的人物看出。在〈祭周戩伯〉一文中，曾自述其一生的交遊：

> 余好舉業，則有黃貞夫、陸景鄴二先生、馬巽青、趙馴虎爲時藝知己；
> 余好古作，則有王讌奄年祖、倪鴻寶、陳木叔爲古文知己；余好游覽，則
> 有劉司人、祁世培爲山水知己；余好詩詞，則有王予菴、王白嶽、張毅儒
> 爲詩學知己；余好書畫，則有陳章叔、姚簡叔爲書畫知己；余好填詞，則
> 有袁籜菴、祁止祥爲曲學知己；余好作史，則有黃石齋、李研齋爲史學知
> 己；余好參禪，則有祁文載、具和尚爲禪學知己。〔註13〕

此段文字雖只列舉了詩藝、古文、山水、詩學、書畫、曲學、史學、禪學等各方面的知交，但我們仍可從中領略張岱興趣嗜好的廣泛，以及張岱求學交友不分門派，不限師承，不論階級尊卑的精神。不管是才子、義士、癖客、名妓、行家等「大江以南，凡黃冠劍客、緇衣伶工」無不與接，爲張岱一生憑添許多精彩。

除了對生活享受的追求外，張岱的另一生活重心是旅遊。他曾說過：「余少好嬉遊，名山恣探討。」據其作品所記，他的蹤跡遍布蘇、浙、魯、皖等地。在遊歷山川名勝的同時，也讓他有機會看到當時政治的黑暗、民生的疾苦和官僚的腐化。這些經歷充實了他的識見，使得他除了優游於詩文、戲曲、音樂、書畫等藝術面外，對下層社會生活能有更貼近的觀察，對生命能有更深刻的體認。如在《西湖夢尋·西湖香市》中記載：

〔註12〕見張岱：《陶庵夢憶》卷3，〈閔老子茶〉頁20～21。
〔註13〕見張岱著·夏咸淳校點：《張岱詩文集》，〈瑯嬛文集〉卷6，〈祭周戩伯〉，頁361。

> 是歲及辛巳、壬午歲洊饑，民強半餓死。壬午道鯁山東，香客斷絕，
> 無有至者，市遂廢。辛巳夏，余在西湖，但見城中餓殍爲出，扛擡相屬。
> 時杭卅太守夢謙，汴梁人，鄉里抽豐者，多寓西湖，日以民詞饋送。有輕
> 薄子改古詩誚之曰：「山不青山樓不樓，西湖歌舞一時休。暖風吹得死人
> 臭，還把杭卅送汴州。」可作西湖實錄。

這樣的景況，激發出張岱憤懣不平之氣，使其重新審視自己生存的社會環境，因而奮力於史學的創作，希冀爲歷史留下眞實的見証。張岱雖曾埋首帖括，但一生未入仕途，在科舉失敗後，就不再應試，開始發憤著書。他二十二歲時編纂了第一部書《古今義烈傳》，歷時十年，成書八卷，記錄了上自西周下至明天啓年間四百餘個節義人物的事跡。此書弘揚正氣，表彰義烈，贏得當時不少知名學者的讚譽。在三十二歲時，並開始著手《石匱書》和《四書遇》、《快園道古》等書的撰寫。其前半生過的雖是聲色犬馬、驕奢安逸的享樂生活，但從另一角度來看，前半生的生活體驗，使他結交了從上流社會到下層社會三教九流各色的人物，這不但開闊了他的視野，也使他嫻熟各種高雅藝術、民間藝術與日常生活藝術，從而成爲一位具有全面藝術修養的藝術家，爲將來的創作奠下厚實的基礎。

（二）明亡後，布衣蔬食，常至斷炊

張岱的前半生，過的是繁華靡麗的生活，而這樣的生活方式，隨著明王朝的敗亡而一起灰飛湮滅。在張岱四十八歲（1644 年），正想要集中精力編撰明史《石匱書》時，國家動盪，清兵入關，明朝緊跟著覆亡。這個巨大的改變，使得中原受到異族的蹂躪，張岱的命運呈現一百八十度的大轉變。其家中三萬藏書散失殆盡，好友倪元璐、祁彪佳等相繼殉國。在此國破家亡之際，張岱每欲引決，但想到一生的志向《石匱書》尚未完成，於是過慣豪侈生活的張岱，選擇保全氣節，隱入山林，舉家避居嵊縣山中，丟棄繁華，專心從事寫作，過著窘迫的遺民生活。對於這個生死的抉擇與其中的心路歷程，他自己這樣表白：

> 然余之不死，非不能死也，以死而爲無益之死，故不能死也。以死爲
> 無益而不死，則是不能死，而竊欲自附於能死之中；能不死，而更欲出於
> 不能死之上。千磨萬難，備受熱嘗。十五年後程嬰，更難於十五年前之公
> 孫杵臼；至正二十六年之謝枋得，更難於至正十九年之文天祥也。〔註14〕

張岱認爲，爲了氣節一死了之固然可貴，但爲了故國文化使命，爲有明一代留下珍貴史料而苟存於世，所承受的痛苦與壓力，更甚於前者，更是另一種民族氣節

〔註14〕見張岱著‧夏咸淳校點：《張岱詩文集》，〈瑯嬛文集〉卷 1，〈石匱書自序〉，頁 99。

的表現。明亡後，張岱的生活從放縱恣肆到窮困潦倒，我們從他的〈和貧士詩〉七首中的詩句，就可窺知他當時的處境。詩前有序說明他當時的境況：「丙戌九月九日，避兵西白山中，風雨淒然，午炊不繼，乃和靖節貧士詩七首，寄剡中諸弟子。」詩曰：

> 四壁無所有，淒然張斷琴。每當風雨夜，發此金石音。子期既已逝，誰復來相尋？腹飢徒煮字，樽空恥自斟。豈無長安米，苟得非所欽。丹崖與白石，彼或諒吾心。〔註15〕

除了要忍受貧窮飢餓外，還要親自勞作以養家，這對養尊處優的他，真是情何以堪，其〈舂米〉詩曰：

> 身任杵臼勞，百杵兩歇息。上念梁鴻才，以助縛雞力。余生鐘鼎家，向不知稼穡。米在囷廩中，百口叢我食。婢僕數十人，殷勤伺我側。舉案進饔殽，庖人望顏色。喜則各欣然，怒則長戚戚。今皆辭我去，在百不存一。諸兒走四方，膝下皆哇泣。市米得數升，兒飢催煮急。老人負舂來，舂米敢遲刻？連下數十舂，氣喘不能吸。
>
> 自恨少年時，杵臼全不識。因念犬馬齒，今年六十七。在世為廢人，賃舂非吾職。臂力詎能加？舉杵惟於邑。回顧小兒曹，勞苦政當習。〔註16〕

又〈擔糞〉詩曰：

> 生平所不能，著棋與擔糞。棋故絕不為，糞豈人可進？孔門有樊遲，學圃發其問。即以仲尼為，圃事豈不紊？余昔愛芬芳，敦彝設藩溷，近日理園蔬，大為糞所困。憶昔文翰林，思以穢舟遁。追者遙遠之，爐香數里歆。仲子既灌園，香臭豈敢論？窗下南瓜榮，堂前茄樹嫩。天氣稍乾封，糞須旦晚運。婢僕無一人？擔糞固其分。偶呼稚子來，兒女復相避。扛扶力不加，進咫還退寸。老人猶喜飯，焉敢不自奮？余聞野老言，先農有遺訓。日久糞自香，為農復何恨。〔註17〕

明亡前錦衣玉食，過的是浪漫愜意、婢僕環伺的生活；明亡後，家徒四壁，過的是忍飢挨餓，舂米擔糞的日子，這種轉變與經歷，使得他深刻體會到人生如夢的感慨，其〈自為墓誌銘〉云：

> 年至五十，國破家亡，避跡山居。所存者，破床碎几、折鼎病琴、與殘書數帙，缺硯一方而已。布衣蔬食，常至斷炊。回首二十年前，真如隔

〔註15〕見張岱著・夏咸淳校點：《張岱詩文集》〈張子詩秕〉卷2，〈和貧士詩〉其三，頁22。
〔註16〕見張岱著・夏咸淳校點：《張岱詩文集》〈張子詩秕〉卷2，〈舂米〉，頁35。
〔註17〕同上註，頁36。

世。〔註18〕

國亡後的生活，從此大大不同。雖然這樣的貧乏，在他來說是心甘情願的。邵廷采《逸民傳》云：「丙戌後，屏居臥龍山之仙室，短檐危壁，沉涇於明一代紀傳，名曰《石匱藏書》，以擬鄭思肖之鐵函心史也。」《陶庵夢憶》自序亦云：「陶庵國破家亡，無所歸止，披髮入山，駭駭為野人。故舊見之，如毒藥猛獸，愕窒不敢與接。作自挽詩，每欲引決，因《石匱書》未成，尚視息人間。然瓶粟屢罄，不能舉火。」一向生活於富貴家庭，而又沉溺於聲色狗馬之好的張岱，一旦國亡，不乞求保全，如阮大鍼、周亮工一類人的行為；只將舊有的一切一切，當作昨夜的一場好夢，獨守著一部未完成的明代紀傳，寧讓人們將他當作毒藥，當作猛獸，卻沒有甚麼怨悔。這種「松柏不凋於歲寒」的胸懷，正突顯出張岱平日心學涵養的講求，遇難時，乃能有如此高超的精神境界。隱入山林後的張岱，所擁有的只剩破床碎几、折鼎病琴與殘書數帙、缺硯一方而已。生活極端困苦，常至斷炊。相較於從前安逸放蕩的生活，現在更能體會貧窮生活的可嘆，在《夢憶序》中，他說：「瓶粟屢罄，不能舉火，始知首陽二老，直頭餓死，不食周粟，還是後人妝點語也。」雖語帶幽默，但隱藏在文字背後的苦窘卻令人不忍。生活至此，真如隔世。但張岱並不後悔，他以遺民的身分，忍受著異族統治的悲憤和貧困的物質生活，一面將全部精神投入有明一代史料的編纂，另一方面致力寫作，將國破家亡的悲痛寄託於往事回憶之中，一一化為文字聊以自遣。他說：

　　……雞鳴枕上，夜氣方回，因想余生平，繁華靡麗，過眼皆空，五十年來，總成一夢。今當黍熟黃梁，車旅蟻穴，當作如何消受！遙思往事，憶即書之，持向佛前，一一懺悔。不次歲月，異年譜也；不分門類，別志林也。偶拈一則，如遊舊徑，如見故人，城郭人民，翻用自喜，其所謂癡人前不得說夢矣。〔註19〕

　　余生不辰，闊別西湖二十八載，然西湖無日不入吾夢中，而夢中之西湖，實未嘗一日別余也。前甲午丁酉，兩至西湖，如湧金門、商氏之樓外樓、祁氏之偶居、錢氏、余氏之別墅及余家之寄園，一帶湖莊，僅存瓦礫，則是余夢中所有者，反為西湖所無。及至斷橋一望，凡昔日之弱柳夭桃、歌樓舞榭，如洪水湮沒，百不存一矣。余乃急急走避，謂余為西湖而來，今所見若此，反不若保吾夢中之西湖，尚得完全無恙也。……余之夢西湖

〔註18〕見張岱著・夏咸淳校點：《張岱詩文集》，〈瑯嬛文集〉卷5，〈自為墓誌銘〉，頁295。
〔註19〕見張岱著・夏咸淳校點：《張岱詩文集》，《瑯嬛文集》卷1，〈夢憶序〉，頁111。

也，如家園眷屬，夢所故有，其夢也真。〔註20〕

故國家園不時浮現腦海想起過去的歲月，滿懷的愁恨無處渲洩，只得從夢中去尋找，回憶中去品嘗。江山依舊，人事已非，不敢面對改變後的現實，只得將自己藏於夢幻之中，這是多麼悲痛，多麼無奈的一種心情。

張岱隱居後的生活，後人只能從其著作中，零碎的拼揍，連他的卒年都難以考察，我們只知他十分長壽，享年約在八十四歲左右，也即是說，張岱在清朝的統治下生活了近四十年的時間。

綜觀張岱一生，可以明亡為分水嶺。明亡前生活瀟灑，意氣飛揚，安逸放蕩；明亡後，貧窮困頓，意緒蒼涼，淒楚悲痛。但如他自己所說，明亡一事是上天降下一塊大試金石。雖經國亡家破的大波折，張岱仍筆耕不輟，長達數十年的寫作生涯，給後人留下著作不下四十餘種。其中有史學、文學、醫學、地理、經學、小學、韻書等，種類繁多，可見張岱學問之廣博。其中《石匱書》二百二十卷，《石匱書後集》六十三卷，《瑯嬛文集》六卷，《陶庵夢憶》八卷等重要著作得以保存。尤其是《四書遇》的成書，使得晚明陽明學者之經說，得以留存。

附錄：張岱交游背景表〔註21〕

類　別	人　　名
時　藝	黃汝亨、陸夢龍
古　文	王思任、倪元璐、聞啓祥、陳函輝、周懋明
山　水	劉侗、祁彪佳、秦一生
詩　學	王雨謙、吳系、卓人月、張弘、李商梅
曲　學	祁豸佳、袁于令
書　畫	陳洪綬、張文成、陸癯庵、姚允在
史　學	黃道周、李長祥、周懋穀、查繼佐、谷應泰、徐沁
禪　學	祁熊佳、具和尚、具德和尚
戲　劇	彭天錫、余蘊叔、王月、朱楚生、阮大鋮、夏汝開
琴　藝	王本吾、尹爾韜、何紫翔、范與蘭
雕　刻	濮仲謙
茶　道	閔文水、胡季望、魯云谷
其　他	陳繼儒、劉榮嗣、周允恒、呂福生

〔註20〕見張岱著‧夏咸淳校點：《張岱詩文集》《瑯嬛文集》卷1，〈西湖夢尋序〉，頁144。
〔註21〕此表據胡益民：《張岱研究》第六章〈交游考論〉與黃桂蘭：《張岱生平及其文學》第二章〈交遊考〉而作。

第二節　張岱與佛教因緣

　　由彭繼清的《居士傳》中觀察，晚明時期，佛教界特別盛行著居士佛教，當時許多的陽明學派學者時常親近當時的高僧大德，出入三教之間。根據今人聖嚴法師的說法：「明末居士，有兩大類型：一類是親近出家的高僧而且重視實際修行的，另一類則信仰佛法、研究經教卻未必追隨出家僧侶修學的讀書人。第一類型的暫且不提，第二類型的居士，大抵與陽明學派有關，所謂左派的陽明學者，便是理學家之中的佛教徒，而且這一批居士對明末佛教的振興，有其不可埋滅的功勞。」〔註22〕張岱受到家族與當時風氣的影響，平時亦參禪、研讀佛典而成為佛教在家居士。在詮釋《四書》時，有時更將其參禪心得融入於《四書》義理的詮釋中，呈現三教合流之傾向。因此特從其著作中，彙整出其佛教因緣，包括佛學內涵與宗教行為敘述於下。

一、家族多人學佛

　　從張岱詩文集以及其他文獻的記載中可知，其家族中人，許多人都皈依了佛教，並從事於實際的修行。例如曾祖父張元汴就與晚明佛教四大師之首雲棲株宏時相往來。在王龍溪〈興浦庵會語〉中記載：

　　　　陽和張子，訪蓮池沈子於興浦山房。因置榻圜中，共修靜業。沈子蓋
　　儒而逃禪者也。適世友王子泗源訪予山中，慕陽和高誼，思得一晤。乃相
　　與拉張子太華，放剡曲之舟，夜抵浦下，與陽和相慰勞。……〔註23〕

這條資料記載了張元汴曾經與蓮池大師（即雲棲株宏）在興浦庵這個地方共修過。而張元汴亦作〈贈蓮池上人〉詩記之，詩前小序云：「蓮池本杭城沈氏少方伯洲之弟，弱冠有聲黌校，已而棄室家，祝髮為僧。是歲乙亥冬，吾邑興浦庵結禪期，延為首座。予因獲見之，嘉其超世之勇，而猶異其歸於正也，故遺之以詩。」詩云：

　　　　羨爾三十遺世事，獨披破衲投空門。
　　　　不容一髮為身累，難把二心與俗論。
　　　　皓月孤懸自皎皎，黑風時作正昏昏。
　　　　應知聖果圓成後，回道還酬罔極恩。〔註24〕

此詩乃敘述蓮池大師至山陰境內興浦庵結禪期的情形，元汴作詩贊之，合上兩條資料觀之，他可能也參加了這次參禪的修行。在雲棲株宏《山房雜錄》卷二中有〈山

〔註22〕見聖嚴法師：《明末佛教研究》（臺北：法鼓文化事業公司，2000年8月），頁281。
〔註23〕見〔明〕王龍谿：《王龍谿全集》（臺北：廣文書局，2000年11月）卷7，〈興浦庵會語〉。
〔註24〕見張元汴：《張陽和先生不二齋文選》卷7。

陰興浦庵次韻酬張陽和太史〉〔註25〕、〈張太史構山房見留再用前韻奉謝〉〔註26〕
二詩，顯然是對張元汴〈贈蓮池上人〉的酬答詩，由此可見其二人之情誼。

又如祖父晚年造無漏庵於砎園，請湛老和尚摩頂受記，而仍其號曰無漏居士
〔註27〕，母親更是虔誠，在《瑯嬛文集》卷五〈白衣觀音贊〉前序中有云：

> 岱離母胎八十一年矣，常常於耳根清淨之時，恍聞我母念經之聲。蓋
> 我母年少祈嗣，許念白衣觀音經三萬六千卷也。故岱生時遂有重胞之異，
> 此經聲是胎裡帶來，雖遭劫火，燒之不失也。〔註28〕

在佛教信仰中，有些婦人爲了求子，常有許願祈求觀世音菩薩送子的宗教行爲，因
而觀世音菩薩在通俗信仰中便有「送子觀音」的美稱。張岱的母親由於年少的關係，
爲了求得子嗣，便許願頌唸了《白衣觀音經》三萬六千遍，而有張岱的誕生。由此
亦可看出張岱自母胎開始，便種下了很深的佛緣，以致到了晚年時仍依稀可聞其母
誦經之聲。除了長輩學佛外，由張岱的文集中可看出他堂兄弟毅儒亦是很虔誠的佛
教徒〔註29〕，而他閒暇時，也會教導妻妾誦讀《金剛經》。〔註30〕

二、參禪注經、惜福拜懺

關於晚明居士佛教的內涵，聖嚴法師以爲：「在明末的居士之間，最受重視的
佛教經典，有《金剛經》《阿彌陀經》《法華經》《華嚴經》、《楞嚴經》、《心經》、《圓
覺經》、《四十二章經》、《佛遺教經》、《六祖壇經》、《五燈會元》以及《大乘起信
論》等。最值得注意的是，當時的居士之中，除了誦經、念佛、參禪之外，也重
視持咒，最流行的咒文是〈準提咒〉且有結社持誦它的風氣。……因此，明末的
居士們，大多是他們自己接觸到了佛教的書籍及修行方法，進而訪問當時的高僧，
求取更深入的認識和體驗。」〔註31〕從〈祭周戩伯〉一文中，得知張岱平時佛法
的修持法門屬於參禪一類，他說：「余好參禪，則有祁文載、具和尚爲禪學知己。」

〔註25〕 詩云：「玉殿傳臚第一人，杖藜今到衲僧門。剡溪興在連宵宿，蓮社情多盡日論。定
　　　　水淨除心地垢，慧燈高爍性天昏。一朝勘破香嚴缽，雙報君恩與佛恩。」
〔註26〕 詩云：「七尺藭莭百結鶉，安貧無事謁侯門。因過古寺酬先約，卻荷仙舟接素論。出
　　　　鈾間雲難駐跡，埋塵寶鏡欲磨昏。青山且辟維摩室，他日從來謝此恩。」
〔註27〕 見張岱著・夏咸淳校點：《張岱詩文集》〈瑯嬛文集〉卷2，頁183～184。
〔註28〕 見張岱著・夏咸淳校點：《張岱詩文集》，〈瑯嬛文集〉卷5，〈白衣觀音贊〉，頁328。
〔註29〕 其〈紀年詩序〉云：「……毅儒佞佛乎？見經則捧？遇佛則拜，有存佛，無選佛也。」
　　　　見張岱著・夏咸淳校點《張岱詩文集》〈瑯嬛文集〉卷1，頁116～117。
〔註30〕 其詩「〈贈黃皆令女校書〉云：「從來福德遜東坡，王氏爲妻朝雲妾。王氏靜敏略知
　　　　書，朝雲初解《金剛》偈。……」見張岱著・夏咸淳校點：《張岱詩文集》〈張子詩
　　　　秕〉卷3，頁51。
〔註31〕 見聖嚴法師：《明末佛教研究》，頁264～265。

〔註32〕對其禪學的造詣，他則謙虛的認為：「學仙學佛、學農學圃俱不成」。〔註33〕

其實張岱對佛經涉獵很深，對佛學也有自己的見解。他在〈與祁文載〉一文說：

> ……解經者，於字句中尋指歸，必須爛熟白文，漫家咀嚼。弟閱《金
> 剛經》諸解，深恨竈外作竈，硬入人語，未免活剝生吞，又恨於樓上造樓，
> 橫據己見，未免折橋斷路。故余之解《金剛經》，與余之解《四書》、《五
> 經》，無有異也。……佛家以香花燈燭虔誦經文，亦欲人思其意義。無奈
> 今之徒眾，止知以誦經了願，旬旬之外，不更著想，所以終無進路耳。故
> 人能熟讀經文，深思義味，莊子所謂「思之思之，鬼神通之」，政謂此也。
> 諸解具在，皆弟於朗誦白文，忽然有得。弟恐錯入魔境，顒望明眼人為弟
> 指迷。〔註34〕

這裡張岱指出要明白佛經中的義理，必須要透過「爛熟白文，漫家咀嚼」的方法，
從而「深思義味」才能有得。他反對「止知以誦經了願，旬旬之外，不更著想」的
誦經方式，其結果只是「終無進路耳」。所以張岱便於自己「朗誦白文，忽然有得」
時將其心得紀錄下來，而有《金剛如是解》〔註35〕的成書。可惜我們現在已看不到
張岱這本佛經類的著作。除了《金剛如是解》外，從《四書遇》的詮釋文中他多處
徵引禪師語錄、佛經典故，更進而以禪語解經的情形來看，其對佛教典籍、禪宗語
錄是相當熟稔的，其佛學造詣當有一定的程度。如釋道隱〈西湖夢尋序〉中即說：

> 張陶庵作《西湖夢尋》，向余問訊曰：「弟聞《華嚴經》，佛言華嚴世
> 界南瞻部洲特華嚴海中一彈丸之地，則西湖不直一蠡殼水，其景界甚小。
> 湯若士傳《南柯》，蟻穴中有國都郡邑，社稷山川，則西湖不止一蟻穴，
> 其景界又甚大。兩說不一，乞和尚為我平章之。」〔註36〕

由此條資料可知，張岱對於佛典《華嚴經》相當的熟稔，並據以請示道隱禪師對空
間觀念的看法。除了參禪法門、閱讀佛典之外，拜懺也是張岱修持的法門。他常回
顧其一生，而有這樣的反省：

> 陶庵國破家亡，無所歸止，披髮入山，駴駴為野人；故舊見之，如毒
> 藥猛獸，愕窒不敢與接。作「自輓詩」，每欲引決，因《石匱書》未成，
> 尚視息人世，然瓶粟屢罄，不能舉火。始知首陽二老，直頭餓死，不食周

〔註32〕見張岱著‧夏咸淳校點：《張岱詩文集》，〈瑯嬛文集〉卷6，〈祭周戩伯〉，頁361。

〔註33〕見張岱著‧夏咸淳校點：《張岱詩文集》，〈瑯嬛文集〉卷5，〈自為墓誌銘〉，頁294。

〔註34〕見張岱著‧夏咸淳校點：《張岱詩文集》，〈瑯嬛文集〉卷3，〈與祁文載〉，頁231～
232。

〔註35〕關於此書，請參見本章第三節〈張岱著作考述〉，子部，《金剛如是解》條。

〔註36〕見張岱著‧夏咸淳校點：《張岱詩文集》〈補編〉，〈西湖夢尋序〉頁436～437。

粟，還是後人妝點語也。飢餓之餘，好弄筆墨，因思昔人生長王謝，頗事豪華，今日罹此果報：以笠報顱，以簣報踵，仇簪履也；以衲報裘，以苧報絺，仇輕煖也；以藿報肉，以糲報餐，仇甘旨也；以薦報床，以石報枕，仇溫柔也，以繩報樞，以甕報牖，仇爽塏也；以煙報目，以糞報鼻，仇香豔也；以途報足，以囊報肩，仇輿從也；種種罪案，從種種果報中見之。雞鳴枕上，夜氣方回，因想余平生，繁華靡麗，過眼皆空，五十年來，總成一夢。今當黍熟黃粱，車旅螘穴，當作如何消受！遙思往事，憶即書之，持向佛前，一一懺悔。〔註37〕

張岱由於身遭國變，家運中落，生活屢遭困頓，因而對佛教所說的因果觀念有了更深刻的體悟，對往昔所作種種過錯「憶即書之，持向佛前，一一懺悔。」這種惜福與懺悔的心態是融入於他的日常生活中的。所以當他「每至弟家，必餉予以精饌，皆弟夫人手自治」時，便有：「一事言之慚愧生，福薄難消常懺悔」的感慨。〔註38〕因此他在撰寫家傳時，特重標榜這種愛物惜福的觀念，並以之為品評人物的道德標準：

> 玄孫張岱曰：「岱家發祥於高祖，而高祖之祥，正以不盡發，為後之人發高祖之所未盡發者，未免褻越太甚，華繁者鮮其實，天地不能常侈常費，而況於人乎？文恭方魁大廷，而劉安人遽憂福盡。嗚呼！高祖母之心，何心哉？」〔註39〕

> 曾孫張岱曰：「吾文恭一生以忠孝為事，其視大魁殿撰，為吾忠孝所由出，則大魁殿撰是吾地步，非福德也。其視為福德者，則為享福之人，其不視為福德而視為地步者，則仍為養福之人也。不然，而飲食宮室之奉，文恭何求不得？而種種之不如後人，何也？」〔註40〕

> 長孫張岱曰：「我張氏自文恭以儉樸世其家，而後來宮室器具之美，實開自舅祖朱石門先生，吾父叔輩效而尤之，遂不可底止。大父自中年喪偶，盡遣姬侍，郊居者十年，詩文人品卓然有以自立，惜後又有以奪之也。倘能持此不變，而澹然進步，則吾大父之詩文人品，其可量乎哉？」〔註41〕

此外，張岱甚至以佛家典故作為其論詩的理論譬喻，如〈紀年詩序〉云：

> 毅儒方有《明詩存》之選，蓋欲選明詩以存明詩也。乃先自選其詩，

〔註37〕見張岱著・夏咸淳校點：《張岱詩文集》，〈瑯嬛文集〉卷1，〈夢憶序〉，頁111。
〔註38〕見張岱著・夏咸淳校點：《張岱詩文集》，〈張子詩粃〉卷3，〈季夏十八日為山民弟夫人五十壽辰〉一詩，頁52。
〔註39〕見張岱著・夏咸淳校點：《張岱詩文集》，〈瑯嬛文集〉卷4，頁247。
〔註40〕見張岱著・夏咸淳校點：《張岱詩文集》，〈瑯嬛文集〉卷4，頁250～251。
〔註41〕見張岱著・夏咸淳校點：《張岱詩文集》，〈瑯嬛文集〉卷4，頁255。

欲自選其詩，則又先自存其詩。因取甲子以來諸詩編年紀之，遂爾成帙。
諸詩存矣，然則何以待之？……悉恆太子析骨還父，析肉還母，棄其骨肉，
政是存其父母。佛菩薩於自己一身，無不割棄，方能出其手眼，割棄眾生，
割棄諸天王、修羅、餓鬼、畜生，取其所為骨肉者，屠裂而搜剔之。骨之
無損於父者，始堪還父，肉之無損於母者，始堪還母。其不堪還父母者，
即不堪飼餓鬼，餵畜生。地獄生天，判於一瞬，是無中立，無等待也。毅
儒侫佛乎？見經則捧？遇佛則拜，有存佛，無選佛也。」〔註42〕

這裡張岱藉由佛典《大方便佛報恩經·孝養品》中釋迦牟尼佛本生故事「析骨還父，
析肉還母，」的典故來表達其作詩為文的文藝理論。他主張詩文應簡潔精練，在創
作上要能養成剪裁的能力與勇氣。就像悉達多太子必須割捨一身骨肉後，才能重生，
以如此精神為文才能自出手眼，不落傳統的模擬俗套。

三、朝山禮佛、戒殺放生

張岱除了參禪、拜懺、讀經之外，還有諸如朝山禮佛、頂禮舍利、放生、修佛
塔等宗教行為。如《瑯嬛文集》中記載：

> ……余先到四明，禮天童、阿育、雪竇諸古剎，計海上往來，持齋一
> 月餘矣。舟至定海，小僕市黃魚，食新，余下著即嘔，不謂老饕如余，亦
> 有此素緣。〔註43〕

張岱為了朝禮佛門古寺，不顧艱苦，在海上舟行月餘，期間長齋茹素，如此的虔誠，
使得他自我解嘲的說：「不謂老饕如余，亦有此素緣。」除了朝山禮佛，張岱亦喜瞻
禮佛門聖物「舍利子」。在《陶庵夢憶》卷七〈阿育王寺舍利〉一文中，他說：

> 凡人瞻禮舍利，隨人因緣現諸色相。……昔湛和尚至寺，亦不見舍利，
> 而是年死，屢有驗。……余復頂禮，求見形相，再視之，見一白衣觀音小
> 像……秦一生反覆視之，訖無所見……一生果以是年九月死，奇驗若此。
> 〔註44〕

這裡記載了他與好友秦一生朝禮阿育王寺「舍利」一事之經過。「舍利」又稱「舍利
子」，譯為中文乃「靈骨」或「堅固子」的意思，是佛菩薩、高僧大德圓寂後火化所
遺留的結晶物，在佛門中屬於很珍貴的聖物。佛教界中流傳許多有關「舍利子」感
應的事蹟，而「凡人瞻禮舍利，隨人因緣現諸色相」即是感應事蹟的一種。顯然的

〔註42〕見張岱著·夏咸淳校點：《張岱詩文集》，〈瑯嬛文集〉卷1，頁116～117。
〔註43〕見張岱著·夏咸淳校點：《張岱詩文集》，〈瑯嬛文集〉卷2，頁168。
〔註44〕見張岱：《陶庵夢憶》卷7，〈阿育王寺舍利〉，頁64。

張岱深信此說，在虔誠禮拜後，並得見白衣觀世音菩薩之相。相反的其友秦一生「反覆視之，訖無所見」，果然於是年九月過往。除了瞻禮「舍利」的行為外，日常並參與「放生」的宗教活動，其〈戒殺詩〉三章〔註45〕說：

> 山澤蟲豸，自了生死。因有放生，愈多網罟，戒以忍生。不取不放，渾然古始。

> 予自有心，不為乞福。刀俎之間，見彼觳觫。爾食我心，我食爾肉。只說輪迴，回頭不迷。

> 東坡戒殺，謂經憂患。陶庵好生，身遭禍亂。絕脰屠腸，眼中看見。殺爾若何？當作是觀。

由這三首詩可知張岱的放生，並不是等同世俗的求福行為，而是在自己身遭禍亂的親身經歷中，發起對眾生一體的慈悲心，並深一層的提倡「戒殺」的行為以達護生的目的。此外，作為佛教的居士，其對當代高僧亦表尊崇，而有迎禮之文，其〈迎一金和尚啟〉云：

> 九里山表勝庵成，迎一金和尚還山住持者。伏以叢林表勝，慚給孤之大地布金；天瓦安禪，冀寶掌自五天飛錫。重來石室，戒長老特為東坡；懸契松枝，對回師却逢西向。去無作相，住亦隨緣。伏惟九里山精藍，實是一金師之初地。偶聽柯庭之竹篠，留滯人間；久盧石屋之煙霞，應超塵外。譬之孤天之鶴，尚眷舊枝；相彼漏空之雲，亦歸故由。況茲勝域，宜兆異人。了住山之因緣，立開堂之新範。護門容虎，洗鉢歸龍。茗得先春，仍是寒泉風味；香來破臘，依然茅屋梅花。半月巖似與人猜，請大師試為標指；一片石政堪對語，聽生公說到點頭。敬藉山靈，願同石隱。倘淨念結遠公之社，定不攢眉；若居心如康樂之流，自難開口。立返山中之駕，看回湖上之船。仰望慈悲，俯從大眾。〔註46〕

張岱是當代散文大家，因此佛門如有碑銘、傳記等文筆需求時，張岱自不吝為之。其詩文集除了有〈準提菩薩贊〉、〈白衣觀音贊〉等讚嘆佛門菩薩之詩外，還存有《補陀志》〈修大善塔碑〉、〈普同塔碑〉〔註47〕、〈具德和尚靈隱寺落成剛值初度作詩壽之〉〔註48〕、〈冰雪大師像贊〉等等詩文。此點可看出張岱除了熟於佛經典故的佛教居士外，並實際參與了當時的一些宗教活動。不過特別值得提出的一點，張岱雖

〔註45〕見張岱著·夏咸淳校點：《張岱詩文集》，〈張子詩秕〉卷1，頁12。
〔註46〕見張岱著·夏咸淳校點：《張岱詩文集》，〈瑯嬛文集〉卷2，頁186。
〔註47〕見張岱著·夏咸淳校點：《張岱詩文集》，〈瑯嬛文集〉卷3，頁230～205。
〔註48〕見張岱著·夏咸淳校點：《張岱詩文集》，〈張子詩秕〉卷3，頁55。

爲佛門居士，不過其核心思想仍以陽明心學爲宗，這可從他以陽明心學爲核心思想來詮釋《四書》義理即可看出。

　　由於受到個人主觀意識的影響，有些學者每當論及張岱的佛教信仰與宗教行爲時，總以迷信視之。而許多有關張岱的學位論文，論及此部分時，未加深思亦皆相互稍襲援引此種觀點，顯示出作者對宗教教義的陌生以及宗教行爲的輕慢。希望此節的整理敘述，能使爾後的學者對張岱的學佛種種因緣，能有同情的了解。

第三節　學識淵博、著述宏富

　　張岱一生著述宏富，自甲申國變之後，即摒棄浮華，隱居著作，獻身於文化志業。光在《瑯嬛文集》中，就列有《石匱書》、《一卷冰雪文》、《張子說鈴》、《史闕》、《奇字問》、《老饕集》、《四書遇》、《昌谷集解》、《陶庵夢憶》、《陶庵肘後方》、《桃源曆》、《茶史》、《大易用》、《詩韻確》、《夜航船》、《杜銘抄》、《西湖夢尋》、《皇華考》、《曆書眼》等十九種著作；在〈自爲墓誌銘〉一文中，又多了《張氏家譜》、《古今義烈傳》、《瑯嬛文集》、《明易》、《快園道古》、《傒囊十集》、《瑯嬛詩集》等七種。而見於其它書籍者尙有《鵑舌啼血錄》、《明記史闕》、《石匱書後集》、《補陀志》、《有明于越三不朽圖贊》、《琯朗乞巧錄》、《陶庵對偶故事》、《評東坡和陶詩》、《喬坐衙》、《冰山記》等書。從張岱的著作種類中，可以看出他博學多才，包含經、史、子、集四部，尤其子類更是多方涉獵，包羅甚廣。可惜的是，張岱著作大半亡佚或僅存稿本，未曾整理刊行，曾於生前刻刊的只有《古今義烈傳》一書，其它遺稿存藏於家，子孫無力刊刻，且因清初文禁頗嚴，也不敢刊刻。如今吾人所見的著作有些是張岱去世數十年後或百年後才得以刊行，但因年代久遠，其著作存者十不一二，甚爲可惜。今綜合前人的研究，依《四庫全書》的分類，將張岱作品分經、史、子、集四部敘述如下：

（張岱著作種類及存佚情形）

四部分類	書　　名	存佚狀況
經　部	《大易用》	佚
	《明易》	佚
	《四書遇》	存
	《奇字問》	佚
	《詩韻確》	佚

史　　部	《石匱書》	存
	《石匱書後集》	存
	《史闕》	存
	《明紀史闕》	存
	《古今義烈傳》	存
	《有明于越三不朽圖贊》	存
	《張氏家譜》	佚
	《補陀志》	佚
	《皇華考》	佚
子　　部	《陶庵肘後方》	佚
	《茶史》	佚
	《桃源曆》	佚
	《張子說鈴》	佚
	《老饕集》	佚
	《夜航傳》	存
	《曆書眼》	佚
	《金剛如是解》	佚
集　　部	《陶庵夢憶》	存
	《瑯嬛文集》	存
	《瑯嬛詩集》	存
	《西湖夢尋》	存
	《一卷冰雪文》	佚
	《昌谷集解》	佚
	《柱銘抄》	佚
	《快園道古》	存
	《陶庵對偶故事》	佚
	《瑘朗乞巧錄》	存
	《傒囊十集》	佚
	《越絕詩》	佚
	《冰山記》	佚
	《喬坐衙》	佚
	《蜀鵑舌血錄》	佚
	《評東坡和陶詩》	佚

一、經　部

1. 《大易用》

　　《嘉慶山陰縣志》卷三十六著錄有：「《大易用》，明張岱撰，無卷數，寫本四冊。」可見清嘉慶年間，此書尚存於世，而今已不傳。此書張岱自序見於《瑯嬛文集》，是他讀《易》深悟之作。張岱少時讀《易》惑於制科，不曾有得，及至六十六歲後，復究心於《易》理，始知天下之用，咸備於《易》，《易》理之精微大用，雖聖人終其一生，其用足矣。〔註49〕張岱認爲《易》之爲用，在於善變，蓋「善變者乘機構會，得之足以成大功，不善變者背理傷道，失之足以致大禍。」〔註50〕他著《大易用》一書，即在闡明《易》之大用，乃在於善變。

2. 《明易》

　　見〈自爲墓誌銘〉中著錄。乃有關《易》學方面之著作，可惜存佚已無可考。

3. 《四書遇》

　　此書不分卷，稿本六冊，黑格精鈔，鈔本藏於浙江圖書館，1985 年已由杭州浙江古籍出版社整理出版，將張岱於鈔稿本上所加之眉批、補記、浮箋統列於各章正文之中。可惜所附錄之《四書》原文，悉以朱子《四書集注》本爲準，大失張岱本意。從此書中，我們可以窺見張岱治學的方法與《四書》學方面的思想，是張岱目前僅存的經學著作。此書之所以名「遇」正是因此書乃張岱「精思靜悟，鑽研已久」後，於石火電光中忽然灼露的心得。故他對此書極爲珍愛，在自序中曾說：「余遭亂離兩載，東奔西走，身無長物，委棄無餘，獨於此書，收之囊篋，不遺隻字。」

4. 《奇字問》

　　卷數不詳，此書今已不傳，僅於《瑯嬛文集》一書中尚得見其自序。其序云：「余嘗見人讀書及自讀書，目數行下，奇字歷落，不究訓詁，混入眼中，若可解若不可解。……有旁觀者摘一二字詰之，始茫然不能置對，如或不問，則終身安之無忤也。」〔註51〕有鑑於此，張岱乃擇取古書中奇字加以解釋而成此書，他

〔註49〕　張岱在《瑯嬛文集》卷一〈大易用序〉中道：「余少讀《易》，爲制科所蠱惑者半世矣，今年已六十又六，復究心《易》理，始知天下之用，咸備於《易》。如〈屯〉如〈蒙〉，如〈訟〉如〈師〉，如〈旅〉如〈遯〉，一卦之用，聖人皆以全副精神注之，曲折細微，曾無罅漏，順此者方爲吉祥，悖此者爲患禍。」見張岱著・夏咸淳校點：《張岱詩文集》，〈瑯嬛文集〉卷 1，〈大易用序〉，頁 126。
〔註50〕　同前註。
〔註51〕　見張岱著・夏咸淳校點：《張岱詩文集》，〈瑯嬛文集〉卷 1，〈奇字問序〉，頁 104。

說：「余不能博聞洽記，近取《左》、《國》、《史記》、《兩漢文選》、《莊》、《列》、《韓》、《管》諸書在人耳目前者，聊摘一二奇字解釋之，以自問問人。」因此名為《奇字問》。

5. 《詩韻碻》

此書存佚情況不詳，目前無由獲見。自序見於《瑯嬛文集》。詩之聲韻，首倡於沈約，其時用韻嚴謹，至後代用韻漸多，如江河日下，遂有奇韻、險韻之生。張岱認為用險韻絕無好詩，他說：「一韻之中，祇有數字可用，餘皆奇險幽僻，詩中屏棄不用者，多可刪去。總之，用險韻絕無好詩，查韻書必多累句。」他又苦於韻書中的累句甚繁，深感韻書的重要，對諸小部韻書如《韻府群玉》、《五車韻瑞》等書，覺得寒酸窮儉，不足為觀；對大部頭之韻書如張岱祖父所著之《韻山》又覺得典冊浩繁，堆砌如山，頗為不便。因而張岱刪韻書，自選精韻，成《詩韻碻》一書。他自言其《詩韻碻》是：「豈獨便可入侯囊，即以練篇練句，造詣成李杜大家，亦寧有出此數字也哉？」

二、史　部

1. 《石匱書》

二百二十卷，乃記載有明一代，上起洪武，下迄天啓年間的紀傳體通史。現今所見版本有三：一為八冊手稿本，不分卷，藏浙江省圖書館；一為南京圖書館藏鳳嬉堂鈔稿本；一為上海圖書館配鈔本。今《續修四庫全書》所收錄者，乃據鳳嬉堂鈔本所印。

本書為張岱一生之代表作，前後歷經四十餘年，苦心孤詣，隱忍苟活，始成此書。張岱撰此書的原因有二：一是有鑑於有明一代「國史失誣，家史失諛，野史失臆」；二是祖先好史，家中三世藏書，不稍加纂述，則先人家藏將化為冷煙與草木俱朽。基於以上原因，他矢志著作有明一代史傳。而張岱寫作史書的態度極為嚴謹，在自序中，他說到著書的過程：「幸余不入仕版，既鮮恩仇，不顧世情，復無忌諱，事必求真，語必務確，五易其稿，九正其訛，稍有未核，寧缺勿書。」本書上起洪武，迄天啓，天啓之後因文獻不足，故皆闕之，以待後補。

《石匱書》是張岱半生嘔心瀝血之作，然書成之後，卻僅以五百金售予谷應泰。邵廷采《思復堂文集·逸民傳》中記載：「山陰張岱嘗輯明一代遺事，為石匱藏書，應泰作紀事本末，以五百金購請，岱慨然予之。」又〈逸民傳談遷傳〉有：「明季稗史雖多，而心思脫陋，體裁未備，不過偶記聞見，罕有全書；惟談

遷編年，張岱列傳，兩家具有本末，谷應泰並朵之，以成紀事。」之事，可知谷應泰作《紀事本末》乃參以張岱《石匱書》並集眾長而成。

2. 《石匱書後集》

六十三卷，爲《石匱書》的續編。記錄崇禎一朝以迄南明五王及諸大臣等的事跡。此書爲康熙初年張岱於谷應泰提督浙江學政時應邀參加修撰《明史紀事本末》時始作，爾後續修而成。第二十六卷、二十七卷、三十卷、三十一卷、四十三卷、五十四卷、五十五卷均有目無文，實存五十六卷。《石匱書》迄於天啓，故後集繼起於崇禎。於每卷末附「石匱書曰」之論贊。書中記載明代亡國前後之事，對殉難、死義、烈女等忠義節烈，極力表揚，對權臣誤國，君昏臣瞆，則切齒拊心，悲痛至極。張岱此書師法嚴定褒貶之例，如列明末五王爲世家，乃是褒崇禎之烈而貶五王之非。雖張岱以覆巢之卵記述亡國之痛，不免義憤填膺，然其所附之贊語，評騭人事，卻又議果而識確，將激昂悲切寓於史筆之中，讀之深感人心。

3. 《史闕》

十四卷，爲補史之闕，或訂正史籍錯誤之作。《嘉慶山陰縣志·書籍》著錄：「史闕，無卷數，寫本六冊。」張岱讀史，見史或記載不實，或有闕文，至使後人難窺歷史眞貌，於是作《史闕》一書。《瑯嬛文集》卷一〈史闕序〉云：「余讀唐野史太宗好王右軍書，出奇弔詭，如蕭翼賺蘭亭一事，史反不之載焉，豈以此事爲不佳，故爲尊者諱乎？抑見之不得其眞乎？余于是恨史之不該也，爲之上下古今搜集異書，每於正史世紀之外，拾遺補闕，得一語焉，則全傳爲之生動，得一事焉，則全史爲之活現。」由序文中可見張岱爲史之剛正不阿，即使蘭亭一事以爲尊者諱，他亦認爲不可，故在祁彪佳爲《古今義烈傳》所作的序中，稱讚其史著若「秦銅相照，纖細不能躲閃」。

本書所載，上自伏羲，下至金元，洋洋十四卷，其中包括了君臣、后妃、節婦、遺民、儒林、文苑、隱士、奇聞、忠奸等。書中記載之事，每能糾謬補闕，發人所未發，釋千古之迷，可爲史家參考。是書最早刻於道光四年（甲申），現有台灣學生書局及華正書局影印本。

4. 《明紀史闕》

一冊，清鈔本，四十一頁，爲《史闕》之續集。以洪武至永樂年間的君臣軼事爲主。書中體例，先記帝王軼事，後以諸臣，每事一條，不以人繫事，往往同一人物散見於書中各處。其書中所記常不避神異，多有神奇怪誕之說，然於忠

義之事，亦頗加表揚。本書有台灣學生書局及華正書局據中央圖書館《鶴軒日稽》手鈔本影印者，華正書局影本附於《史闕》之後。

5. 《古今義烈傳》

八卷，現存版本有三：一為八卷鈔本，四冊，卷首有祁彪佳序，藏浙江圖書館；一為崇禎甲戌刻本，首陳繼儒序、劉榮嗣序、劉光斗序、祁彪佳序、自序，次凡例，藏於大陸國家圖書館；一為明崇禎戊辰（1628）會稽張氏鷗虎軒刊本，藏於台灣國家圖書館善本室。是書乃張岱經十年搜集，自史乘稗官中鈔集烈士四百餘人，記其義行而成之書。張岱性本忠義，對古忠義之士「一往情深」殊為激賞，於書中自序曾說：「余于節義之士，竊亦為然，當其負氣慷慨，肉視虎狼，冰釋湯鑊，余讀書至此，為之頰赤耳熱，皆裂髮指，如病夫酸嚏，目汗交流，自謂與王處仲之歌老驥，而擊碎唾壺，蘇子美之讀漢書而滿舉大白，一往情深，余無多讓。」序又提及張岱年少時讀《水滸傳》，宋江雖為宋之大盜，但每見其稍有挫折，張岱輒為之扼腕懊惜恐水滸之不勝，至書尾見水滸諸人從征大遼，慘敗零落，則又為之掩面嘆息，不忍卒讀，所為何因？只因「宋江盜也，何愛護之若是？無它，為忠義兩字所挑激也。」忠、義二字自幼即深植張岱之心中，是本書寫作之動力。

陳繼儒謂張岱此書「深得龍門精魄」〔註 52〕，祁彪佳亦說他：「手自刪削，自成一家言，其點染之妙，凡當要害，在餘子一二百言者，宗子能數十字，輒盡情狀。及窮事際，反若有千百言在筆下。」〔註 53〕除了對書中內容的讚賞外，對於張岱之文筆亦是推崇有加。

6. 《有明于越三不朽圖贊》

一冊，此書為張岱晚年與徐野公（名沁，徐渭之孫）合作，康熙二十七年（1689）秋付刻，未及半而張岱已逝世。鋟版後存朱文懿家，乾隆戊子朱秉直付印。書前有蔣士銓序、張岱自序，陳仲謀、余烜跋。此書列敘越中一百零九位名賢，以圖贊方式繪寫成篇，有圖有傳，有贊辭，文筆簡潔，所載佚事，多有出於史傳之外者。本書民國七年有紹興書局重印本，今台灣中央研究院傅斯年圖書館及國家圖書館均藏有此書。

7. 《張氏家譜》

卷數不詳。《自為墓誌銘》著錄，存佚情況不詳。

〔註 52〕見張岱著・夏咸淳校點：《張岱詩文集》，〈附錄・古今義烈傳序（陳繼儒）〉，頁 439。
〔註 53〕同上註，頁 445。

8. 《補陀志》

張岱於崇禎十一年（1638）二月至補陀（即普陀）遊訪。見「補陀山水奇絕、橫絕，而水經不之載，輿考不之及，無傳人則無傳地矣。余至海上，身無長物足以供佛，猶能稱說山水，是以山水作佛事也。」《補陀志》雖未見於《瑯嬛文集》自撰諸書序文中，也未見於〈自為墓誌銘〉張岱所列舉諸書裏，但從《陶庵夢憶》卷三〈栖霞〉及《瑯嬛文集》卷二〈海志〉二文中，可知張岱曾修〈補陀志〉一書，可惜書已亡佚。

9. 《皇華考》

卷數不詳，不見著錄，今未見。《瑯嬛文集》卷一有〈皇華考序〉一文。由序中：「可見按圖索驥，山谿道路，一目了然，則進退攻取，披掌可覩。此《皇華考》之所以繼輿圖而作也。」之言來看，此書可能是介紹中國山川地理方面之著作。

三、子　部

1. 《陶庵肘後方》

本書是一本藥方的合輯，起因於張岱之父親患傷寒，群醫束手無策，幸有一老醫吳竹庭於張岱父親病入膏肓之際，意匠獨出，妙手回春，救回一命。張岱有感於草澤醫人多用丹方草藥活人，又張岱祖父及其叔葆生，亦曾搜集丹方藥書，遂作此書，希望能「邂逅旅次，出以救人」。自此，張岱凡見父老長者、高僧羽士輒卑心請問，或當目擊病人，服藥得奇效者，亦登記之，如此積三十餘年，遂得四卷，惜此書今已不傳。

2. 《茶史》

此書今已不傳，惟於《瑯嬛文集》中有張岱的自序。張岱精於茶事，對茶道的鑽研，人罕及之。善飲者如閔老子（汶水）在與張岱論茶之後，亦驚於他的識道之精，因而嘆曰「余年七十，精飲事五十餘年，未嘗見客之賞鑒若此之精也。」此書乃是張岱與閔老子細細論定之後成書，他盼此書能「剞劂之以授好事者，使世知茶理之微如此。」

3. 《桃源曆》

晚明時期，政治腐敗，社會動盪，張岱處在這樣的環境中，心中不免有所感觸。加上晚年又遭遇到國家滅亡，自此顛沛流離，無處可依。在現實生活中無法擺脫殘酷的環境，只能從心理上塑造一個理想，一個符合自己理想的烏托邦世界，以減輕現實生活所帶來的苦痛。張岱於自序中云：「天下何在無曆，自古無曆者，

惟桃花源一村。人以無曆，故無漢無魏晉。」可知他對現實的失望，轉而欲求一世間所無的桃花源。本書是張岱藉由曆書的製作，描繪自己心中的桃花源，可惜此書今已不見，僅《瑯嬛文集》中尚存其序。

4. 《張子說鈴》

張岱生性不喜模擬因襲，揚雄仿《論語》而作《法言》，即被張岱所非議，這乃是張岱求真實、反模擬的想法所致。《瑯嬛文集》卷一〈說鈴序〉云：「說何始乎？《論語》始也，說何止乎？《論語》止也。《論語》之後無《論語》，而象之者《法言》也。《論語》卒不可象，而止成其為《法言》者，亦《法言》也，何也？象者，像也。」張岱認為論說乃始於《論語》，並且亦止於《論語》。揚雄雖欲仿《論語》而不可得，徒具形象而已。是書今已不見流傳，張岱之自序又隱諱難懂，故此書內容無法得知。

5. 《老饕集》

張岱之先人精於飲食，祖父曾與他人結飲食社，並著《饕史》四卷。《老饕集》乃是張岱就《饕史》訂正之，屏除一切矯揉泡製之法，講究「割歸於正，味取其鮮」，是書今已不傳。

6. 《夜航船》

二十卷。此書是一部百科全書式的著作，雜採經、史、子、集各種資料，分門別類，共分天文、地理、人物、考古、倫類、選舉、政事、文學、禮樂、兵刑、日用、寶玩、容貌、九流、外國、植物、四靈、荒唐、物理、方術等二十類，網羅各種知識。張岱有感於越地後生小子之浮薄，故作此書以規勸之，在自序中他說：「惟餘姚風俗，後生小子，無不讀書，及二十無成，然後學為手藝，故凡百工職業，其性理綱鑑皆全部爛熟，偶問及一事，則人名、高爵、年號、地方，枚舉之，未嘗少錯，學問之富，真是兩腳書廚，而其無益於文理考據，與彼目不識丁之人無以異也。」此話雖指的是越地一帶士子之事，但也是晚明士子，淺薄浮華，捨本逐末的寫照。張岱以為：「古人姓名，總不必記憶矣……姓名有不關於文理，不記不妨……有關於文理，不可不記。」可知岱之為學，首重文理通達，反對死背死記，而他也以此來勸告後生晚輩。是書鈔稿本有殘缺，藏於天一閣，今已有排印本。

7. 《曆書眼》

卷數不詳，今未見。自序見《瑯嬛文集》卷一，由序中：「……語曰：『陰陽家使人拘而可畏。』考其應驗，豪忽不爽，人言可畏，誠哉其可畏也！此書徑寸，

藏之行囊，旺相孤虛，燦若指掌，吉凶悔吝，皎若列眉。……」之言來看，此書可能是實用性質、方便攜帶的擇日、推命方面的書籍。

8. 《金剛如是解》

卷數不詳，今未見。《瑯嬛文集》卷六〈祭祁文載〉云：「……舊歲與岱偶談禪理，闡揚佛法，真能使頑石點頭。而為岱評閱《金剛如是解》，澈髓洞筋，更無疑義……」又同書卷三〈與祁文載〉亦云：「……解經者，於字句中尋指歸，必須爛熟白文，漫家咀嚼。弟閱《金剛經》諸解，深恨竈外作竈，硬入人語，未免活剝生吞，又恨於樓上造樓，橫據己見，未免折橋斷路。故余之解《金剛經》，與余之解《四書》、《五經》，無有異也。……佛家以香花燈燭虔誦經文，亦欲人思其意義。無奈今之徒眾，止知以誦經了愿，旬旬之外，不更著想，所以終無進路耳。故人能熟讀經文，深思義味，莊子所謂『思之思之，鬼神通之』，政謂此也。諸解具在，皆弟於朗誦白文，忽然有得。弟恐錯入魔境，顒望明眼人為弟指迷。」〔註54〕由此可知《金剛如是解》是張岱注解佛典《金剛經》的著作，曾經請禪學知己祁文載過目。

四、集　部

1. 《陶庵夢憶》

《陶庵夢憶》作於明亡之後，不僅是對他過去繁華生活的追憶，更反映出國破家亡後的感慨，流露出對故國的熱愛。所收篇章長不過千字，短只數十字，題材卻極廣，凡風景名勝、世俗人情、戲曲技藝、古董玩具等等無所不記。在他的人物小品中，描寫人物刻劃細緻，眉眼傳神、毛髮皆動。尤其是突出表現了人物個性、品格特點。在他筆下即使是社會最低層的人，也表現著人格的尊嚴。張岱筆下，有一技之長就可著筆，因此種花的、踢球的都在他筆下活了起來。張岱還對節日繁華熱鬧的場景作了生動的描寫，諸如元宵張燈、清明踏青、中秋賞月、端午划船等等，構成了以風俗人情為題材的小品。《陶庵夢憶》中還有許多風格獨具的山水園亭遊記，即使是描摹山水園亭，也充滿活力，具有個性。在現存的作品中，以《陶庵夢憶》流傳最廣。從書中我們可探曉張岱前半生成長的經歷、他對人、事、物的看法以及他的喜好與興趣。此書現有乾隆中所刻《硯雲甲編》本一卷及王文誥本八卷。王本八卷共一百二十三則，超出一卷本甚多，故咸豐初年伍崇曜即依八卷本刻入《粵雅堂叢書》民國二十六年，開明

〔註54〕見張岱著‧夏咸淳校點：《張岱詩文集》，〈瑯嬛文集〉卷3，〈與祁文載〉，頁231～232。

書店曾依粵本印行此書。四十六年復取粵本標點重印，七十五年金楓出版社依粵本重印的《陶庵夢憶》另加上一卷本中有載，卻不見於八卷本的四篇文章。

2. 《瑯嬛文集》

《瑯嬛文集》，全書凡六卷，除樂府及詞外，有文無詩，可說是張岱生活與思想的紀錄。集中卷一爲張岱自傳所著諸書之序文，卷二收記、啓、疏；卷三爲檄、碑、辨、制、樂府、書牘；卷四爲傳記；卷五爲墓誌銘、跋、銘、贊；卷六爲祭文、琴操、雜著、頌、詞。

本書是張岱留傳著作中，篇幅較鉅的一部。書中篇章原爲張岱自選之文，經王雨謙、祈止祥編次評點，後因適遭國變，無法刊刻。今人所見之本，乃是光緒丁丑年湘潭黎培敬根據會稽王惠藏本所刻。民國四十五年，淡江書局也據此爲底本。又朱慧深曾購得一手稿本，是八千卷樓舊物，書中雖不分卷數，實分五卷。內容有詩無文，內含古樂府、四言古、五言古、七言古、五言律，共三百又五首。依朱氏所言，他購得之《瑯嬛文集》與今存之本不同。或以爲朱氏所見並非足本，可能張岱原稿有文有詩，經王雨謙刪削時，因時已有《瑯嬛詩集》一書，遂盡刪詩作，僅存古樂府及詞。

3. 《瑯嬛詩集》

張岱少時即學詩，因他素喜徐文長，遂學文長詩，故其詩受文長影響甚深。《張岱詩文集》〈補編・瑯嬛詩集自序〉中云：「余少喜文長，遂學文長，因中郎喜文長，而并學喜文長之中郎詩，文長、中郎以前無學也，後喜鍾、譚詩，復欲學鍾、譚詩，而鹿鹿無暇，伯敬友夏，雖好之而未及學也。」可知張岱之初學詩，以文長、中郎爲宗，後又因喜鍾、譚詩而欲學之，但因無暇而未及學。後因張岱之八弟張毅儒以鍾、譚手眼選錄明詩，取張岱詩中稱似鍾、譚者存之，酷文長者姑置之。張岱因而自毀向所爲似文長之詩者盡燒之，從此力學鍾、譚詩。刻苦十年之後，張岱乃問所爲學鍾、譚者又復不似，所以又取稍似鍾、譚而終似文長者燒之。最後他才自悟「語出胞胎，即略有改移，亦不過頭面，而求其骨格，終似他人」是以他乃「簡余所欲燒而不及燒之者悉存之，得若干首抄付兒輩，使兒輩知其父少年亦曾學詩，亦曾學文長之詩，亦曾燒詩之似文長者，而今又復存其似文長之詩，存其似者，則存其似文長之宗子，存其似之者，則並存其宗子所似之文長矣。」故知此書是張岱對自己學詩、作詩成果的整理。近年上海古籍出版社所出之《張岱詩文集》中存有《張子詩粃》五卷，其中有古樂府、四言古、五言古、七言古、五言律、五言排律等共三百多首，應即爲

《瑯嬛詩集》一書。

4. 《西湖夢尋》

此書於康熙五十六年（1717 年）在粵東刊刻，雖為家刊本，實際上是他人助刻，方能付梓。書前有王雨謙、祁豸佳等人之序，北京圖書館存有原刻殘本一冊，為後三卷，臺聯國風社及華文書局曾聯合影印，以光緒癸未（1883 年）春日刻印者為本。收入《武林掌故叢書》第六集中，近年台灣、大陸均有重印。

張岱悠遊西湖四十餘載，山頭水尾，無處不到，湖中典故，識之獨詳，真可謂西湖主人也。明亡後十年，張岱再訪西湖，卻見處處頹圮，半椽不剩，想到往昔自己日日盤遊之地，今成荒煙廢墟，怎能不心生唏噓？在本書自序中，他感慨道：「余生不辰，闊別西湖二十八載，然西湖無日不入吾夢中，而夢中之西湖，實未嘗一日別余也，前甲午丁酉，兩至西湖，如：湧金門，商氏之樓外樓，祁氏之偶居，錢氏、余氏之別墅，及余家之寄園，一帶湖莊，僅存瓦礫，則是余夢中所有者，反為西湖所無。」江山依舊，人事已非，弱桃夭柳，頓成衰草斜陽，這景物怎能不黯然神傷？故他只能再會西湖印象於夢中。

5. 《一卷冰雪文》

自序見於《瑯嬛文集》，是書今已亡佚，內容為張岱所篩選的詩文集。此處所謂之冰雪非指冬日之堅冰冷雪，而是泛指清靈之氣。他在自序中說：「凡人遇旦晝則風日，而夜氣則冰雪也；遇煩燥則風日，而清靜則冰雪也；遇市朝則風日，而山林則冰雪也。」他以風日象徵暴浮之氣，可以壞物，而冰雪乃意味清靈之氣，可以壽物。張岱以為自然萬物如山林、雲物、草木等，皆有冰雪之氣，而人間體現冰雪之氣者，莫過於詩文。因詩文若出自高手，即顯空靈，若入凡夫俗子之手，則成腐臭，古文、詩文亦有冰雪之氣。冰雪之氣乃是詩文中的精神、生命，表現出來的是一種空靈之韻味，若一首詩無冰雪之氣，則詩必不佳，所以他說：「若夫詩，則筋節脈絡，四肢百骸，非以冰雪之氣沐浴其外，灌溉其中，則詩必不佳。」他以此標準選詩文，僅得一卷，故名《一卷冰雪文》。

6. 《昌谷集解》

張岱讀書性不喜因襲，如他讀《四書》不讀朱注，而著重獨自超悟。同樣，他讀李賀詩時，見到原本可解之處，卻往往因為注解而變得不可解，雖說他亦認為注李賀詩者，以劉須溪及吳西泉二人之注為善，但仍有上述之感，故作此書。其序文說：「余之解長吉也，解解長吉者也。」故知他注李賀詩的原因，是為了解注李賀詩所造成不可解的地方。此書今已不傳，僅《瑯嬛文集》中尚存其序。

7. 《柱銘抄》

柱對是中國建築的特色，但一向不入正統文學之列，惟張岱生性瀟灑浪漫，能突破傳統之束縛，搜集柱對而成是書。他在《柱銘抄》自序中說到：「昔人有以柱對傳者，傳之自文長始，昔未有以柱對傳而刻之文集者，刻之自余刻文長逸稿始。」自張岱此書出，越中文人競相作柱對。可惜的是文人士子作柱對之時，「未作時，先有文長橫據胸中，既作時，又有文長遮蓋上面」不能獨創，故未至善境。獨倪鴻寶所作之對，不學文長，而有過文長者，張岱對之特加讚賞。從序言中，我們也可再次看出張岱反對模擬的一貫態度，他說：「即使予果似文長，乃使人曰：文長之後，復有文長，亦何貴於宗子也？」這與其在《瑯嬛文集》卷一〈說鈴序〉中的主張有異文同聲之應。此書今已不傳，而張岱自作之柱對也僅散見於《西湖夢尋》一書中。

8. 《快園道古》

二十卷，鈔稿本，有殘缺，今藏紹興魯迅圖書館。已出排印本，前有自序。

9. 《陶庵對偶故事》

二冊，稿本，《黃裳書話》著錄，今未見。「案，此書殆後人集《快園道古》及《西湖夢尋》、《瑯嬛文集》等書中柱銘輟抄而成。」〔註55〕

10.《琯朗乞巧錄》

一冊，稿本，未見著錄，康熙十九年（1680）張岱八十四歲時撰成此書。現藏於大陸國家圖書館善本部。此書乃分類輯錄古今哲人的雋言妙語。書前附有自序言其創作動機為：「曾聞人言，牛女星旁有一星名琯朗，男子於冬至夜祀之，得好智慧。故作《乞巧》一編，朝夕弦誦。倘得邀惠慧星，啟我愚蒙，稍窺萬一，以濟時艱。」〔註56〕序末有題志云：「庚申八月菊日八十四老人古劍張岱書于瑯嬛福地。」〔註57〕查《陶庵夢憶》有〈瑯嬛福地〉一則，知是張岱在紹興郊外開築的一座樸陋小園。由此序可知張岱可能老死於此，且更令人欽佩的是，他日薄西山時仍筆耕不輟。

11. 《倏囊十集》

卷數、內容不詳，《瑯嬛文集》著錄，今未見。

12. 《越絕詩》

〔註55〕見胡益民：《張岱研究》，頁213。
〔註56〕轉引自夏咸淳：《明末奇才——張岱論》，頁25。
〔註57〕轉引自胡益民：《張岱評傳》，頁370。

卷數未詳，未見著錄，自序見於《瑯嬛文集》卷一，序云：「忠臣義士多見於國破家亡之際，如敲石出火，一閃即滅。人主不急起收之，則火種絕矣。我太祖高皇帝於元末忠義如余闕、福壽、李黼之輩，寶恤之不啻如祥麟威鳳。積薪厝火，其燄立見。革除之際，已食其報矣。成祖滅竈揚灰，火星已盡。而吾烈皇帝身殉社稷，光燄燭天。天下忠臣烈士聞風起義者，踵頂相籍，譬猶陽燧，對日取火，火自日出，不薪不燈，不木不石，蓋其所取種者大也。某以蜀人住越，得之聞見者二十六人，何況天下之大乎？昔田常作亂，移兵伐魯。而孔子以魯爲墳墓所處，命子貢一出，本欲存魯，遂至亂齊、強晉、破吳而霸越。越人既霸，因有《越絕》一書。然則「越絕」者，越之所以不絕也。當絕不絕，越亦尙有人哉。」由序中之言來看，本書可能是記載明末越地許多忠臣義士以身殉國的感人事跡。

13. 《冰山記》

傳奇劇本，今未見。張岱據他本改成，演魏忠賢事，曾在紹興、袞州等地演出。《陶庵夢憶》有〈冰山記〉一則，提及此書。

14. 《喬坐衙》

雜劇，齣數未詳，今未見。祁彪佳《遠山堂明曲品劇品》著錄，陳洪綬《寶綸堂集》有《張宗子喬坐衙劇題辭》。

15. 《蜀鵑舌血錄》

《祁彪佳集》著錄。內容不詳，其書今未見。

16. 《評東坡和陶詩》

一冊，今未見。《知堂書話》云：「《評東坡和陶詩》，漢陽朱氏鈔本。署戊子冬，胤字缺筆，當是乾隆之三十三年。後附補和二十四首，書眉亦有評語，或是王白岳手迹耶？」〔註58〕

除以上所述之外，加上其他連書名也無從查考的著作，其著作數量當不止此。從張岱著作數量與分類中，可以清楚的看到張岱的博學多才，不管是經、史、子、集，張岱均有作品傳世。其中有詩文集，經學、歷史、地理、小學、韻書、醫學、雜記隨筆、百科知識、詩文選注等等，種類很多，大部分的著作已經亡佚了，僅有十餘種存世。慶幸的是，《四書遇》、《石匱書》、《石匱書後集》、《瑯嬛文集》、《陶庵夢憶》等重要著作皆保存下來了，這些著作可說是明代文化的一份珍貴遺產。可見在中國文化學術史上，張岱本應佔有一席之地，可惜因爲歷史因素，使得他的作品大半亡佚或缺人研究，失去影響力，殊爲可惜。

〔註58〕轉引自胡益民：《張岱研究》，頁225。

第三章　張岱《四書遇》的成書與詮釋方式

張岱著作文集如《瑯嬛文集》，史學論著如《石匱書》、《石匱書後集》，散文小品集如《陶庵夢憶》、《西湖夢尋》等已先後問世，有的並為世人所熟知，但張岱的某些著作如《義烈傳》、《明易》、《大易用》等，則沉沒三百餘年，未有印本；人們但知其目，未得一睹其書，《四書遇》就是其中未刊的一種。所幸浙江省圖書館於西元一九三四年輾轉購得《四書遇》抄稿本後，接著浙江古籍出版社便於西元一九八五年將《四書遇》排印出版。《四書遇》的發現與出版，對我們研究張岱的學術思想提供了最直接完整的資料。因此本章先就《四書遇》的成書經過與詮釋方式做初步的整理，使吾人對張岱的著作動機與詮釋《四書》的方式，有基礎的認識。

第一節　《四書遇》的成書

《四書遇》其書并不見諸前人著錄，清初黃虞稷撰寫的考查明代典籍的重要目錄《千頃堂書目》和《明史‧藝文志》及以後的《四庫全書總目》均無記載。然而《四書遇》確係張岱所著無疑，因為張岱在〈自為墓誌銘〉說自己平生「好著書，其所成者，有《石匱書》、《張氏家譜》、《義烈傳》、《瑯嬛文集》、《明易》、《大易用》、《史闕》、《四書遇》、《夢憶》、《說鈴》、《昌谷解》、《快園道古》、《傒囊十集》、《西湖夢尋》、《一卷冰雪文》行世。」〔註1〕可見在他自己所開列的書目中，《四書遇》是明白存在著的。因此本節則將《四書遇》的撰著動機、成書經過、刊刻及版本流傳論述於後。

〔註1〕見張岱著‧夏咸淳校點：《張岱詩文集》，〈瑯嬛文集〉卷5，〈自為墓誌銘〉，頁294。

一、撰著動機

從《四書遇》這本書內容所呈現的角度來看，張岱撰著《四書遇》的最大動機則是不滿朱子《四書集注》的內容與時文講章的訓詁方式，因此將自己對陽明心學的體悟心得，融入對《四書》義理的詮釋，以冀完成富有陽明學特色的《四書》著作；另一方面從張岱的家學淵源來看，張岱《四書遇》的著作則是希望為傳承家學、不辜負家風而撰著；從《四書》學史的立場來看，張岱的《四書遇》則是有目的的為了輯錄明人特別是陽明學者之《四書》見解而作。

（一）不滿朱註與時文講章而欲有所建立

我們從《四書遇·自序》中就可清楚看出他不滿朱子的《四書集注》與當時科舉講章之學，因此便著手將自己參悟實踐《四書》之心得與體會逐次記錄下來，藉以批評朱子的《四書集注》與當時科舉講章之文，以成其一家之言。《四書遇·自序》即云：

> 六經四子，自有註腳而十去其五六矣，自有詮解而去其八九矣。故先輩有言，六經有解不如無解。完完全全幾句好白文，卻被訓詁講章說得零星破碎，豈不重可惜哉！

> 余幼遵大父教，不讀朱註。凡看經書，未嘗敢以各家註疏橫據胸中。正襟危坐，朗誦白文數十餘過，其意義忽然有省。間有不能強解者，無意無義，貯之胸中。或一年，或二年，或讀他書或聽人議論，或見山川雲物，鳥獸蟲魚觸目驚心，忽於此書有悟，取而出之，名曰《四書遇》。蓋遇之云者，謂不於其家，不於其寓，直於途次之中邂逅遇之也。古人見道旁蛇鬥而悟草書，見公孫大娘舞劍器而筆法大進。蓋有以遇之也。古人精思靜悟，鑽研已久，而石火電光，忽然灼露，其機神攝合，政不知從何處著想也。舉子十年攻苦，於風簷寸晷之中構成七藝，而主司以醉夢之餘忽然相投，如磁引鐵，如珀攝芥，相悅以解，直欲以全副精神注之。其所遇之奧竅，真有不可得而自解者矣。推而究之，色聲香味觸發中間，無不可遇之。一竅特留，以待身心明眼之人，邂逅相遇，遂成莫逆耳。

> 余遭亂離兩載，東奔西走，身無長物，委棄無餘。獨於此書，收之篋底，不遺隻字。曾記蘇長公儋耳渡海，遇颶風，舟幾覆，自謂《易解》與《論語解》未行世，雖遇險必濟。然則余書之遇知己，與不遇盜賊水火，均之一遇也。遇其可遇言哉！

由這段序文可看知，張岱認為儒家的《四書》《五經》本自簡易明白，可是卻被

朱子以來的訓詁講章詮釋成零星破碎的樣子，經義愈解愈晦，深爲可惜。因此「幼遵大父教，不讀朱註。」直接從經文的原意切入，熟讀精思，並於日常生活中，觸類旁通，如此鑽研已久，遂能自有所得。因此他對科舉時文之作，發爲感慨的說：「舉子十年攻苦，於風簷寸晷之中構成七藝，而主司以醉夢之餘忽然相投，如磁引鐵，如珀攝芥，相悅以解，直欲以全副精神注之。其所遇之奧竅，眞有不可得而自解者矣。」他認爲時文講章最大的毛病在於知識的堆砌，而不是於日常生活中眞實的體悟或實踐所得，不能眞正的詮釋儒家的義理，因此張岱在對《四書》的詮釋過程中，反對朱子之說與時文講章的言語常常自然流露出來。如詮釋《論語・公冶長・寧武》章：「子曰：『寧武子，邦有道，則知；邦無道，則愚。其知可及也，其愚不可及也。』」時，他說：

> 「知」是有道無道的總關，「愚」是鞠躬盡瘁，死而後已的心事。時文竟作以愚運知，發引出後人多少權謀、詭秘、說話，非聖人所謂不可及者也，還以就愚論愚爲是。〔註2〕

這樣對時文講章不滿的講法，在《四書遇》全書中可謂俯拾皆是。〔註3〕另外對朱註不滿的例子亦是不勝枚舉。〔註4〕如《論語・憲問・擊磬》章：「子擊磬於衛，有荷蕢而過孔氏之門者，曰：『有心哉，擊磬乎！』既而曰：『鄙哉硜硜乎！莫己知也，斯已而已矣。』子曰：『果哉！末之難矣。』」《四書遇》云：

> 翁子先曰：厲者，危殆也。《易》所謂「過涉滅頂」也。詩意若曰，深則有厲，當見險而止，非如淺可攝衣而涉也。註「以衣涉水曰厲」，殊不可解。〔註5〕

朱熹《四書集注》把「深則厲，淺則揭。」解釋爲「以衣涉水曰厲，攝衣涉水曰揭。」〔註6〕張岱在此明白表示「殊不可解」，並援引翁子先的說法來批駁朱註之不當。

由於在《四書》的理解上「人多錯認」〔註7〕，他便要常常「特爲拈出」〔註8〕以示學者。他自述道：「余遭亂離兩載，東奔西走，身無長物，委棄無餘。獨於此書，收之篋底，不遺隻字。曾記蘇長公儋耳渡海，遇颶風，舟幾覆，自謂《易解》與《論語解》未行世，雖遇險必濟。然則余書之遇知己，與不遇盜賊水火，均之一遇也。

〔註2〕見張岱：《四書遇》，頁144。
〔註3〕在《四書遇》中直接指出「時文」詮釋之不當共有八處，分見：頁14、106、107、
　　　 134、144、171、232、463等處。
〔註4〕詳見本論文第七章《四書遇與晚明四書學的關係》第一節〈四書遇對朱子學的態度〉。
〔註5〕見張岱：《四書遇》頁303。
〔註6〕見朱熹：《四書集注》（北京：中華書局，1983年10月），頁159。
〔註7〕見張岱：《四書遇》，頁418。
〔註8〕見張岱：《四書遇》，頁419。

遇其可遇言哉！」由此可見他將《四書遇》與蘇東坡的《易解》與《論語解》相提並論，顯示出對其著作的重視與自豪。

（二）希望為繼承家學而盡心

張岱在《石匱書·自序》中說：「余家自太僕公以下，留心三世，聚書極多，余小子苟不稍事纂述，則茂先家藏三十餘乘，亦且盪爲冷煙，鞠爲茂草矣。」〔註9〕張岱家數代累宦，家世顯赫，其治學受家學、家風影響甚巨。例如其先祖皆有治史之傳承，高祖天復曾修《山陰志》，曾祖元汴相繼修撰《紹興府志》、《會稽縣志》，時人譬之談、遷父子。受此家學影響，張岱亦有修史抱負，以修一部明史鉅著爲畢生的職志。因而利用家中歷代收藏的豐富圖書，著成《石匱書》，爲有明一朝留下珍貴的史料記錄。在經學方面，曾祖元汴，是王陽明的再傳弟子，師事陽明大弟子王畿，以良知學爲宗，經學著作有《讀尚書考》、《讀詩考》。而祖父汝霖也有《易經因旨》、《四書荷珠綠》等經學著作。因此他爲了繼承家學淵源便有《四書遇》的問世。〔註10〕他在《四書遇》中亦常常徵引曾祖父、祖父之經學見解，如：

家大父曰：心體中打疊得乾淨，聖賢學問工夫，自一了百當。〔註11〕

先文恭曰：癸酉秋，余請告歸，再登泰山之顛，徘徊四顧，空闊無際，俯視世間，何物塵埃，足以入吾胸次邪？蓋於是恍然大有所悟，恨未能時時如此境界耳。〔註12〕

家大父曰：「殀壽不貳，」非我不貳於殀壽，乃殀壽不貳於我也。夫人之耳、目、口、鼻，幻身也；心性，眞身也。吾得其眞以游於幻，則自有萬劫不壞者在。獨往獨來，一絲不挂，非立命而何？〔註13〕

家大父曰：古來眞正英雄皆從戰戰兢兢中來，彼游說之徒亦有能藐大人而逞其雄者，要只是俠氣所使耳。乃孟子浩然之氣，有卒然遇之，王公失其貴，賁育失其勇者，定自不同也。〔註14〕

〔註9〕見張岱著·夏咸淳校點：《張岱詩文集》〈瑯嬛文集〉卷1〈石匱書自序〉，頁99。
〔註10〕除了經學與史學著作外，張岱其他著述亦常跟家學有關，如張岱先人精於飲食，祖父曾與他人結飲食社，並著《饕史》四卷。張岱乃就《饕史》訂正之，屏除一切矯揉泡製之法，講究「割歸於正，味取其鮮」，而爲《老饕集》。又張岱祖父嘗著《韻山》一書，多至數千餘卷，冊籍浩繁。張岱因而就歷來韻書刪定之，而成《詩韻礶》一書。
〔註11〕見張岱：《四書遇》，頁540。
〔註12〕見張岱：《四書遇》，頁544。
〔註13〕見張岱：《四書遇》，頁533。
〔註14〕見張岱：《四書遇》，頁574。

從張岱書中對先人《四書》見解的屢屢徵引，顯然的可以看出其孺慕之情與繼承家學，光大家風的願望。

（三）為保存晚明陽明學者詮釋《四書》學之見解

張岱對保留歷史文化與人物總是充滿了責任感，在其著作中常可看到他有意識的為保留人物事跡與歷史文獻的意向，如《古今義烈傳》旨在表彰歷史上的節義之士，刺惡揚善，「使后人知鑒」；《有明于越三不朽圖贊》凡十八卷，則收越郡古今立德、立功、立言三不朽人物一百餘人，是研究鄉邦歷史人物的專著；《石匱書》、《石匱書後集》更為有明一朝留下珍貴的史料；《一卷冰雪文》則為張岱所篩選的詩文集；《桂銘抄》為他所搜集當時的桂對。其他如《老饕集》、《陶庵肘後方》、《詩韻碻》等書皆是其精心蒐集而成。而《四書遇》可說是仿照朱子《四書集注》或是明初《四書大全》的成書，有意識的為輯錄保留晚明陽明學者的《四書》見解而作。

我們翻開《四書遇》來看，在書前便題有「山陰張岱纂」等字眼，可知《四書遇》除了含有張岱自己對《四書》的見解外，更有輯錄當代許多學者《四書》學說的動機。因此以《四書》學史的立場來看，張岱的《四書遇》是有意向的為保存明代學者的《四書》學說而作。許多學者的《四書》學說也因《四書遇》的成書而被保存下來。〔註15〕例如光是對《大學・聖經》章的詮釋，張岱在《四書遇》中就輯錄了艾南英、陶文僡、陸景鄴、饒雙峰、李崆峒、徐子卿、董日鑄等人對此章的見解。〔註16〕誠如朱宏達先生所說：「《四書遇》不僅為我們深入研究，全面考察張岱，提供了重要的原始資料，還由於該書的旁證博引、廣採眾說，而給明季學者及其著作，提供校勘、辨訛、考證的依據。就《四書遇》所引語錄涉及的二百六十七人中，除去唐宋元明著名學及有著作傳世的人而外，有不少張岱同時代人，得賴此書以傳世。就所引證的典籍來說，亦可作考證、校勘、辨訛之資。」〔註17〕

二、成書經過

張岱的《四書遇》雖著錄於他自己的〈自為墓誌銘〉之中，但未見於《千頃堂書目》或《明史・藝文志》，過去學者亦未見其書。一九三四年浙江省立圖書館始輾轉購得，直到一九八六年，才由朱宏達點校，正式由浙江古籍出版社刊印。

《四書遇》的寫作時間，根據朱宏達的研究，其上限最遲在明天啓年間，張岱

〔註15〕詳見本論文第五章〈四書遇的內容特色〉，第三節〈蘊含博學傾向〉第二項〈保存當代眾說〉
〔註16〕見張岱：《四書遇》，頁1～4。
〔註17〕見張岱：《四書遇》前言，頁9。

三十歲之前，「在甲申明亡之前已經基本定稿，入清以後或有增補。其結集下限最遲不得超過康熙四年（1665 年），張岱六十九歲自為墓誌銘之前。」〔註18〕可見《四書遇》的寫作過程，通貫張岱的一生。

張岱對《四書》的研讀是拋開前人的註疏講章不先立成見的〔註19〕，經過「正襟危坐，朗誦白文數十餘過」的方法熟讀深思，因而超悟所得。隨有所得，即有所記。所以《四書遇》的成書便經歷了一段很長的時間，非一時一地之作。其起訖的年代，根據朱宏達先生的研究，可以從下引兩條材料中約略推知：

其一，「刺虎不斃，斷蛇不死，其傷人愈多。君子之遇小人，政不可不慎。近日楊左之御魏璫，是其鑒也。」〔註20〕這裡的「楊、左」指東林黨人楊漣、左光斗。「魏璫」指魏忠賢。據《明史記事本末》載，熹宗天啟四年（1624 年）楊、左等人彈劾魏忠賢二十四罪，「先是漣疏成，意欲於午朝面奏，出疾雷掩耳之計。繕寫甫竟，次日免朝。恐再宿則機泄且害也，遂循例封進，故忠賢得以彌縫。」從第二年，即天啟五年（1625 年）秋七月開始，魏閹興大獄，把楊、左等人投入監獄，施以酷刑，竟至慘死。其時，張岱當而立之年，是所目睹親聞者。「近日」二字說明《四書遇》的寫作，其上限至晚是明代天啟年間，即張岱卅歲之前。

其二，「余遭亂世，見夷狄之有君，較之中華更甚。如女直之芟夷宗黨，誅戮功臣，十停去九，而寂不敢動。如吾明建文之稍虐宗藩，而靖難兵起，有媿於夷狄多矣！」〔註21〕這裡的「亂世」，是指清兵入關後對中國的統治。「夷狄」是對滿清政府的貶稱。明建文元年（1399 年）明惠帝削藩不成而靖難兵起，已是歷史的陳跡。而清政府芟削宗藩務求盡去，卻是張岱親見體驗的。事實正如孔子所說「夷狄之有君，不如諸夏之亡也。」〔註22〕由此可以推知《四書遇》的寫作一直延至明亡入清以後。然《四書遇・自序》云：「余遭亂離兩載，東奔西走，身無長物，丟棄無餘，獨於此書，收之篋底，不遺隻字。」以此記載看來《四書遇》在甲申明亡之前已經基本定稿，入清以後或有續補摻入。其結集下限最遲不得超過康熙四年（1665 年）

〔註18〕見朱宏達：〈四書遇的發現及其價值〉，《中國經學史論文選集》（臺北：文史哲出版社，1993 年 3 月）下冊，頁 349～350。

〔註19〕他說：「余解《四書》、《五經》未嘗敢以註疏講章先立成見，必正襟危坐，將白文朗誦數十餘過，其意義忽然有省。古人云：『熟讀百遍，其義自現。』蓋古人正於熟讀時深思其義味耳。」見張岱著・夏咸淳校點：《張岱詩文集》，〈瑯嬛文集〉卷 3，〈與祁文載〉，頁 232。

〔註20〕見張岱：《四書遇》，頁 199。

〔註21〕見張岱：《四書遇》，頁 100。

〔註22〕語見《論語・八佾・夷狄》章：「子曰：『夷狄之有君，不如諸夏之亡也。』」

張岱六十九歲自爲墓誌銘以前。〔註23〕

　　另外從張岱對同一人物前後稱呼又頗有異同來看，如引蘇軾語就有蘇子、蘇長公、坡公、東坡、子瞻六種不同稱呼，亦可佐證《四書遇》寫作時間前後延續之久。

　　總之，《四書遇》是張岱以全副精神心力所爲的解經之作。不僅有自己「精思靜悟，鑽研已久」的《四書》學見解，書中更是自四部七略乃至宋明時人（特別是陽明學者）關於《四書》學說之見解，無不旁證博引。僅引用語録所涉及到的人物，就有二百六十七人之多。張岱詮釋聖人經典與保存學術文化的苦心孤詣於此書可見其一斑。

三、刊刻及版本流傳

　　從張岱的著作種類中，可以看出他的博學多才，經、史、子、集四部均有。尤其是子類更是多方涉獵，包羅甚廣。可惜的是，張岱著作多半失傳或僅存稿本，未曾整理刊行。這些著作，生前大都未曾付梓。曾於生前刻刊的只有《古今義烈傳》八卷一部，其它遺稿存藏於家子孫無力刊刻，且因清初文禁頗嚴，也不敢刊刻。如今吾人所見的著作有些是張岱去世數十年後或百年後才得刊行，但因年代久遠，其著作存者十不一二，實是令人扼腕。近年來《四書遇》抄稿本的發現則是令人振奮的事。

（一）抄稿本的發現

　　很欣慰的，浙江省圖書館終於一九三四年購得張岱《四書遇》之抄稿本。此本「原藏寓杭常熟周氏鴿峰草堂，首頁有『虞山周左季鴿峰草堂藏書印』記，長方白文。下孟卷首有『周大輔』白文方記，『曾經鴿峰草堂周氏所得』朱文方記。〔註24〕一九三六年浙江文獻展覽會曾將此書展覽。或稱此書係『鄉賢手澤，三百年來輾轉遷流，完好無恙，不至如《史闕》之難免劫灰，而顛倒錯亂，有賴後人之爬梳整緝者，爲尤可珍矣。』（《浙江圖書館館刊》三卷第六期《館藏善本書提識十》）」〔註25〕

　　根據朱宏達先生所見，《四書遇》題「山陰張岱纂」，總六冊，不分卷，無句逗。「原書僅撰作者心得札記，不附録四書原文，次序按《大學》、《中庸》、《論語》〈分

〔註23〕以上兩點係引朱宏達先生的研究，見朱宏達：《四書遇的發現及其價值》，頁 349～350。

〔註24〕今考周大輔，字左季，江蘇常熟人，室名「鴿峰草堂」，民國初年藏書家。喜藏抄當時罕見之孤本、傳抄稿本和清代忌諱之禁書。藏抄書積萬卷，家財殆盡、終窮而不悔，其保存古籍之功實不可沒。（關於周大輔材料係周采泉先生提供）見張岱：《四書遇》，頁 4，朱宏達所寫之前言。

〔註25〕見張岱：《四書遇》，頁 2。

上論下論）、《孟子》（分上孟下孟）排列。全書以讀《論語》心得爲最多，篇幅最長，共三冊，餘則爲讀《孟子》心得二冊；讀《大學》、《中庸》心得合一冊。書係白棉紙藍格，端楷謄抄，并有張岱親筆書寫的眉批、增刪和另加浮箋共約十數處。其中浮箋三紙，即《論語‧爲政‧能養章》『孔子論孝』條；《論語‧八佾‧器小章》『正義曰婦人謂嫁曰歸』條；《論語‧公冶長‧子路章》『古人惟安車乃坐』條。親筆增易二條，即《論語‧鄉黨‧廐焚章》『金罍子言廐焚』條；《論語‧微子‧逸民章》『虞仲次夷齊後』條。由上述正楷謄抄及張岱親筆增易等情來看，抄稿本《四書遇》是一部清抄本，已經張岱審訂增改，最後覆核，只是來不及付梓印行罷了。」〔註26〕

此抄稿本前附有近代學者馬浮《四書遇題記》一篇〔註27〕，後附有白錦紙兩張，有張岱親筆書寫的《壽王白嶽八十》七言古詩一首：

雉鷺曾不住頑仙，都是文人抱慧業；紫陽溪水翰墨香，晚年得證長生訣。
方曉還丹在典墳，白嶽先生恣饗餮。先生持世八十年，自識之無至毫釐，
日夜鑽研故紙堆，筆冢書倉爲窟穴；座前足跡砌皆穿，簷際微明捧卷接；
含毫呵凍嚙冰霜，揮汗鈔書沐日月。廣蒐直欲逐癡龍，博採有時類魏蝶；
廉書千卷積如山，儕輩見之皆吐舌。覽書無不洞筋骸，牛背眼光如缺列；
生金頑鐵入陶冶，一到紅爐同點雪。更能端確似溫公，字字楷書敢褻越？
立言不朽自千秋，金籙丹書藏柳篋；第恐人言行秘書，後車將到磻溪碣。

王雨謙字白嶽，《山陰縣志》有傳，一生與張岱相交至厚，與張岱不僅爲詩文知己，且同爲故國遺民，志同道合，在入清以後幾乎走著相同的人生道路。張岱《張子文粃》、《張子詩粃》均有王雨謙序，且細加刪訂評點，《陶庵夢憶》亦有王序。而王雨謙著有《廉書》、《虎史》，張岱亦皆爲之序。此詩乃王雨謙八十歲時，張岱祝壽之作，夏咸淳校點之《張岱詩文集‧補編》中，亦從稿本《瑯嬛文集》中收錄此詩。

（二）點校本的印行

抄稿本發現以後，唯一將《四書遇》排印出版的則是浙江古籍出版社於一九八五年六月出版的朱宏達點校本。此本書前附有抄稿本的書影四頁，出版說明一篇，馬浮的〈四書遇題記〉、朱宏達先生所撰的「前言」一文。接著爲本書的目錄、自序，《四書遇》的原文，書後則有附錄兩篇，茲述於後：

〔註26〕同上註，頁2～3。
〔註27〕其題記曰：「明人說經，大似禪家舉公案，張宗子亦同此脈。卷中時有雋語，雖未必得旨，亦自可喜，勝於碎義逃難，味同嚼蠟者遠矣。」

1. 出版說明

　　總共六點，首先說明本書正文乃據浙江省圖書館甲級特藏抄稿本《四書遇》整理而成，凡抄本中張岱親筆所作眉批、補記及浮箋，統列各章正文之後，於校記中說明。次言原抄本不附「四書原文」，爲便讀者，據朱熹《四書集注》將原文分別附在各章正文之後，《四書遇》分章、次序偶有與《四書集注》不同者，均從《集注》；末言因《四書遇》徵引廣博，又未嚴格抄用原文，故正文引語，除已核對者外，只加冒號，不用引號。由出版說明的凡例中，可看出點校本對抄稿本所整理的幾點事項。

2. 前　言

　　爲朱宏達先生所撰。內容簡介張岱的生平著作，接著敘述抄稿本發現的經過並舉證說明其爲張岱所作無疑；其次論述全書內容大要及其價值。由此篇導讀，我們可以很快的得知《四書遇》全書的內容梗概。無疑的此篇導讀也可說是學術界第一篇討論《四書遇》的專文。

3. 目次與自序

　　「前言」之後則爲《四書遇》的「目次」與〈自序〉。「目次」首列《大學》、依序爲《中庸》、《論語》、《孟子》，後有張岱自序一篇，敘述其著作動機、及書名之由來。

4. 《四書遇》原文

　　主要是張岱對《四書》所作的詮釋文字，後加以《四書》經文，經文後則有校記。凡引證的典籍和唐宋前名家語錄，大部分作了核對，凡有所校正，都在每章後出了校記注明書名、篇名或卷數，時或摘錄其文，列在《四書》經文之後。

5. 附錄二篇

　　全書後面附錄有張岱親自創作的《壽王白嶽八十》七言古詩一首與朱宏達先生根據《四書遇》所整理的「人名索引」等二篇。由於張岱在《四書遇》中引述了相當多同時代諸人的見解，而被引諸人許多不見於《明儒學案》，朱先生此篇「人名索引」大致對《四書遇》中所援引之人，做了初步介紹，包括姓氏字號、年里事蹟、學行著作等，可說花了相當多的功夫。

　　由上可知，點校本與抄稿本的不同在於點校本已經朱宏達先生作了基本的整理，包括：據朱熹《四書集注》的篇章次序將經文分別附在各章正文之後，撰寫了導讀文章，將〈自序〉附在書前、並著校記與人名索引。總的來說，這個點校本通過現代的印刷流通，使得吾人能一窺張岱《四書遇》的風貌，並且經由朱宏達先生的整理，提供了學者在研究《四書遇》時，很大的方便。

第二節　自由解放的詮釋方式

　　凡典籍涉及詮釋時，往往會因爲作者個人學識、經歷、或刻意傳達個人某種理念、或則所處的時代環境、思想風潮等主、客觀因素的影響下，無不使被詮釋後的經典呈現了「獨特性」、「個人化」的現象。因此本節接著研究，張岱是透過什麼樣的詮釋方式與態度去詮解聖人的經典呢？《四書》經過張岱的詮釋是否更貼近聖人本意呢？還是呈現另一種「獨特性」、「個人化」的作品。

　　我們知道在晚明學術思想上，受王陽明的「心學」影響甚鉅。王陽明從主觀的唯心主義出發，以自我爲中心，強調個人良知的展現，隨著心學的盛行，人們更具自信，開始以自己的想法去詮釋舊有的觀念，提倡率性而爲，宣揚個性的自由解放。《四書》學在這樣的思想氛圍下，首先就有李卓吾《四書評》的問世。《四書評》擺脫了傳統訓詁的詮釋方式，並因此帶來了晚明自由解釋大興，充滿解脫精神的《四書》學詮釋新方式新面貌。

　　顯然的，張岱的《四書遇》是受到這種時代風氣的影響，其在詮釋經典時，就表現了形式自由、內容多樣的風貌。張岱本來就是散文大家「任何體裁，在他手裏都擺脫了羈束，如序、跋、像贊、碑銘等文體，出自三袁、鍾、譚，亦不免扳著道學面孔，以嚴謹筆法爲之，而張岱則寫得滑稽諧謔，情趣百出。」〔註28〕因此在此風氣下，張岱對《四書》的詮釋可說是在追尋聖人本意的基礎認識下，充滿了時代性的「解脫精神」與「獨特性」、「個人化」的自我風格。由於《四書遇》的體裁屬於語錄體，今依據全書，筆者將其詮釋經文的方式歸納如下幾項：

一、以「己心」解經

　　即強調本心的主體性，透過個人的研讀理解與生命體悟來詮釋經文。「以己心解經」可說是張岱在詮釋《四書》時，最主要的態度與方法。張岱對於其讀書解經的態度有這麼一段話：「凡看經書，未嘗敢以各家註疏橫據胸中。正襟危坐，朗誦白文數十餘過，其意義忽然有省。」這即是其所謂的「熟讀百遍，其義自現。」〔註29〕的讀書方法。整部《四書遇》就是張岱通過對經書的熟讀精思與生命體悟來加以詮釋的。對於這個方法的特性，今人南懷瑾先生闡釋道：「我們要把握眞正的孔孟思想，只要將唐宋以後的註解推開，就自然會找出孔孟原來的思想。這叫做『以經解經』，就是僅讀原文，把原文讀熟了，它本身的語句思想，在後面的語句中就有清晰的解

〔註28〕見黃桂蘭：《張岱生平及其文學》（臺北：文史哲出版社，1977年2月），頁105。
〔註29〕見張岱著・夏咸淳校點：《張岱詩文集》〈瑯嬛文集〉卷3，〈與祁文載〉，頁232。

釋。以這個態度研究論語，它可以說前後篇章貫而通之。」〔註30〕由於能不「先立成見」，一切義理皆是透過自己的體悟而來，因此詮釋經典時，或使經文明白易曉，或別有新解創見，或寄託胸懷，充分彰顯帶有個人色彩的風貌。如詮釋《論語‧公冶長‧見剛》章：「子曰：『吾未見剛者。』或對曰：『申棖』。子曰：『棖也慾，焉得剛？』」時，《四書遇》云：

> 今之醉酒者，見城門則以為臥榻，見川瀆則以為溝澮。夫門與瀆猶是，而榻之、溝之者，酒之力也。一旦醒解，而漸失其故矣。申棖之剛，是羣天下為酒人也。兩人鬥毆，理虧者，恁他高聲，畢竟勉強。可見無理自然雄壯不來。聖門勇如子路，而夫子尚曰「不見剛」，則此「剛」之品關繫甚大，申棖如何當得來？「棖也慾」句，只是為申棖解耳。其實聖人思剛，自有深意在。（頁138）

這裡將自己讀經的心得藉由比喻的手法來詮釋經典的含意，可以幫助讀者對經典意義的掌握與理解。又如詮釋《論語‧雍也‧一變》章：「子曰：『齊一變，至於魯；魯一變，至於道。』」時，《四書遇》云：

> 如人擺設書房床椅，互易其處，便覺耳目清爽。「變」字亦學問、治道所不可少。（頁163）

這裡通過日常生活的體會來詮釋「變」字的精神，讓人覺得聖賢之道就在人倫日用之間那麼貼切自然。由於張岱「解《四書》、《五經》未嘗敢以註疏講章先立成見」〔註31〕因此在《四書遇》的注文中通過自己的理解，常常有一些創見，如《論語‧公冶長‧善交》章，《四書遇》云：

> 齊桓公欲相鮑叔，而管仲沮之；齊景公欲以尼谿封孔子，而晏嬰沮之。千古交情，千古知己。蓋齊景公時嬖寵內擅，強臣外橫，雖用聖入，其勢難久，況當年累世之言？其知孔子最深。余謂晏嬰是孔子第一知己也。（頁141）

這裡說「晏嬰是孔子第一知已」可說發前人所未發。這種詮釋法在在表現了作者個人的風格與特色。

二、以經解經

　　即以經文本身或儒家經典互解，以明孔門眞意的詮釋方法。我們知道在明末清初時，有許多人面對當時學術界空言心性，蔑棄古經，和層出不窮的義理糾紛時，

〔註30〕見南懷瑾：《論語別裁》（上），頁5。
〔註31〕見張岱著‧夏咸淳校點：《張岱詩文集》〈瑯嬛文集〉卷3，〈與祁文載〉，頁232。

他們開始對儒學的本質加以反省，以挽救這日趨下流的學術風氣。而儒學即是孔門之學，此為古今學者的共識。孔門「內聖外王」的理想即寄託在《六經》之中，要實踐「內聖外王」自應窮究《六經》，此亦為古今學者所肯定。但是自從宋人以漢人傳經不傳道，已把聖人之道和經學分為兩途，此後的學者遂把此種基本認識逐漸淡忘，造成束書（經）不觀而竟日空言心性的偏頗風氣。自明中葉起，學者即再三申明聖人之道（道學、理學）與經學的關係以糾正道學與經學分離的頹風，如湛若水說：

> 聖人之治本於一心，聖人之心，見於《六經》故學《六經》者，所以因聖言以感吾心而達於政治者也。〔註32〕

高攀龍說：

> 《六經》皆聖人傳心，明經乃所以明心，明心乃所以明經。明經不明心者俗學也，明心不明經者異端也。〔註33〕

這即是林師慶彰所說的「回歸原典」的學術風氣。〔註34〕張岱在詮釋《四書》時亦表現出這種「回歸原典」的傾向。其引用方式有：

（一）以本經之文前後互解

例如《論語・述而・請禱》章：「子疾病，子路請禱。子曰：『有諸？』子路對曰：『有之。《誄》曰：「禱爾于上下神祇。」』子曰：『丘之禱久矣。』」《四書遇》云：

> 夫子語王孫賈曰：「獲罪於天，無所禱也」〔註35〕，故曰：「丘之禱久矣。」（頁189）

這裡引《論語・八佾・媚奧》章之經文來點明孔子自認言行無暇，無祚於天，故可謂「丘之禱久矣。」。又如：《論語・子罕・絕四》章：「子絕四：毋意，毋必，毋固，毋我。」《四書遇》云：

> 夫子自言「無可無不可」〔註36〕，與此同旨。（頁208）

〔註32〕見朱彝尊：《經義考》（台灣，中華書局），卷297，頁9引。
〔註33〕見朱彝尊：《經義考》，卷297，頁15引。
〔註34〕詳見林師慶彰：〈明末清初經學研究的回歸原典運動〉，《明代經學研究論集》（臺北：文史哲出版社，1994年5月），頁333～352。
〔註35〕見《論語・八佾・媚奧》章：「王孫賈問曰：『與其媚於奧，寧媚於竈，何謂也？』子曰：『不然，獲罪於天，無所禱也。』」
〔註36〕見《論語・微子・逸民》章：「逸民：伯夷、叔齊、虞仲、夷逸、朱張、柳下惠、少連。子曰：『不降其志，不辱其身，伯夷、叔齊與！』謂柳下惠、少連，『降志辱身矣，言中倫，行中慮，其斯而已矣。』謂虞仲、夷逸，『隱居放言，身中清，廢中權。』『我則異於是，無可無不可。』」

這裡以《論語·微子·逸民》章之經文「無可無不可」與「毋意，毋必，毋固，毋我」相參，更可見聖人本意。

（二）以《四書》經文互解

例如《論語·公冶長·言志》章：「顏淵季路侍。子曰：『盍各言爾志？』子路曰：『願車馬衣輕裘，與朋友共，敝之而無憾。』顏淵曰：『願無伐善，無施勞。』子路曰：『願聞子之志。』子曰：『老者安之，朋友信之，少者懷之。』」《四書遇》云：

> 此章書當與《孟子·子路人告之有過則喜章》〔註37〕參看，進一層自有一層分量。（頁147）

又如《論語·學而·禮用》章：「有子曰：『禮之用，和爲貴。先王之道，斯爲美。小大由之。有所不行，知和而和，不以禮節之，亦不可行也。』」《四書遇》云：

> 《中庸》「發而皆中節，謂之和」，是此章註疏。「和」不在禮外，故曰「禮之用」；「節」亦不在禮外，故曰「以禮節之」。（頁77）

這裡以《中庸》「發而皆中節，謂之和」來詮釋有子的「禮之用，和爲貴」甚能掌握「和」的意義與「禮」的精神。

（三）以他經解《四書》

例如《論語·爲政·能養》章：「子游問孝。子曰：『今之孝者，是謂能養。至於犬馬皆能有養；不敬，何以別乎？』」《四書遇》云：

> 孔子論孝，豈有以父母與犬馬相比之理！按《內則》曾子曰：「是故父母之所愛亦愛之，父母之所敬亦敬之。至於犬馬盡然，而況於人乎」！則犬馬者，是父母之犬馬。言孝者自謂能養，至於父母之犬馬，皆能有以養之，但不敬，則何以自別其養父母之心乎？釋者不考，遂成千古之誤。（頁86）

這裡引《禮記·內則》篇曾子之言闡釋「孔子論孝，豈有以父母與犬馬相比之理！」來訂正朱注「言人畜犬馬，皆能有以養之，若能養其親而敬不至，則與養犬馬者何異。」〔註38〕之非，認爲朱子的註解是「釋者不考，遂成千古之誤。」又如《論語·

〔註37〕見《孟子·公孫丑上·樂善》章：「孟子曰：『子路，人告之以有過，則喜。禹聞善言，則拜。大舜有大焉，善與人同，舍己從人，樂取於人者。自耕稼、陶、漁以至爲帝，無非取於人者。取諸人以爲善，是與人爲善者也。故君子莫大乎與人爲善。』」

〔註38〕按此段經文朱熹《四書集注》註解爲：「養，謂飲食供奉也。犬馬待人而食，亦若養然。言人畜犬馬，皆能有以養之，若能養其親而敬不至，則與養犬馬者何異。甚言不敬之罪，所以深警之也。」見朱熹：《四書集注》，頁56。

學而・時習》章:「子曰:『學而時習之,不亦說乎!有朋自遠方來,不亦樂乎!人不知,而不慍,不亦君子乎!』」《四書遇》云:

> 《論語》首章《乾》內卦,三龍皆備。「時習」,「終日乾乾」,惕龍也。
> 「朋來」,「見龍在田」,「德施普也」。「不知不慍」,「不見是而無悶」,潛
> 龍也。(頁69)

這裡以《易經・乾卦》內卦三爻的爻辭解釋《論語・學而・時習》章的涵意,可說是一種創見。《四書遇》全書中所引用到的儒家經典遍及十三經,所引用次數最多的則屬《易經》。由於張岱本人深於易理,因此在書中,常拿《易經》的道理與《四書》義理相互發明,這可說是《四書遇》的一項特色。

三、以史解經

　　除了作為公認的散文大家和藝術鑑賞家之外,張岱更是一位造詣精深、成就卓著的史學家。他在史學方面留下了《古今義烈傳》、《石匱書》、《石匱書後集》、《史闕》、《明季史闕》、《有明于越三不朽較贊》等約近五百萬言的歷史著作。可見在治學上,張岱亦以具歷史眼光見長。在詮釋經文時,他自然的就將經義的解釋,回歸於歷史背景中考察,依其時代背景、風氣,考究事件發生的原因,並以此訓解文意,俾使其義合乎情理、合乎真實的情況。除此之外,亦引用後代的史事詮釋經文,以證明孔、孟之真知灼見,不愧為「聖之時者也」;或者引用歷史人物的言行事跡與經義相發明。其「以史解經」的方式有如下數種:

(一)以當代史事解經

　　例如《論語・子罕・文在》章:「子畏於匡,曰:『文王既沒,文不在茲乎?天之將喪斯文也,後死者不得與於斯文也;天之未喪斯文也,匡人其如予何!』」《四書遇》云:

> 陽貨曾暴於匡,夫子弟子顏尅時與虎俱。夫子適陳過匡,顏尅御,匡
> 人識尅,夫子貌又似貨,匡人以兵圍之五日。孔子乃和琴而歌,音曲甚哀。
> 有暴風擊軍士僵仆,於是匡人乃知孔子聖人,自解去。(頁209)

又如《論語・述而・桓魋》章:「子曰:『天生德於予,桓魋其如予何!』」《四書遇》云:

> 夫子適宋,與弟子習禮於大樹下,桓魋伐其樹,弟子曰:「可以速行
> 矣!」孔子有此言,遂之鄭。(頁182)

以上兩則皆引自《史記・孔子世家》,因著張岱的詮釋,可使讀者明瞭孔子當時的立場與說話的動機,還原事件發生時的歷史背景,加深讀者身歷其境的感受與對聖人

同情的理解。

（二）以後代史事解經

例如《論語・八佾・君臣》章：「定公問：『君使臣，臣事君，如之何？』孔子對曰：『君使臣以禮，臣事君以忠。』」《四書遇》云：

> 馬超初見先主，與先主言，呼先主字。關羽怒，請殺之。先主曰：「人窮來歸，以呼我字而殺之，何以示天下？」張飛曰：「如是，當示之以禮。」明日大會，請超入，羽、飛並杖刀立直，超乃大驚，遂不復敢呼字。禮之足以御下也如此。（頁110）

此事見《三國志・蜀志・馬超傳》裴松之注引《山陽載記》。張岱藉由引述馬超見劉備的經過，來詮釋孔子：「君使臣以禮，臣事君以忠。」的道理，以證孔子論禮的高明，並發為讚賞的說：「禮之足以御下也如此。」

（三）引歷史人物典故解經

此乃文章用典的方法。藉由援引前人的事蹟或摘取典語句置於文章之中，以加強語言的表達能力，並增加說服力的一種修辭法。馮永敏先生認為：「作者借助經凝煉壓縮的故實，以引發讀者的聯想，與擴大想像空間，往往可以節省許多需要直接表達的文字，使古事古語和當前事實形成對應和交流，借他人而申發己意，讀者在品閱中，作品意蘊愈顯深厚味長。」〔註39〕張岱為散文大家，他在詮釋《四書》時自然大量使用這種用典的文章修辭法，提高其文章的概括性，使其注文讀起來韻味深長。如《論語・泰伯・至穀》章：「子曰：『三年學，不至於穀，不易得也。』」《四書遇》云：

> 管寧、華歆同學，鋤地見金，寧視如瓦石，歆廢書往視。寧割席分座曰：「子非吾友也。」如管寧者，方謂之「不志於穀」。（頁200）

又如《孟子・離婁下・後患》章：「孟子曰：『言人之不善，當如後患何？』」《四書遇》云：

> 伏波將軍戒其兄子言，聞人之惡，當如聞父母之名，耳可得而聞，口不可得而言也。（頁463）

這裡引用了《世說新語・德行》篇，管寧、華歆之交與《後漢書・馬援列傳》〔註40〕中馬援戒兄子的典故詮釋經文，使得注文讀起來韻味深長頗為傳神。

〔註39〕見馮永敏：《散文鑑賞藝術探微》（臺北：文史哲出版社，1998年），頁248。

〔註40〕《後漢書・馬援列傳》：「初，兄子嚴、敦並喜譏議，而通輕俠客。援前在交阯，還書誡之曰：『吾欲汝曹聞人過失，如聞父母之名，耳可得聞，口不可得言也。好論議

（四）引歷代典章制度解經

有時候經文中所言的典章制度，透過張岱的詮釋，讀者在閱讀經典時，沒有時空的隔閡限制，而對經義產生更深一層的認識。如《論語·公冶長·武伯》章：

> 孟武伯問：「子路仁乎？」子曰：「不知也。」又問。子曰：「由也，千乘之國，可使治其賦也，不知其仁也。」「求也何如？」子曰：「求也，千室之邑，百乘之家，可使爲之宰也，不知其仁也。」「赤也何如？」子曰：「赤也，束帶立於朝，可使與賓客言也，不知其仁也。」

《四書遇》云：

> 漢《刑法志》云：「殷周以兵定天下矣。天下既定，戢藏干戈，教以文德，而猶立司馬之官，設六軍之眾，因井田而製軍賦。地方一里爲井，井十爲通，通十爲成，成方十里；成十爲終，終十爲同，同方百里；同十爲封，封十爲畿，畿方千里，有稅有賦。稅以足食，賦以足兵。」周公以井田寓師旅，管仲以版法兼軍政，是仁者之治賦也。是可知其仁也。（頁136）

這裡引《漢書·刑法志》之文來詮釋孔子「不知其仁」中所未明講的涵意，闡發爲「周公以井田寓師旅，管仲以版法兼軍政，是仁者之治賦也。是可知其仁也。」又《論語·八佾·主皮》章：「子曰：『射不主皮，爲力不同科，古之道也。』」《四書遇》云：

> 鄉射以五物詢眾庶：一曰和志，二曰和容，三曰主皮，四曰和顏，五曰興舞。天子三侯，以熊虎豹皮爲之。（頁108）

此處引《周禮·地官司徒·鄉大夫》：「退而以鄉射之禮五物詢眾庶，一曰和，二曰容，三曰主皮，四曰和容，五曰興舞，此謂使民興賢。」來詮釋《論語》中所言的「鄉射之禮」。通過張岱對典章制度的解說，更可幫助讀者掌握聖人經典所要表達的義理。

四、以諸子解經

《四書遇》不受歷代注疏的束縛，出入諸家，旁徵博引，自成一家。在治學的領域上，可看出他已突破經傳的範圍，擴大於歷代諸子的整理，並以此爲經注之法。其例有：

人長短，妄是非正法，此吾所大惡也，寧死不願聞子孫有此行也。……』」見范曄：《後漢書》（臺北：鼎文書局，1980年1月）卷24，〈馬援列傳十四〉，頁844。

（一）援引歷代諸子著作解經

例如《論語・里仁・遠遊》章：「子曰：『父母在，不遠游，游必有方。』」《四書遇》云：

> 王孫賈母曰：「汝朝出而晚來，吾倚門而望汝；暮出而不還，吾倚閭而望」自是母子至情。夫子之言，只是此意。（頁 127）

這裡引《戰國策・齊策六》王孫賈之母對其子所說的話來彰明「母子至情。夫子之言，只是此意。」可說非常貼切。從整部《四書遇》來看，張岱所援引的子部著作範圍非常廣，包括春秋戰國時代的著作如《老子》、《莊子》、《荀子》、《管子》、《淮南子》等等到歷代的《法言》、《孔子家語》、《資治通鑑》、《二程集》、《朱子語類》等等〔註41〕，從這裡也可看出張岱治學也受晚明學者「好奇、炫博」風氣的影響。

（二）援引當代學者之言論或著作解經

因為張岱編著《四書遇》的動機之一就是為仿《四書集注》、《四書大全》而輯錄明代學者（特別是陽明學者）的《四書》學見解，因此在書中自然就大量援引輯錄晚明學者的《四書》學說，如王陽明、王龍溪、李卓吾、楊起元、管志道、周海門……等人之見。〔註42〕如：《中庸・時中》章：「仲尼曰：『君子中庸，小人反中庸。君子之中庸也，君子而時中；小人之反中庸也，小人而無忌憚也。』」《四書遇》云：

> 馮具區曰：「小人之中庸」，小人自以為「中庸」也。其「無忌憚」處，正是認「無忌憚」為「時中」耳。此小人不是小可，正是隱怪一流人。
>
> 顧涇陽曰：王荊公只是一個不小心，遂成一個「無忌憚」。後來見諸事術，適為自專自用者藉兵而齎糧，不特禍宋而已。
>
> 楊復所曰：此嚴學脈之辨也。「中庸」二字，夫子已為異端先下針砭矣。「反中庸者」，如夷狄之亂華，庶民之不軌，臣子之無將，俱命曰「反」。
>
> 張侗初曰：堯舜授受，一「中」而已。中不離日用，故曰「庸」；「中」不可執着，故曰「時」。此仲尼於「中」字下一注腳也，是謂祖述堯舜。
>
> 佛老總不識「中庸」二字，惟仲尼識得，故子思、明道獨揭仲尼曰：「君子中庸。」（頁 24）

這裡就連續援引馮具區、顧涇陽、楊復所、張侗初等人詮釋「中庸」之言。張岱所引當代學者之《四書》言論或著作之情形有些現存，如李卓吾的《四書評》；有些則

〔註41〕詳見本論文第五章〈四書遇的內容特色〉第三節〈蘊含博學傾向〉。
〔註42〕同前註。

已不見於文獻典籍，有賴《四書遇》才得以保存，如《四書遇》中常徵引到的徐禎卿〔註43〕對《四書》學的見解。

五、以文集解經

前人文集的徵引，也是《四書遇》中常出現的例子。張岱常徵引前賢的文集可與聖人的經典相通處，加以詮釋發揮，如《論語・學而・威重》章：「子曰：『君子不重則不威；學則不固；主忠信，無友不如己者；過則勿憚改。』」《四書遇》云：

> 柳子厚云：立身一敗，萬事彷裂。「不重」須如此看，方有關係。若在威儀上講，世豈無衣冠堯禹，而行同桀跖者哉！明眼人莫按比葦瞞過。
> （頁209）

此引自柳宗元《柳河東集・寄許京兆孟容書》〔註44〕之言來詮解「君子不重則不威」的意涵。又如《論語・憲問・石門》章：「子路宿於石門。晨門曰：『奚自？』子路曰：『自孔氏。』曰：『是知其不可而爲之者與？』」《四書遇》云：

> 不知不可爲而爲之，愚人也；知其不可爲而不爲，賢人也；知其不可爲而爲之，聖人也。諸葛武侯曰：「即不伐賊，漢亦必忘〔註45〕。與其坐而待亡。不如伐之。」此處真有挽回造化手段。晨門一語，亦是聖人知己。
> （頁303）

此處論「聖人」、「賢人」、「愚人」的區別甚有見地，後引諸葛亮《後出師表》一文〔註46〕來詮釋孔子「知其不可而爲之」精神的可貴，甚能詮釋孔子那種踽踽獨行的苦心孤詣。在歷代文集的引用上，《四書遇》中引用次數最多當屬蘇東坡的言論，由

〔註43〕徐禎卿乃「吳中四才子」之一。據《明史》：「徐禎卿，字昌谷，吳縣人。資穎特，家不蓄一書，而無所不通。自爲諸生，已工詩歌，與裡人唐寅善，寅言之沈周、楊循吉，由是知名。舉弘治十八年進士。孝宗遣中使問禎卿與華亭陸深名，深遂得館選，而禎卿以貌寢不與。授大理左寺副，坐失囚，貶國子博士。禎卿少與祝允明、唐寅、文徵明齊名，號“吳中四才子”。其爲詩，喜白居易、劉禹錫。既登第，與李夢陽、何景明游，悔其少作，改而趨漢、魏、盛唐，然故習猶在，夢陽譏其守而未化。卒，年二十有三。禎卿體癯神清，詩熔鍊精警，爲吳中詩人之冠，年雖不永，名滿士林。」見〔清〕張廷玉：《明史》（臺北：鼎文書局，1980年1月）第10冊，卷286，〈列傳174・文苑二〉，頁7350～7351。

〔註44〕《柳河東集・寄許京兆孟容書》：「立身一敗，萬事瓦裂；身殘家破，爲世大僇，復何敢更望大君子撫慰收恤。」見柳宗元：《柳河東集》（臺北：台灣商務印書館，1968年9月）卷30，頁81。

〔註45〕此字《後出師表》原文爲「亡」，此處「忘」字誤。不知是張岱手誤或者點校本排印時所誤。

〔註46〕《後出師表》原文爲：「然不伐賊，王業亦亡，惟坐待亡，孰與伐之？」比較張岱所引之文，可看出張岱在援引資料時不甚嚴謹。

張岱的詩文集與《四書遇》自序、《石匱書》自序來看，蘇東坡殆為張岱所敬仰與學習的前賢無疑。

六、以佛、道解經

由於張岱本身就是佛教居士〔註47〕，又受到時代學術風氣「三教合一」說的薰習，在其著作中自然就引用佛、道之語，與經義相發明。如詞彙的引用在《四書遇》中是時常出現的。如：「得月忘指」、「地獄不空，誓不成佛」、「邊見」、「積業深重」等等佛教用語的出現。又如《孟子‧盡心下‧寡欲》章：「孟子曰：『養心莫善於寡欲。其為人也寡欲，雖有不存焉者，寡矣；其為人也多欲，雖有存焉者，寡矣。』」《四書遇》云：

> 「養心」在「盡心」下一等工夫。道曰：「不見可欲，使心不亂。」
>
> 釋曰：「心如牆壁，可以入道。」即此寡欲養心之旨。（頁574）

這裡並引佛道兩家的說法來詮釋儒家「寡欲養心」的意旨。又如《論語‧為政‧不器》章「子曰：『君子不器。』」則直引「老子曰：『樸散則為器，聖人用之，則為官長，故大制不割』」〔註48〕來注。又如《孟子‧離婁下‧赤子》章：「孟子曰：『大人者，不失其赤子之心者也。』」《四書遇》云：

> 赤子與孩提不同，赤子纔離胞胎以其身赤，故曰赤子。孩提知愛知敬，已落知能。赤子渾沌初剖，塊然純樸，無知無能，一天命之性，老子謂「如嬰兒之未孩者」是也。故赤子是未發，孩提是已發。（頁466）

這裡引用《老子》的話來詮釋「赤子」之意，並以之區別赤子與孩提之異在於「赤子是未發，孩提是已發」。這種雜引佛、道之言來詮釋儒家經典的著作，除了張岱的《四書遇》外，其他晚明學者的《四書》學著作大都也有此種風氣。〔註49〕

七、以文解經

張岱的文學風格活潑空靈，任何文體在他筆下都獲得充分的解放，甚至他的《自為墓誌銘》也不拘一格，生趣益然。同樣的，他以文章角度來詮釋賞析經文，對於文字、文句，慧眼獨具。其中包括對經文章旨的掌握、字義的品評、文氣的詮釋、文章的賞析等等，皆有所詮釋。茲敘述於下：

〔註47〕如〈自為墓誌銘〉云：「學仙學佛、學農學圃俱不成」、《陶庵夢憶序》：「遙思往事，憶即書之，持向佛前，一一懺悔」。詳見本論文第二章第二節〈張岱與佛學因緣〉。
〔註48〕見張岱：《四書遇》，頁90。
〔註49〕關於《四書遇》與佛道二教之關係，詳見本論文第七章第三節〈四書遇所呈現三教合流的樣貌〉。

（一）品評文字

評點之學，在當時是一種風氣。許多新《四書》學的著作亦喜歡用「點睛」、「眼」、「眼評」等爲書名。意謂藉由作者的慧眼，指出其精要關鍵之處，而掌握住經文整體境界，整體精神之意，正所謂「畫龍點睛」之意。這種透過關鍵文字的點出，使全篇精神昭然若揭的詮釋法在《四書遇》中，可說是不勝枚舉。如《大學‧盤銘》章：「湯之盤銘曰：『苟日新，日日新，又日新。』《康誥》曰：『作新民。』《詩》云：『周雖舊邦，其命維新。』是故君子無所不用其極。」《四書遇》云：

> 今人看日新，如數今日、明日、後日，於「苟」字不着精神，下文幾
> 成贅語。語氣猶云：「倘不日新則已，苟日新，必須日日新，又日新。」
> 下二語正完得箇「日新」。「苟」字綫索纏提得起。（頁6）

這裡張岱藉由「苟」字的語氣強調，使人對經文的理解，有耳目一新之感，確實有達到「畫龍點睛」的效果。張岱這種詮釋法可說是通貫全篇，比比皆是。如「『躬』字甚妙」〔註50〕。「看一『憤』字眞有龍雷震動之象」〔註51〕「《論語》中『之』字、「斯」字、『是』字最當著眼，如『是知也』，『是丘也』，俱急切指認。」〔註52〕張岱不愧爲散文大家，其對字義的掌握與解說非常精確，常常令人讚賞，如《中庸‧尚絅》章：「《詩》曰：『衣錦尚絅』，惡其文之著也。故君子之道，闇然而日章；小人之道，的然而日亡。君子之道，淡而不厭，簡而文，溫而理。知遠之近，知風之自，知微之顯，可與入德矣。」《四書遇》云：

> 「風」字，如時作風化，風尚、風教、風聲、風氣、風會等語。皆風
> 之中乎物而成聲成變者。「風」當從其體，不當論其至。如颺風知怒，和
> 風知喜，淒風知哀；又如鼻中息，緩急粗細，便知心氣橐籥處。（頁65）

這裡對「風」字體用的論述，可說是非常精闢。又如《論語‧八佾‧舞佾》章：「孔子謂季氏：『八佾舞於庭，是可忍也，孰不可忍也。』」《四書遇》云：「『忍』之一字，原是英雄大作用處。用得光明正大，便是伊尹之放太甲，霍光之廢昌邑；用得曖昧不明，便是王莽、曹瞞一流。」〔註53〕這裡對「忍」字的理解也有其獨特性。由這些注文來看，張岱對文字的涵養，可說是別有會心，其品評非常精當，由此可看出其識見之精與功夫之細。

（二）詮釋語氣

〔註50〕見張岱：《四書遇》，頁128
〔註51〕見張岱：《四書遇》，頁179。
〔註52〕見張岱：《四書遇》，頁92。
〔註53〕見張岱：《四書遇》，頁98。

張岱除對經文的字義重視外，對經文的語氣詮釋亦加重視。如《論語‧八佾‧媚奧》章：「王孫賈問曰：『與其媚於奧，寧媚於竈，何謂也？』子曰：『不然，獲罪於天，無所禱也。』」，《四書遇》云：

> 「何謂也」，語氣矜誇；「不然」語氣嚴毅。問答神情全在此處。「獲
> 罪」二句，不過找足「不然」二字語意耳。（頁 105）

又如《論語‧里仁‧喜懼》章：「子曰：『父母之年，不可不知也。一則以喜，一則以懼。』」《四書遇》云：

> 兩「一則」是哀腸縈迴，及時愛敬即在其中，不得徑說憂懼。（頁 128）

這種藉由文章語氣的提出，使得當時人物的神情就如電影影像中的對白一樣，襯托出劇中人物的樣貌，充滿著臨場感，聖人的精神就靈活的呈現於讀者之前。

（三）綜論章旨

張岱由於反對零星破碎式的詮釋經典方式，因此《四書遇》除了對文字的品評、語氣的詮釋外，亦強調對整章整句的掌握。如《大學‧絜矩》章，《四書遇》云：

> 故「生之者眾」四句，全是以人生財。平天下章理財用人，處處分說。
> 此四句是合說。所以平天下一章當重財用。（頁 16）

又《中庸‧經綸》章，《四書遇》云：

> 嘗論此節與首章相反，首章「性」、「道」、「教」順，從天說到人；此
> 節「經綸」「立本」、「化育」，逆，從人說到天。此中庸之極功也。（頁 63）

這樣藉由詮釋者對整章或整部經文的論述，可幫助讀者在閱讀時有提綱挈領的效果；另一方面也顯示出張岱對經文的嫻熟程度。

（四）詮釋文法

《四書遇》注文有時直接就將經文當文章一般評賞。如《論語‧子罕‧一簣》章：「子曰：『譬如為山，未成一簣，止，吾止也。譬如平地，雖覆一簣，進，吾往也。』」《四書遇》云：

> 譬如為山，若先說進，後說止，便是強弩之末無轉勢。惟先說止，隨
> 後說進，衰而復起，絕而復生，有無限鼓舞人意思在。（頁 218）

通過張岱以文學的角度詮釋經書的方式，儒家經典的文學性頓時彰顯出來，套用前人的話說，儒家經典通過散文大家張岱的品評，可謂「六經皆文」了。

八、以小說、俗諺解經

明朝時，對於小說的觀念改變，如李卓吾、袁宏道、馮夢龍、凌濛初等人皆能

了解小說與民生的關係，認同其文學價值與社會價值。所以在明朝時，群眾文學興起，白話小說特別發達，又由於印刷術的發達，白話小說相當的普及，其閱讀人口也相當眾多。因此詮釋《四書》時，張岱有時也以通俗小說、筆記小說或當時的俗諺、俗語詮釋經文，使得經典通俗化，拉近經典與民眾的距離，增顯讀者閱讀時的趣味性，這對經典的傳佈有一定的功效。

（一）引小說詮釋經文

在明朝《三國演義》、《水滸傳》可說是最膾炙人口的小說，其情節為眾人所熟知，在《四書遇》中，張岱亦藉由小說中的人物與情節來詮釋經典的義理，如：

> 讀《三國演義》，恨得董卓、曹操。凡事類董卓、曹操者，我一件斷然不為，則董卓、曹操便是我師。〔註54〕

> 子見南子，妙在子路一怒，則聖賢循禮蹈義家風，神氣倍振。如讀《水滸傳》黑旋風斫倒杏黃旗，則梁山忠義，倍覺肅然。〔註55〕

這裡拿《三國演義》中的曹操、董卓的事跡解《論語・述而・三人》章：「三人行必有我師焉」與拿《水滸傳》中黑旋風李逵的忠義解《論語・雍也・南子》章「子見南子，子路不悅」的精神，可說是別出新裁，令人會心一笑，聖人的言行頓時活靈活現起來。除了情節與人物外，注文有時就如說書人的語氣一般要「看官著眼」〔註56〕，讀起來相當的活潑，不會枯燥乏味。

（二）引俗諺詮釋經文

除了小說的情節外，《四書遇》中也常出現俗諺、俚語解經的情形。如：

> 諺曰：「養子方知父母恩。」只說父母之心，孝子逆子都通身汗下。〔註57〕

> 諺曰「讀書至老，一問便倒。」其亦所謂井不泉而鐘不聲者與！〔註58〕

從上述歸納八項《四書遇》的詮釋方式來看，張岱詮釋經典的方式與內容已完全擺脫明初以來呆版的解經方式，自由活潑彰顯了帶有個人色彩的經學作品。張岱這種詮釋方式是與當時學術風氣相呼應的。從這裡也可以看出張岱在治學的領域上，已能突破儒家的經傳範圍，而擴大於先秦諸子、歷代史書的範圍，乃至引用佛、道二家的觀點、前人文集、語錄以為其詮釋經典的方法。尤其張岱的文學風格活潑空靈，任何文體在他筆下都獲得充分的解放，甚至以文學的解度品評經書不拘一格，

〔註54〕見張岱：《四書遇》，頁181。
〔註55〕見張岱：《四書遇》，頁166。
〔註56〕見張岱：《四書遇》，頁215。
〔註57〕見張岱：《四書遇》，頁85。
〔註58〕見張岱：《四書遇》，頁89。

顯得生趣盎然。確實做到《四書遇‧自序》中所提倡的與《四書》「相悅以解，直欲以全副精神注之」而「邂逅相遇，遂成莫逆」的要求，自成一家。

　　總而言之，這種活潑的詮釋方式，反映在《四書》學上的面貌，主要的還是形式的解放與內容的多樣性，呈現出與明初以來迥異的《四書》學樣貌。誠如朱宏達先生所言：「張岱以散文家大手筆，把儒家經典語。諸子百家語和禪宗機鋒語陶冶在一起，說得娓娓動聽，文采斐然，這是枯燥乏味的高頭講章和酸腐味極重的理學者作不能比擬的。」〔註59〕張岱詮釋《四書》既具有時代印記，又具有鮮明的個性特徵，全書所展現的「解放精神」與自由解釋的學風在晚明《四書》學史上，確有其代表性的意義。

〔註59〕見張岱：《四書遇》前言，頁7。

第四章　張岱《四書遇》的義理內涵

　　《四書遇》是張岱通過對經書的熟讀精思與生命體悟來加以詮釋的。他反對傳統的訓詁形式與內容，在《自序》中他說：「六經四子，自有註腳而十去其五六矣，自有詮解而去其八九矣。故先輩有言，六經有解不如無解。完完全全幾句好白文，卻被訓詁講章說得零星破碎，豈不重可惜哉！」因此張岱採用如禪宗語錄一般的語錄體，隨時隨地逐條將他「精思靜悟，鑽研已久」的心得用來詮釋《四書》義理，因而詮釋內容呈現了吉光片羽式的風格，缺少義理結構完整的連貫論述。所以在研究張岱對《四書》的見解時，只能從他一條條的讀經心得中輯錄出，加以整理歸納，才能貫串其對《四書》的體悟。

第一節　大人之學在明明德

　　《大學》原為《禮記》之第四十二篇，千餘年中，未見學者特加注意。直到唐代韓愈在〈原道〉一文中引「古之欲明明德于天下者，先治其國……欲正其心者，先誠其意。」一段以為堯舜禹湯文武周公孔子之道，蓋在於是。自此《大學》始被看重。下及北宋初年，《大學》雖已單行，而司馬溫公亦有《大學廣義》一卷行世（其書現已失傳），但真正表彰《大學》的，還是自二程子開始。南宋朱子出，乃列《大學》為《四書》首卷，並總述二程之說曰：「大學、孔氏之遺書，而初學入德之門也。於今可見古人為學次第者，獨賴此篇之存，而論孟次之。學者必由是而學焉，則庶乎其不差矣。」自此以後《大學》遂成學者學而時習之書。

　　歷來學者詮釋《大學》時，首重「三綱八目」的探究。因此本節擬以《大學》「三綱領」、「格物致知」、「修齊治平」等三個角度來探析張岱對《大學》一書的見解。

一、本乎心，原於天，包乎四海，上下明德也

　　依朱子之意，《大學》的宗旨，是教人「窮理正心、修己治人」的品德教育，為道統之所在，昌隆於三代，而有後世所不及的政治治績與善良風俗。朱子在《大學章句》序說：

　　　　大學之書，古之大學所以教人之法也。……三代之隆，其法寖備，然後王宮、國都以及閭巷，莫不有學。人生八歲，則自王公以下，至於庶人之子弟，皆入小學，而教之以灑掃、應對、進退之節，禮樂、射御、書數之文；及其十有五年，則自天子之元子、眾子，以至公、卿、大夫、元士之適子，與凡民之俊秀，皆入大學，而教之以窮理、正心、修己、治人之道。此又學校之教、大小之節所以分也。〔註1〕

　　因此朱子解釋「大學」一義為「大學者，大人之學也。」其目的為「無不有以知其性分之所固有，職分之所當為，而各俛焉以盡其力。」〔註2〕因此對《大學》首章「大學之道，在明明德，在親民，在止於至善」一段，朱子是以「明德、親民皆當止于至善之地而不遷」，將「明明德」「親民」、「止于至善」立為「三綱領」，並視為是學者「內聖外王」的三個階段次第。他說：「大抵《大學》一篇之指，總而言之，不出乎八事，而八事之要，總而言之，又不出乎此三者，此愚所以斷然以為《大學》之綱領而無疑也。」〔註3〕朱子「三綱領」的說法，即牽涉到對《大學》內涵的見解，與其主張的功夫進程有關。朱子對「三綱領」的詮釋，就是對《大學》總體精神的把握，至於所謂的「八條目」，不過是「三綱領」的具體推衍而已。〔註4〕陽明則以為所謂「大人」之涵義不是年齡的增長而是：

　　　　大人者，以天地萬物為一體者也，其視天下猶一家，中國猶一人焉。
　　　　若夫間形骸而分爾我者，小人矣。大人之能以天地萬物為一體也，非意之也，其心之仁本若是，其與天地萬物而為一也。〔註5〕

而《大學》的目的則為：

　　　　故夫為大人之學者，亦惟去其私慾之蔽，以自明其明德，復其天地萬

〔註1〕見朱熹：《四書集注》，頁1。

〔註2〕同上註。

〔註3〕見朱熹：《四書或問》（上海：上海古籍出版社，2001年12月）卷1，頁5。

〔註4〕朱子在許多場合都把「八條目」歸屬於「明明德」與「新民」兩事，如《四書或問》：「格物、致知、誠意、正心、修身者，明明德之事也；齊家、治國、平天下者，新民之事也。」見朱熹：《四書或問》，卷1，頁7。

〔註5〕見王陽明：《王陽明傳習錄及大學問》〈大學問〉，頁187。

物一體之本然而已耳，非能於本體之外而有所增益之也。〔註6〕

因此對「三綱領」的看法，陽明以爲：

> 至善者，明德親民之極則也。天命之性，粹然至善。其靈昭不昧者，
> 此其至善之發見，是乃明德之本體，而即所謂良知者也。至善之發見，是
> 而是焉，非而非焉，固吾心天然自有之則，而不容有所擬議加損於其間也。
> 有所擬議加損於其間，則是私意小智，而非至善之謂矣。〔註7〕

又說：

> 明明德者，立其天地萬物一體之體也。親民者，達其天地萬物一體之
> 用也。故明明德必在於親民，而親民乃所以明其明德也。〔註8〕

陽明以爲「明德」、「親民」是一件事，他說：「明德、親民，一也。古之人明明德以親其民，親民所以明其明德也。是故明明德，體也；親民，用也。而止至善，其要矣。」因此認爲朱子「三綱領」的說法是「不知明德親民之本爲一事，而認以爲兩事。」〔註9〕陽明對「三綱領」的說法，對晚明學者具有影響力。即如佛教界的蕅益智旭亦贊同陽明的看法而說：

> 親民、止至善，只是明明德之極致，恐人不了，一一拈出，不可說爲
> 三綱領也。〔註10〕

因此張岱在詮釋《大學‧聖經》章時，對「三綱領」並沒有特別發揮，只說：

> 陶文僖在經筵講《大學》，謂明明德如磨鑑，不虞昏，新民如澣衣，不
> 虞污；止至善如赴家，不虞遠。是在於性眞未鑿時，擴充善端而已。〔註11〕

又云：

> 《康誥》直指其體，《伊訓》更推其原，《帝典》則極言其量之大。蓋
> 本乎心，原於天，包乎四表，上下明德也，而新民至善已寓矣。〔註12〕

張岱以爲「大學之道」即是「在於性眞未鑿時，擴充善端而已。」而「明德、親民、止至善」三者的關係，只可說是「明德」之擴充而已，不可認爲是三綱領，講「明德」則親民、止至善已包含在其中了。如此的見解跟陽明可說是如出一轍。

〔註6〕同上註，頁188。
〔註7〕同上註，頁188。
〔註8〕同上註，頁188。
〔註9〕同上註，頁190。
〔註10〕見張岱：《四書遇》，頁8。
〔註11〕見張岱：《四書遇》，頁1。
〔註12〕見張岱：《四書遇》，頁5。

二、格物即格心

宋明理學可說是究心性，踐道德，成聖賢的德行之學。諸儒在道德的本源問題上，大致有所認同。然對於道德修養的操持功夫上，則有見仁見智之論，因而有所謂「尊德性」與「道問學」之分，其中的關鍵則是對「格物致知」的詮釋。朱子建構《四書》體系，以為《大學》義理為《四書》之樞紐，而《大學》義理之展演則以「格物」為中心，因此「格物」可說是《四書》義理之所在。然歷來對「格物」之意涵，人言言殊，如鄭玄注：「格，來也；物猶事也。」僅作文義訓詁而已。李翱在〈復性書〉中，承此發揮：「物者萬物也，格者來也，至也。物至之時，其心昭昭然明辨焉，而不應於物者，是致知也，是知之至也。」〔註13〕分別主客，對於宋儒有莫大啟發。此後，司馬光《傳家集》〈致知在格物論〉云：「格猶扞也，禦也，能扞禦外物，然後能知至道矣。」〔註14〕「物」成為必須克制抵禦的存在。

至於二程對「格物」則有更大的發揮，既揭櫫「格物窮理」之說，又強調「積習」、「貫通」，最終可達「物我一理，才明彼，即曉此，合內外之道也。」〔註15〕於是「物」由內而及外成為人生於世，必須窮究的對象。

朱子融匯了北宋諸儒的意見，對格物窮理增益了更嚴密的理論與方法，在《大學章句》中，朱子以為：「致，推極也；知，猶識也。推極吾之知識，欲其所知無不盡也。格，至也；物，猶事也。窮至事物之理，欲其極處，無不到也。」〔註16〕又說：「物格者，物理之極處，無不到也。知至者，吾心所知無不盡也。」〔註17〕此外，朱子復補傳一章，作為傳之五章，以釋「格物致知」之義，其文曰：

> 所謂致知在格物者，言欲致吾之知，在即物而窮其理也。蓋人心之靈莫不有知，而天下之物莫不有理，惟於理有未窮，故其知有不盡也。是以大學始教，必使學者即凡天下之物，莫不因其已知之理而益窮之，以求至乎其極。至於用力之久，而一旦豁然貫通焉，則眾物之表裏精粗無不到，而吾心之全體大用無不明矣。此謂物格，此謂知之至也。〔註18〕

〔註13〕李翱：《李文公文集》（臺北：臺灣商務印書館，1986 年 3 月，影印文淵閣《四庫全書》第一〇七八冊）卷 2〈復性書中〉，頁 109。

〔註14〕司馬光：《傳家集》（臺北：臺灣商務印書館，1986 年 3 月，影印文淵閣《四庫全書》第一〇九四冊）卷 65，頁 603。

〔註15〕見《二程遺書》（臺北：臺灣商務印書館，1986 年 3 月，影印文淵閣《四庫全書》第六九八冊）卷 18，頁 154。

〔註16〕見朱熹：《四書集注》，頁 4。

〔註17〕同上註。

〔註18〕同上註，頁 6～7。

由此可知，朱子「格物致知」主要的意義，「就是本著心的靈明知覺，剋就實際生命活動中所感應的事事物物來反省體驗，以澄清道德觀念，建立是非判斷，爲善避惡，踐性成德。」〔註19〕朱子的「格物」說與「格物致知」補傳也被歷來學者認爲是具有強烈知識論的取向。〔註20〕於是朱子「即物窮理」的「格物」說成爲儒學義理核心，隨著朱子學的流行，朱子的「格物」說也引領著當代儒者涵養踐履聖學的功夫指針，影響甚大。然而針對朱子「即物窮理」的「格物」功夫，陽明卻有如是的批評：

> 朱子所謂格物云者，在即物而窮其理也；即物窮理是就事事物物上求其所謂定理者也，是以吾心而求理於事事物物之中，析心與理爲二矣。夫求理於事事物物者，如求孝之理於其親之謂也，求孝之理於其親，則孝之理其果在於吾心邪？抑果在於親之身邪？假而果在於親之身，則親沒之後，吾心遂無孝之理歟？見孺子之入井，必有惻隱之理；是惻隱之理果在於孺子之身歟？抑在於吾心之良知歟？其或不可以從之於井歟？其或可以手而援之歟？是皆所謂理也。是果在於孺子之身歟？抑果出於吾心之良知歟？以是例之，萬事萬物之理莫不皆然，是可以知析心與理爲二之非矣。夫析心與理而爲二，此告子「義外」之說，孟子之所深闢也。〔註21〕

陽明認爲朱子對「格物」的解釋最大的毛病在於分「心與理」爲二，這樣的解釋就如告子「義外」的說法一般，是不符儒家「仁義內在」的主張，因此朱子的「格物」說有支、虛、妄三個缺失。〔註22〕陽明以爲：

> 「致知」云者，非若後儒所謂充廣其知識之謂也，致吾心之良知焉耳。良知者，孟子所謂『是非之心，人皆有之』者也。是非之心，不待慮而知，不待學而能，是故謂之良知，是乃天命之性，吾心之本體，自然靈昭明覺者也。凡意念之發，吾心之良知無有不自知者。其善歟，惟吾心之良知自知之；其不善歟，亦惟吾心之良知自知之，是皆無所與於他人者也。〔註23〕

《大學》所說「致知」的「知」，陽明以爲是指「良知」而非「知識」，「致知」並不

〔註19〕見曾春海：〈朱子德性修養論中的格物致知教〉，《儒家哲學論集》（台北，文津出版社，1989年5月），頁219。

〔註20〕如牟宗三：《心體與性體》（臺北：正中書局，1968年）第三冊，頁367；陳來：《朱子學研究》（上海：華東師範大學出版社，2000年），頁287～296；范壽康：《朱子及其哲學》（北京：中華書局，1983年），頁119～120。

〔註21〕見王陽明：《傳習錄》卷中·〈答顧東橋書〉，頁89。

〔註22〕詳見本論文第六章第一節，有關陽明對《大學》改本的看法。

〔註23〕見王陽明：《王陽明傳習錄及大學問》〈大學問〉，頁190。

是對外在知識的追求。他認爲「格物致知」的涵義應爲：

> 若鄙人所謂致知格物者，致吾心之良知於事事物物也。吾心之良知，
> 即所謂天理也；致吾心良知之天理於事事物物，則事事物物皆得其理矣。
> 致吾心之良知者，致知也；事事物物皆得其理者，格物也，是合心與理而
> 爲一者也。〔註24〕

陽明以爲將自己的「良知」推致出去，使良知成爲處理好一切事情的客觀標準和精
神動力，從而達到「心」與「理」合一的境界。當主體之良知外化到客體時，就是
要求把所有的事情做好，對得起自己的天理良心，這才是「致知格物」。因此陽明把
「格物」的「格」解釋爲孟子所說的「大人格君心之非」的「格」，作「正」講；把
「物」解釋爲「事」，「格物」即「正事」，也就是使自己所作的每一件事都正確，或
使不正確的歸於正確之意。他說：

> 物者，事也，凡意之所發必有其事，意所在之事謂之物。格者，正也，
> 正其不正以歸於正之謂也。正其不正者，去惡之謂也；歸於正者，爲善之
> 謂也，夫是之謂格。《書》言『格於上下』，『格於文祖』，『格其非心』，格
> 物之格實兼其義也。良知所知之善，雖誠欲好之矣，苟不即其意之所在之
> 物而實有以爲之，則是物有未格，而好之之意猶爲未誠也。良知所知之惡，
> 雖誠欲惡之矣，苟不即其意之所在之物而實有以去之，則是物有未格，而
> 惡之之意猶爲未誠也。今焉於其良知所知之善者，即其意之所在之物而實
> 爲之，無有乎不盡；於其良知所知之惡者，即其意之所在之物而實去之，
> 無有乎不盡，然後物無不格，而吾良知之所知者無有虧缺障蔽，而得以極
> 其至矣。〔註25〕

陽明以爲，理在心中，不在於物，所以「格物」乃是「正其不正以歸於正」。「格物」
的功夫即是「致良知」即是「戒愼恐懼」，他說：

> 必欲此心純乎天理，而無一毫人欲之私，此作聖之功也；必欲此心純
> 乎天理，而無一毫人欲之私，非防於未萌之先而克於方萌之際不能也。防
> 於未萌之先而克於方萌之際，此正《中庸》「戒愼恐懼」、《大學》「致知格
> 物」之功，捨此之外，無別功矣。〔註26〕

陽明以爲「格物致知」就如《中庸》裡的「戒愼恐懼」一樣，當私慾的念頭欲起未
起時，加以「省察克制」一番，不使之障蔽了吾人的良知良能，達到「此心純乎天

〔註24〕見王陽明：《傳習錄》卷中·〈答顧東橋書〉，頁89。
〔註25〕見王陽明：《王陽明傳習錄及大學問》，頁191。
〔註26〕見王陽明：《傳習錄》卷中·〈答陸原靜書〉，頁122。

理，而無一毫人欲之私」的聖人境界。那麼人倫日用之間，皆是此「良知」的自然發用，一切言行都合乎聖人的準則。可知陽明的「格物致知」是陽明學的功夫論，是成聖成賢的不二法門。《明儒學案》即謂：「自姚江指點出『良知人人現在，一反觀而自得』，便人人有個作聖之路。故無姚江，則古來之學脉絕矣。」〔註27〕又謂：

> 先生憫宋儒之後學者，以知識爲知，謂「人心之所有者不過明覺，而理爲天地萬物之所公共，故必窮盡天地萬物之理，然後吾心之明覺與之渾合而無間」。說是無內外，其實全靠外來聞見以填補其靈明者也。先生以聖人之學，心學也。心即理也，故於致知格物之訓，不得不言「致吾心良知之天理於事事物物，則事事物物皆得其理。」夫以知識爲知，則輕浮而不實，故必以力行爲功夫。良知感應神速無有等待，本心之明即知，不欺本心之明即行也，不得不言「知行合一」。〔註28〕

接著陽明弟子王艮，承襲了師說，以爲「格」有量度之意，他說：「格物之物即物有本末之物，『其本亂而末治者否矣，其所厚者薄，而其所薄者厚，未之有也。』此格物也。故即繼之曰『此謂知本，此謂知之至也。』不用增一字解釋，本意自足。」〔註29〕此說既出，影響頗廣。

《大學》「格物」之解，關係著儒家功夫的釐清，歷代學者推陳出新，究其精微，其詮釋之不同，關乎儒學之走向，亦反映了各個時代的學術風貌。從張岱對「格物致知」的詮釋，可知直承陽明學說，尤其是王艮的說法而來。他對「格物」之「格」詮釋爲「正」的意思，《四書遇》引陸景鄴的話說：

> 陸景鄴曰：「格」如格子之「格」，原是方方正正，無些子不到。（頁2）

又曰：

> 故絜矩者，不難在絜，難在矩。須要星星不差，寸寸不忒，是一條准尺，方纔絜得。「絜矩」「矩」字，與經文「格物」「格」字正相照應。持一准矩，便是物物之格式也。（頁15）

這裡張岱即以「量度」之意，來解「格物」之「格」與「絜矩」之「矩」字。

他又認爲「格物」即是「致知」，「物格」與「知至」是同一件事，《四書遇》說：

> 細玩經文及傳，此「物」字分明與上「物有本末」照應，恪，是恪個本耳，故傳曰：「此謂知本」，「此謂知之至也」。傳分明以「知本」當「格物」，而宋儒以爲闕文，得無多此一補傳乎？「物格」，「知至」，是一件事，

〔註27〕見黃宗羲：《明儒學案》卷10，〈姚江學案〉，頁197。
〔註28〕同前註，頁181～182。
〔註29〕見王艮：《王心齋全集》（臺北：廣文書局，1987年3月）卷3，「語錄下」，頁1。

故獨曰「在」。(頁 3)

顯然的張岱也以「知」爲「良知」的意思,而「格物」即是「格心」,格這個良知之本罷了。他這個說法即承上引王艮之說而來。其對朱子「格物致知」的說法,則有如是的批評:

> 徐子卿曰:非謂本亂而末決不治,厚薄而薄決不厚。零說可以,頓說可以,粗說可以,精說,吾心也是一物,若格得吾心了了,此外有何物?究竟起來,瓦礫屎溺,孰非神理?古人聞驢擊竹,悉證妙悟,豈得於此更生隔閡?但患認朱子意差,眞個於物上尋討,饒君徧識博解,胸中只得一部《爾雅》,有白首而不得入古人之學,爲可悲耳。要非可以病朱子也。(頁 2)

張岱以爲「吾心也是一物,若格得吾心了了,此外有何物?」若誤認朱子格物之學,而心不能明,最多只能成爲一位博學的學者,而對聖賢之學則是不得其門而入。他認爲欲「誠意」則應先「致知」,《四書遇》云:

> 董日鑄曰:「誠意」之功,非難非易。看得太易,恐認情識作本體,是梟愛子;看得太難,恐袪情識尋本體,是提燈覓火。此皆有志於「誠意」而卒失之。所以先之以「致知」。知徹之後,如淘沙得寶,粒粒成眞,且有不誠而不可得者矣。

> 「格物」二字,先儒於此,幾成聚訟。朱子「今日格一物,明日格一物」,也只是對初學人立下手工夫。其實可以也那末處。任治,原不中用。薄處任厚,只是厚不得耳。《呂覽》《月令》曾無秕政,山公吏部,何憂失人。究竟濟事不濟事?(頁 4)

又說:

> 格物是零星說,致知是頓段說。

> 格物十事,格得九事通透,一事未通透,不妨;一事只格得九分,一分不通透,不可。須窮盡到十分處。(頁 2)

而對於「致知」,他認爲:

> 「知之爲知之,不知爲不知,」息息不昧,千古長存。禪家謂之孤明,吾儒指爲獨體。既不倚靠聞見,亦不假借思維。當下即照,更無轉念,故曰「是知。」《論語》中「之」字、「斯」字、「是」字,最當著眼,如「是知也」,「是丘也」,俱急切指認。一是不可當下埋沒了這點眞靈明;一是不可當前蹉過了這箇眞面目。(頁 92)

張岱對「格物致知」的詮釋是透過自身的實踐體悟而來,他引朱子的話說:「格物是

夢覺關,誠意是人鬼關,過得此二關,上面工夫,一節易如一節了。至治國平天下,地步愈闊,但須從移步換影之處,劈肌分理,非寂寞苦空人,誰能解得?」〔註30〕

三、聖人用財不爲財用

張岱對修身齊家,並沒有特別的闡釋,而對治國、平天下,則特別重視理財,他認爲:「《大學》自誠意時,便提出好惡二字,到得平天下,只是個好民好惡民惡而已。中間正心、修身、齊家、治國,皆以好惡發之,徹頭徹尾無顯無微總此一事。」〔註31〕,那麼「民好民惡」是什麼呢?他說:「盡天下老少長幼好惡之情,只此財用。憑他孩提稍長,與之錢則欣然而喜;奪之則啼。」〔註32〕所以他認爲上位者的施政措施要重視理財,而《大學》「平天下一章當重財用」。這種論點,在《四書遇》中時常出現,如說:

> 劉端甫云:末非粗也。語云「其末立見」,微茫縹緲,太空針芥,渾漠端穎,出於德而已入纖微。世間說「末」的東西,都是少他不得的,如樹上自少枝葉不得,只是萬紫千紅總來是「末」耳。《大學》言財者,末也。試看天下國家,那一刻少得財用?便知「末」字之義。(頁67)

> 聖人用財,要使財皆得用。若與之不當,辭之不當,把財置之無用之地矣,豈不可惜!知一介之不與,則知天下之可禪;知萬鍾之可受,則知一介之不取。聖人能用財而不爲財用,此是大手段。(頁152)

而君主之理財政策首在用人,《四書遇》云:

> 唐以殘破之天下,用劉晏而富;宋以全盛之天下,用王安石而貧,何也?劉晏之術兼於用人;安石之術,專於生財也。故「生之者眾」四句,全是以人生財。(頁16)

他以歷史的事實教訓,提出唐、宋兩朝貧富之關鍵在於用人是否得當。用人得當如劉晏一流,則知「以人生財」;用不得當如王安石一流,但知生財,不知用人。張岱於此將此章的「絜矩之道」轉換爲經世濟民、用人理財的學問,其觀念乃承李卓吾而來。《四書遇》除了詮釋的方式與精神受到《四書評》影響外,在詮釋的觀點與內容上亦頗受《四書評》的影響。《大學·絜矩》章,《四書評》言:

> 第一截統言當「絜矩」也。然「絜矩」全在理財。故「先慎乎德」六節,言理財也。然理財又在用人,故《楚書》曰」七節,言用人也。末

〔註30〕見張岱:《四書遇》,頁3。
〔註31〕見張岱:《四書遇》,頁17。
〔註32〕同上註。

後五節，總把用人、理財合說一番。字字精神，句句警策，最爲吃緊，最爲詳明。眞正學問，眞正經濟，內聖外王，具備此書。豈若後世讀者，高談性命，清論玄微，把天下百姓痛癢置之不問，反以說及理財爲濁耶！嘗論不言理財者，決不能平治天下。何也？民以食爲天，從古聖帝明王無不留心於此者。故知《大學》一書，平天下之底本也。有志者，豈可視爲舉業筌蹄而已耶！〔註33〕

《四書評》提出「絜矩」要從「理財」開始。要能理財必先能「用人」，把用人、理財放在一起論述。並指出這才是「眞正學問，眞正經濟」，「內聖外王」的學問。針對此點，佐野公治即指出：

《四書評》不將「絜矩」置於倫理道德的範疇中，而是當作一個政治上的方法策略的重點來理解。……《四書評》將格物窮理從觀念形而上學的範疇中解放出來，換言之，是從性理學的論議中脫身而出，而將視點轉置於形而下的經世濟民，認爲這才是學問的立足點。〔註34〕

對照李卓吾在《道古錄》中的說法：

子但知《平天下章》又說用人，又說理財，不知爲政在人，取人以身，用人亦以修身爲本也。生財有道，則財恆足，理財亦不外修身大道也。試歷言之，可乎？夫不察雞豚，不畜牛羊，不畜聚斂，唯知好仁好義，以與民同其好惡，而府庫自充矣。則名曰理財，實公財耳；名曰生財，實散財耳。如此，理財乃所以修身者，何曾添出事耶？……名曰用人，實不敢自用耳；名曰取人，實好人之所好耳。如此，用人亦所以修身者，又何曾添出事耶？故曰「壹是皆以修身爲本」也。〔註35〕

在李卓吾看來「理財亦不外修身大道也」，能與民同好同惡，而府庫自然充盈，名曰理財，實公財耳。在他看來善於用人、理財正是「壹是皆以修身爲本」的眞意，將《大學》說成是一部「經世濟民平天下之底本」的學問。

除了繼承李卓吾對《大學》用人理財的重視外，張岱進一步認爲「財是天地生氣」，特別提出錢財貴在流通的看法，《四書遇》云：

財是天地生氣，積之左藏，則成死貨矣。文、景紅朽之藏，定出漢武；德宗瓊林之聚，定有朱泚。漢武是富家敗子，朱泚是刻剝盜賊。蓋生氣堆

〔註33〕見李贄：《四書評》，頁10。
〔註34〕見佐野公治：《四書學史之研究》，頁277。
〔註35〕李贄：《道古錄》，《李贄文集》（北京：社會科學文獻出版社，2000年），第7卷，第五章，頁353。

垛不過，自尋活路走耳。臣子窺竊，人主竟不察，自家巧取多積何用？愚哉！（頁16）

其實他這裡的流通就是用之於民的意思。我們反觀張岱當時的政治環境，明朝處於危急存亡之秋，而崇禎皇帝仍不知用人理財，張岱在《石匱書後集》〈烈皇帝本紀〉中評論道：

> 古來亡國之君不一：有以酒亡者，有以色亡者，以暴虐亡者，以奢侈亡者，以窮兵黷武亡者。嗟我先帝，焦心求治，旰食宵衣，恭儉辛勤，萬幾無曠，即比之中興令主，無以過之。乃竟以焦符劇賊，遂至殞身。凡我士民，思及甲申三月之變，未有不痛心嘔血，思與我先帝同時死之者爲愈也。蓋我先帝惟務節省，布衣蔬食，下同監門，遂以宮中內帑視爲千年不必可拔之基，祖宗所貽，不可分毫取用。致使九邊軍士，數年無餉，數年無衣，其何以羈縻天下矣？……先帝起信邸，知民間疾苦，不肯輕用一錢，故省製造，省燕會，省驛遞，使天下無所不節省。而日貸之勳臣，日貸之戚畹，日貸之內璫，天下視之，眞謂帑藏如洗矣。而逆闖破城，內帑所出，不知幾千百萬，而先帝何苦日事居積，日事節省，日事加派，日事借貸，京師一失，無不盡出以資盜糧，豈不重可惜哉！故爲天下求一撥亂反正之主，必如秦皇、漢武之倜儻輕財，方克有濟。〔註36〕

他指出崇禎一朝滅亡的原因在「先帝惟務節省」，「不肯輕用一錢」、「日事居積，日事節省」，「致使九邊軍士，數年無餉，數年無衣，」加以官方無止境的剝削，才引起了流賊的內憂，和清人的寇邊。〔註37〕而張岱對於崇禎皇帝的用人，亦有一段分析，他說：「先帝焦於求治，刻於理財，渴如用人，驟如行法，以致十七年之天下，三翻四覆，夕改朝更，耳目之前，覺有一翻改革，向後思之，訖無一用。不亦枉覺此十七年之精勵哉！即如用人一節，黑白屢變，捷如弈棋，求之老成而不得，則用新進；求之科目而不得，則用薦舉；求之民俊而不得，則用宗室；求之資格而不得，則用特簡；求之文科而不得，則用武舉；求之詞林而不得，則用外任；求之朝廷而不得，則用山林；求之荐紳而不得，則用婦寺。愈出愈奇，愈趨愈下。」〔註38〕因此對《大學》「平天下」理財用人的詮釋，可說是對當時崇禎皇帝「刻於理財，渴如

〔註36〕見張岱：《石匱書後集》，頁58～59。

〔註37〕張岱〈丙子歲大疫，祁世培施藥救濟，記之〉一詩即說：「民間敲剝成瘡痍，神氣大洩元氣疲，遼東一破成潰痛，強螫流毒勢更兇。」見張岱著·夏咸淳校點：《張岱詩文集》〈張子詩牠〉卷3，頁47。

〔註38〕見張岱：《石匱書後集》卷1，〈烈皇帝本紀〉，頁59。

用人」的反省。他認為財不能堆積，必須取之於民，用之於民。此即《大學》所說的「財聚則民散，財散則民聚」。而用人的法度，則須採用如劉晏一流之人，才能知道「兼於用人」之術，如此則能「生之者眾，食之者寡，爲之者疾，用之者舒」而「財恆足矣」。

第二節　行到恰好處即是中庸

《中庸》原是《禮記》的第三十一篇，宋儒爲了對抗佛學，特別推出《中庸》一書以爲因應，朱子並取以配《大學》、《論語》和《孟子》合稱《四書》，並認爲「此篇乃孔門傳授心法」〔註39〕，而用理學的觀點重新詮釋《中庸》，建立其學說並以之爲傳播理學之媒介。元朝以後由於朱子《四書集注》成爲科舉出題的欽定用書，於是變成了士子必讀的一部書。宋儒對《中庸》的詮釋，藉著《四書集注》的通行，而深深影響宋明以來的儒者。這種情形到了陽明學說提出以後才有所改變。《中庸》一書的思想核心主要在於「中庸」一義，而歷來學者對「中庸」一義的詮釋方向，則會影響整部《中庸》的內涵與面貌。另外「中庸」的修養關鍵，即在「誠」之一字，因此本節則以「中庸」與「誠」兩個角度的詮釋意涵，來探究張岱對《中庸》的見解。從整理歸納《四書遇》的詮釋文字來看，張岱對「中庸」的見解包含了討論「中庸」的意義、「誠」的意義、「戒愼恐懼」的修養功夫、「時中」的意義等幾個項目，茲分述如下。

一、「中」不離日用，不可執著

「中庸」兩字，按照《中庸》裡引證孔子的話來看，〔註40〕只是無過與不及的意思。這意思雖然簡單，卻是具有很深刻的意涵。因而引起後儒的人言言殊。依照鄭玄的看法，這部書所以命名爲《中庸》是：

　　名曰中庸者，以其記中和之用也；庸，用也。〔註41〕

〔註39〕朱子曰：「此篇乃孔門傳授心法，子思恐其久而差也，故筆之於書，以授孟子。其書始言一理，中散爲萬事，末復合爲一理，『放之則彌六合，卷之則退藏於密』，其味無窮，皆實學也。善讀者玩索而有得焉，則終身用之，有不能盡者矣。」見朱熹：《四書集注》，頁17。

〔註40〕子曰：「道之不行也，我知之矣，知者過之，愚者不及也；道之不明也，我知之矣，賢者過之，不肖者不及也。人莫不飲食也，鮮能知味也。」

〔註41〕鄭玄注，孔穎達疏：《禮記注疏》（臺北：藝文印書館，1965年，《十三經注疏》本第5冊）卷52，《中庸》第31，頁879。

鄭玄在此以「中」爲「中和」,「庸」爲「用」的意思,也就是說《中庸》一書所記,乃敘述吾人日常的「中和之用」之種種。而到了宋朝時,程頤則另以爲:「不偏之謂中,不易之謂庸。中者,天下之正道;庸者,天下之定理」〔註42〕從程頤的說明可知,他認爲「中」的本義應是「不偏」,「庸」的意思爲「不易」,「中庸」即爲「不偏不易」的「道理」。朱子遵循程頤的說法,進一步詮釋爲:「中者,不偏不倚,無過不及之名。庸,平常也。」〔註43〕。程朱對「中庸」一詞之詮釋,主導著元明以來《中庸》之面貌。到了陽明以後情形才有改觀。陽明對「中」之詮釋:「未發之中,即良知也,無前後內外,而渾然一體者也。」〔註44〕又曰:「『中和』便是復其性之本體。」〔註45〕而:「體用一源,有是體,即有是用。有未發之中,即有發而皆中節之和。」〔註46〕可見陽明以「良知」之本體來詮釋「中」,而有「中」自有用。因此可看出他把「庸」字詮釋爲「用」,所謂「中庸」在陽明看來即爲吾人良知在日常處世之運用。他進一步闡釋說:

> 曰:「澄於『中』字之義尚未明。」曰:「此須自心體認出來,非言語所能喻。中只是天理。」曰:「何者爲天理?」曰:「去得人欲,便識天理。」曰:「天理何以謂之中?」曰:「無所偏倚。」曰:「無所偏倚,是何等氣象?」曰:「如明鏡然,全體瑩徹,略無纖塵染著。」曰:「偏倚是有所染著。如著在好色好利好名等項上,方見得偏倚。若未發時,美色名利皆未相看。何以便知其有所偏倚?」曰:「雖未相著,然平日好色好利好名之心,原未嘗無;既未嘗無,即謂之有;既謂之有,則亦不可謂無偏倚。譬之病瘧之人,雖有時不發,而病根原不曾除,則亦不得謂之無病之人矣。須是平日好色好利好名等項一應私心,掃除蕩滌,無復纖毫留滯,而此心全體廓然,純是天理,方可謂之『喜怒哀樂未發之中』,方是『天下之大本』。」〔註47〕

對於「中庸」一義之意義界定,近來學者頗多探討,今人陳滿銘先生就以爲:「中庸一詞的意義,顯以鄭玄所釋『中和之爲用』『中用』〈用中〉爲最正確明白,無疑地,它無論在中庸二字的習慣用法或《中庸》一書的主要內容,甚至《禮記》名篇的慣例上來說,都要比程朱之說來的合理多了」〔註48〕而《中庸》一書所要傳達的理念

〔註42〕見朱熹:《四書集注》,頁17。

〔註43〕同上註。

〔註44〕見王陽明:《傳習錄》卷中·〈答陸原靜書〉,頁118。

〔註45〕見王陽明:《傳習錄》卷上·〈薛侃錄〉,頁78。

〔註46〕見王陽明:《傳習錄》卷上·〈陸澄錄〉,頁34。

〔註47〕見王陽明:《傳習錄》卷上·〈陸澄錄〉,頁47~48。

〔註48〕見陳滿銘:《中庸思想研究》(臺北:文津出版社,1989年4月),第一章〈中庸的

則爲：「人如果能透過修學的努力，發揮這個屬於中的性體之應有功能，以待人接物，則必然能有效地從源頭上來約束其喜怒哀樂之情，使之『發而皆中節』，而臻於和的境界。這樣，以『仁』而言，既足以收到『成己』的效果，而以『知』來說，亦足以達至『成物』之目標。中和是如此之重要，也就無怪中庸的作者在用喜怒哀樂之發與未發處說中說和後，要緊拉著先承『天命之謂性』說『中也者天下之大本也』再承『率性之謂道』說『和也者天下之達道也』，然後就『修道之謂教』的終極目標說『致中和，天地位焉，萬物育焉』了。這種以中和而合天人爲一的思想，可說是《中庸》一書的綱領所在，所以中庸的作者特在『一篇體要』的首章結尾處，以中和貫穿天人來解釋『中』是有其特殊意義的。」〔註49〕上述陳先生對《中庸》一書的解說可說相當的扼要精闢，且最能拿來闡釋陽明對「中庸」的見解。在《四書遇》中，張岱開宗明義的以爲「《中庸》原是禮書」〔註50〕，「中、和」即是指「禮、樂」之意：

> 《中庸》一書原是《禮記》，此「中」字即禮也，此「和字」，即樂也，不可不知。最妙是從喜怒哀樂說起。人以喜怒哀樂之未發與發爲一人之「獨」耳。不知乃「中」也，乃「和」也，乃「大本」也，乃「達道」也，非「莫見乎隱」，「莫顯乎微」也哉？〔註51〕

張岱認爲「中」、「和」即是「禮」、「樂」、「獨」即「大本」、「達道」皆指人之「本心」而言，然「本心」並沒有固定形象，所以是「莫見乎隱」，「莫顯乎微」。並引張侗初之言曰：

> 堯舜授受，一「中」而已。中不離日用，故曰「庸」；「中」不可執着，故曰「時」。此仲尼於「中」字下一注脚也，是謂祖述堯舜。〔註52〕

「『中』不可執著，故曰『時』」的意思是張岱以爲，「本心」未顯現時稱「中」，落實於人倫日用時才稱「庸」，然「本心」並不是一個實體，不可執著，他會隨著外在因緣，合宜的、適當的應用於日常生活，無過與不及，此即「道體無方」〔註53〕、「君子不器」的意思。因此他批評程朱把「中」看成是本體，《四書遇》云：

> 程門微旨云：未發謂「中」，只是一個本體。既是未發，那裏有個怎麼？只可謂之「中」，不可提一個「中」來爲「中」。（頁22）

名義〉，頁34。
〔註49〕見陳滿銘：《中庸思想研究》，第一章〈中庸的名義〉，頁27。
〔註50〕見張岱：《四書遇》，頁41。
〔註51〕見張岱：《四書遇》，頁22。
〔註52〕見張岱：《四書遇》，頁25。
〔註53〕見張岱：《四書遇》，頁124。

由此可見「中庸」的涵義，張岱以爲即「用中」，換句話說，即「良知」在日常的應用。而這個「中」之本體概念即是堯舜之道。而中庸的重要：「依中庸，如孩提之依父母。舍中庸，別無安身立命處。」〔註54〕從張岱對「中庸」的詮釋，可知他是承襲陽明而加以引申發揮的。

二、至誠與天地同體

《中庸》一書當中，「誠」的觀念，一直被認爲是《中庸》「天人合一」之道的最重要觀念。今人吳怡先生以爲：「這個誠字可以貫通整個中庸思想的精神。沒有這個誠字的建立，中庸雖重要，却微而不顯。孔子雖讚美中庸，而一般人却把握不住。所以中庸的畫龍點睛之筆，就在於揭出一個誠字，把儒家的整套思想，融成了一體。」〔註55〕陳來先生則認爲：「在《中庸》的哲學體系中有「誠」與「思誠」兩個範疇。「誠」表示一種狀態和性質，如果把「誠」本體化，誠就變爲宇宙間一種普遍的德行。思誠則是功夫，是使人的意識改變爲誠的完全的狀態的方法。」〔註56〕從二位先生之言，不難看出「誠」的內涵，對「中庸」詮釋的重要。對於「誠」的概念，陽明以爲：「『誠』是心之本體，求復其本體，便是思誠的工夫。」〔註57〕張岱以爲「誠」的意義爲「無思、無爲」，《四書遇》云：

> 《論語》無「誠」字，《中庸》始言之。周子曰：「誠無思，誠無爲。」
> 此解「誠」字之妙旨也。別解皆非。（頁49）

張岱認爲「誠」的意思就是「無思、無爲」。而從他詮釋《中庸·盡性》章：「唯天下至誠爲能盡其性。能盡其性，則能盡人之性；能盡人之性，則能盡物之性；能盡物之性，則可以贊天地之化育；可以贊天地之化育，則可以與天地參與。」這一節來看，此「無思、無爲」指的就是「性體」，《四書遇》云：

> 張侗初曰：何謂「至」？「無聲無臭，至也。」何謂「盡」？天地萬物爲一體，盡也。誠即性也。誠至而性渾然全矣，有何不盡？盡性即是盡人性、盡物性也。譬如和合諸香，爇一塵，具足眾氣；沐浴大海，掬微滴，用匝百川。無不有，乃無際之虛空。無不照，乃無塵之淨境。此盡性之義也。
>
> 性生天、生地，故可以贊天地之化育。天地萬物依我性而立，我性不

〔註54〕見張岱：《四書遇》，頁34。
〔註55〕吳怡：《中庸誠的哲學》（臺北：東大圖書公司，1976年2月），第三章，〈誠字在中庸裡的地位〉，頁48。
〔註56〕見陳來：《有無之境——王陽明哲學的精神》，頁76。
〔註57〕見王陽明：《傳習錄》卷上·〈薛侃錄〉，頁73。

依天地萬物而立，故與天地萬物並立而爲三。人須要識得個誠體性體。無假之謂誠。有此誠，故性用不淪於空寂。無礙之謂性。有此性，故誠境不滯於思爲。（頁50）

這裡他說「誠即性也」、「誠體」即「性體」，可以生天生地，參贊天地之化育，天地萬物皆依此「誠體性體」而存在。而且「誠」就如「空」一般，沒有形象，又無所不在，《四書遇》云：

袁七澤曰：「誠」之在物，如空在諸相中，春在花木裏，博之無形，覓之無跡。人謂其無，而不知實有者，皆仗「誠」力。無「誠」，無物矣。譬如無空，安能發揮諸相？非春，安能生育萬物。（頁54）

張岱認爲作爲人之本體的「誠」爲各種德性之源，隨著體用不同，又有「仁」、「知」之名稱，《四書遇》云：

「誠」，如人一身然。何謂「仁」？一身之血脈元氣也。何謂「知」？一處痛癢，滿身皆知，血脈元氣之覺處也。「仁」「知」俱「誠」之別名。（頁54）

且「誠」落實於人倫日用之間，表現出來的則是有「忠恕」的美德。《四書遇》云：

曾子一生得力止一「誠」字。「忠恕」是「誠」的表德。格豚魚，貫金石，只有「誠」字擔當得起。（頁124）

總的來說，張岱以爲「誠」就是「性體」，它「無思無爲」無有相狀就如「空」一般，卻是天地萬物的根本。可見其論「誠」實本於陽明之說而來，其義等同於「良知」以及「中庸」之「中」。

三、千古聖學惟有小心而已

那麼「中庸」與「誠」既是本體，那麼如何求復本體呢？如何思誠、致中呢？吾人從《中庸》經文首章：

天命之謂性，率性之謂道，修道之謂教。道也者，不可須臾離也。可離，非道也。是故君子戒愼乎其所不睹，恐懼乎其所不聞。莫見乎隱，莫顯乎微。故君子愼其獨也。喜怒哀樂之未發謂之中，發而皆中節謂之和。中也者，天下之大本也；和也者，天下之達道也。致中和，天地位焉，萬物育焉。

就可得知吾人欲行「中庸之道」的關鍵功夫就在於「戒愼乎其所不睹，恐懼乎其所不聞」的「戒愼恐懼」功夫。針對此點陽明即說：

必欲此心純乎天理，而無一毫人欲之私，此作聖之功也；必欲此心純

乎天理，而無一毫人欲之私，非防於未萌之先而克於方萌之際不能也。防
於未萌之先而克於方萌之際，此正《中庸》「戒愼恐懼」、《大學》「致知格
物」之功，捨此之外，無別功矣。〔註58〕

陽明認爲「戒愼恐懼」的功夫即是「防於未萌之先而克於方萌之際」，用白話一點講，
就是說，平常就要保持警覺之心，不要讓私欲的念頭有生起的機會，要是私欲的念
頭正要生起來時，要馬上果敢的去除掉，這也是《大學》「致知格物」的功夫。陽明
以下這一段話，最能表示他所說「戒愼恐懼」的功夫歷程，他說：

一日論爲學工夫。先生曰：「教人爲學不可執一偏。初學時心猿意馬，
拴縛不定。其所思慮多是人欲一邊。故且教之靜坐息思慮。久之，俟其心
意稍定。只懸空靜守，如槁木死灰，亦無用。須教他省察克治。省察克治
之功，則無時而可間。如去盜賊，須有箇掃除廓清之意。無事時，將好色
好貨好名等私，逐一追究搜尋出來。定要拔去病根，永不復起，方始爲快。
常如貓之捕鼠，一眼看著，一耳聽著，纔有一念萌動，即與克去。斬釘截
鐵，不可姑容與他方便，不可窩藏，不可放他出路，方是眞實用功，方能
掃除廓清。到得無私可克，自有端拱時在。雖曰「何思何慮」，非初學時
事。初學必須思省察克治。即是思誠。只思一箇天理。到得天理純全，便
是何思何慮矣。」〔註59〕

陽明以爲學人初學時，由於心念未定，容易心猿意馬，使得念頭奔馳纏繞於名利慾
望等事，所以主張先修習靜坐，執心不動，來止息思慮的躁動，不再容易受外境的
誘惑與干擾。等到靜坐功夫純熟，定性現前時，接下來的功夫則是要時時的對內心
「省察克治」一番，無有間斷。所謂「省察」是指平常靜坐時，要將內心好色好貨
好名等私慾之念逐一追究搜尋出來，不可姑容、不可窩藏；而「克治」則是要將這
些所省察出來的私慾之念，加以克除，拔去病根，永不復起。如此的眞實用功，直
到私慾之念掃除廓清，無私念可以克除以後，則自能達到此心純是天理，無思無慮
的狀態。換句話說，就是良知的朗然澈現。這整個時時對內心「省察克治」的過程
即稱爲「思誠」，即是「戒愼恐懼」的功夫進路。所以陽明才說「戒愼恐懼，是致良
知的功夫」〔註60〕，而這「戒愼恐懼」的功夫則必須透過個人親身實踐，方能親切
有得，《傳習錄》云：

劉觀時問：「未發之中是如何？」先生曰：「汝但戒愼不覩，恐懼不聞，

〔註58〕見王陽明：《傳習錄》卷中·〈答陸原靜書〉，頁122。
〔註59〕見王陽明：《傳習錄》卷上·〈陸澄錄〉，頁30～31。
〔註60〕見王陽明：《傳習錄》卷下·〈黃以方錄〉，頁230。

養得此心純是天理，便自然見。」觀時請略示氣象。先生曰：「啞子喫苦
瓜，與你說不得。你要知此苦，還須你自喫。」時曰仁在傍曰：「如此才
是『眞知即是行』矣。」一時在座諸友皆有省。〔註61〕

「戒愼恐懼」既是思誠致中的方法，那麼吾人要如何在日常生活中落實呢？針對此
點，張岱首先指出吾人言行不能符合「中庸」的緣故在於「精神放肆」，他引黃貞父
的話說：

> 君子之道無有餘不足，故曰中庸。有餘不足，皆病也。此病只是精神
> 放肆，故曰「不敢不勉」，「不敢盡」。「不敢」二字最妙，即下「顧」字精
> 神，即首章「戒愼」、「恐懼」。有此心神常攝，方是脩道君子。（頁37）

張岱認爲「戒愼恐懼」的意思是要吾人能「心神常攝」，如此才堪稱爲是「脩道君子」。
這種「心神常攝」的態度他亦稱「憂危謹愼」之心，而貫穿於他對《四書》功夫論
的詮釋，如解《論語·學而·近義》章：「有子曰：『信近於義，言可復也。恭近於
禮，遠恥辱也。因不失其親，亦可宗也。』」時，《四書遇》云：

> 「義」「禮」曰「近」，「言」曰「可復」，「恥辱」曰「遠」，「親」曰
> 「不失」，「宗」曰「亦可」，未嘗實下一字，總見君子一片憂危謹愼之心。
> （頁77）

又《中庸·天命》章：「天命之謂性，率性之謂道，修道之謂教。道也者，不可須臾
離也。可離，非道也。是故君子戒愼乎其所不睹，恐懼乎其所不聞。莫見乎隱，莫顯
乎微。故君子愼其獨也。喜怒哀樂之未發謂之中，發而皆中節謂之和。中也者，天下
之大本也；和也者，天下之達道也。致中和，天地位焉，萬物育焉。」《四書遇》云：

> 楊復所曰：「忌」字即「戒愼」二字，「憚」字即「恐懼」二字。「無
> 忌憚」者，無「戒愼」「恐懼」之心也。大抵異端只爲大胆誤了事。千古
> 聖學，惟有小心而已。（頁23）

從上面所引諸條注文中，張岱及陽明後學對「戒愼恐懼」的詮釋，即是依著陽明「常
如貓之捕鼠，一眼看著，一耳聽著。纔有一念萌動，即與克去」的說法，解釋爲「心
神常攝」、「憂危謹愼」之意。能如此力行而「無一毫我私參入其中」則能成就「至
誠之道」，《四書遇》云：

> 顧涇陽曰：……無一毫我私參入其中，便自眼清，此即所云「至誠之
> 道」也。（頁52）

那麼依照張岱的看法，如何「戒愼恐懼」呢？同樣在詮釋《中庸·天命》章時，《四

〔註61〕見王陽明：《傳習錄》卷上·〈薛侃錄〉，頁76。

書遇》云：

> 辛復元曰：「戒懼」是靜中主敬，「愼獨」是方動研幾。靜中主敬，私
> 欲無端而起；方動研幾，私欲無得而滋。（頁22）

這裡他引辛復元的說法，以爲「戒愼恐懼」就是在靜坐中主要的要求重點在「敬」
的精神，這個「敬」的意思就如上文他所說的「心神常攝」、「憂危謹愼」之意。此
外更提出了「愼獨」的講求，即是在日常生活行動時，要注意念頭的升起，是否有
私慾的念頭呢？學人動靜若皆能如此用功，那麼私欲之念就不會無端而起，無得而
滋了。同樣在此章，《四書遇》又云：

> 艾千子曰：……「愼獨」是「戒懼」後再加提醒。譬如防盜，「戒懼」
> 是平時保甲法，「愼獨」是關津緊要處搜盤法。將「愼獨」逕作「戒懼」
> 者，亦非。（頁21）

由張岱對「戒懼」與「愼獨」的析論，可見他對這個問題的重視與深入。

　　張岱以及其所援引陽明後學之意，大抵認爲「戒愼恐懼」是平時用功要領，屬
於基本功法。而「愼獨」則功夫更深細，偏於日常行動中的功夫要領。然而值得注
意的是，這種分「戒懼」與「愼獨」功夫爲二的說法，顯已逐漸偏離陽明的教法。
在《傳習錄·薛侃錄》記載：

> 正之問：「戒懼是己所不知時工夫，愼獨是己所獨知時工夫。此說如
> 何？」先生曰：「只是一箇工夫。無事時固是獨知，有事時亦是獨知。人
> 若不知於此獨知之地用力，只在人所共知處用功，便是作僞，便是「見君
> 子而後厭然。」此獨知處便是誠的萌芽。此處不論善念惡念，更無虛假。
> 一是百是，一錯百錯。正是王霸義利誠僞善惡界頭。於此一立立定，便是
> 端本澄源，便是立誠。古人許多誠身的工夫。精神命脈，全體只在此處。
> 眞是莫見莫顯，無時無處，無終無始。只是此箇工夫。今若又分戒懼爲己
> 所不知。即工夫便支離，亦有間斷。既戒懼，即是知。己若不知，是誰戒
> 懼？如此見解，便要流入斷滅禪定。」曰：「不論善念惡念，更無虛假。
> 則獨知之地，更無無念時邪？」曰：「戒懼亦是念。戒懼之念，無時可息。
> 若戒懼之心稍有不存，不是昏瞶，便已流入惡念。自朝至暮，自少至老，
> 若要無念，即是己不知。此除是昏睡，除是槁木死灰。」〔註62〕

又《傳習錄·黃以方錄》：

> 以方問曰：「先生之說『格物』，凡《中庸》之『愼獨』及『集義』、『博

〔註62〕見王陽明：《傳習錄》卷上·〈薛侃錄〉，頁72。

約」等說，皆爲『格物』之事？」先生曰：「非也，『格物』即『愼獨』，
即『戒懼』；至於『集義』、『博約』工夫只一般，不是以那數件都做『格
物』底事。」〔註63〕

由上兩則引文來看，陽明以爲「『格物』即『愼獨』，即『戒懼』」，「只是一箇工夫」，
若分「戒懼」與「愼獨」爲二，那麼「工夫便支離，亦有間斷」了。

　　張岱認爲經由「戒懼」與「愼獨」的省察克治後，吾人只要率良知本性而出，
就能「致中和」，就是「合道」了，《四書遇》云：

　　　　董日鑄曰：率性而出，則爲「中」「和」，倚於氣稟，則爲南北，須從
　　　　心體入微處辨別。（頁32）

又說：

　　　　陸景鄴曰：道，率吾性之自然，不由推致，忠恕，用比擬之功力，剖
　　　　破藩籬。明是兩層，故不即謂之曰「道」，而曰「違道不遠」。（頁37）

這裡他指出「率性」不能用「推致」、「比擬」之功，他進一步解釋說：

　　　　羅文恭云：落思想者，不思，即無；落存守者，不存，即無。欲得此
　　　　理炯然，隨用具足，不由思得，不自存來，此中必有一竅生生，奫然不類，
　　　　《易》無思無爲也。「中」不可思議，「和」不可作爲。不思而得，可以想
　　　　「中」；不勉而中，可以想「和」。致中者，着想不得；致和者，着力不得。
　　　　（頁47）

又云：

　　　　「中庸不可能」，即中庸其至之意，難得恰好，故曰「不可能」。「均」、
　　　　「辭」、「蹈」到恰好處，即是中庸。

　　　　王觀濤曰：「中庸不可能」，言難爲力，非言絕德也。只是稍增一分便
　　　　太過，稍減一分便不及，難得恰好。

　　　　楊復所曰：道之不行由不明，道之不明由不行。明當以舜爲法，行當
　　　　以回爲法矣。然亦不可以氣力安排，聰明湊合，故曰「中庸不可能也。」
　　　　亦惟「致中和」而已，故論「強」復說到「中」「和」。此數章之血脈也。
　　　　（頁30）

又《論語・雍也・中庸》章：「子曰：「中庸之爲德也，其至矣乎！民鮮久矣。」《四
書遇》云：

　　　　至者，無聲無臭之謂。人以思勉求之，故鮮久矣。《中庸》多一「能」

字，殊失夫子之旨。（頁 167）

這裡張岱指出「致中者，着想不得；致和者，着力不得」、「不可以氣力安排，聰明湊合」、「人以思勉求之，故鮮久矣」等功夫體驗即是繼承陽明之說而發揮。能如此則能「在心爲中和，在天地萬物曰位育。位育原是致中和光景。」〔註64〕

四、時仁則仁、時義則義

《中庸・時中》章：「仲尼曰：『君子中庸，小人反中庸。君子之中庸也，君子而時中；小人之反中庸也，小人而無忌憚也。』」這裡指出君子與小人的差別在於一者「時中」，一者「無忌憚」，因此「時中」即成爲是否具有「中庸」之德的關鍵。「時中」與「無忌憚」也成爲相對相反的概念。那麼攸關是否具足「中庸」之德的「時中」是什麼涵義呢？朱子詮釋《中庸・時中》章時說：

> 君子之所以爲中庸者，以其有君子之德，而又能隨時以處中也。小人之所以反中庸者，以其有小人之心，而又無所忌憚也。蓋中無定體，隨時而在，是乃平常之理也。君子知其在我，故能戒謹不睹、恐懼不聞，而無時不中。小人不知有此，則肆欲妄行，而無所忌憚矣。〔註65〕

朱子認爲「時中」的意思是「隨時以處中」、「無時不中」的意思。依此文意，「時」被訓解成「時間」的意思。朱子認爲「此心」如果肆欲妄行，則會變成無所忌憚的小人，因此吾人要時時戒慎恐懼、「隨時以處中」，如此就能成就君子的「中庸」之德了。依照朱子這樣對「時中」的闡釋，「時中」義兼具功夫義了。另外，從《王陽明全集》中檢索，陽明對「時中」特定一辭並沒有詮釋，而下面這一則言論可看成是陽明對「時中」一義的闡釋：

> 問：「孟子言『執中無權猶執一』。」先生曰：「中只有天理，只是《易》，隨時變易，如何執得？須是因時制宜，難預先定一箇規矩在。如後世儒者要將道理一一說得無罅漏，立定箇格式，此正是『執一』。」〔註66〕

陽明以爲「天理」是沒有固定規矩格式可言，它能「隨時變易」、「因時制宜」。所以說「時中」的「時」是形容詞，它表述「中」具有「權」的功能狀態，這種對「時」的闡發，明顯與朱子之說相異。在《四書遇》中，張岱以及陽明後學對「時中」、「時」的觀念即承陽明之說而發。首先張岱詮釋此章時，認爲「不執著」就是「時」的涵義，《四書遇》云：

〔註64〕見張岱：《四書遇》，頁 22。
〔註65〕見朱熹：《四書集注》，頁 19。
〔註66〕見王陽明：《傳習錄》卷上・〈陸澄錄〉，頁 37。

　　張侗初曰：堯舜授受，一「中」而已。中不離日用，故曰「庸」；「中」
不可執着，故曰「時」。此仲尼於「中」字下一注腳也，是謂祖述堯舜。（頁
25）

張岱以為孔子對「中」特性的注解就是「時」的意思，就是「不執著」之意，即是
指此心「善於應變、因時制宜」的特性而言。用孔子的話來說就是「無可無不可」
〔註67〕、「毋意，毋必，毋固，毋我」〔註68〕而用張岱自己的話來說就是：「既是未
發，那裏有個怎麼？只可謂之『中』，不可提一個『中』來為『中』。」〔註69〕由於
「中」有「不執著」的特質，因此發用時，能隨事應變，舉措自然合於時宜。所以
在詮釋《中庸・自成》章：「誠者，自成也；而道自道也。誠者，物之終始，不誠無
物，是故君子誠之為貴。誠者非成己而已也，所以成物也。成己，仁也；成物，知
也。性之德也，合外內之道也，故時措之宜也。」時，他即引張侗初的話說：

　　同一天命之性，所以成物盡變處，乃是成己完滿處，故曰「時措之宜」。
時者，德性中成物妙用也。〔註70〕

這裡「天命之性，所以成物盡變處」就是「時中」效用的注腳。因為君子能「時中」，
如此才能「成物盡變」、「成己圓滿」，而有「成己成物」的仁智妙用與「時措之宜」
的行為展現。因為「本心」中自然有「時」的妙用（時者，德性中成物妙用也），只
要不執著，本心就能有盡變成物的功能。針對「時中」的效用，在《中庸・至聖》
章：「唯天下至聖為能聰明睿知，足以有臨也；寬裕溫柔，足以有容也；發強剛毅，
足以有執也；齊莊中正，足以有敬也；文理密察，足以有別也。溥博淵泉，而時出
之。溥博如天，淵泉如淵。見而民莫不敬，言而民莫不信，行而民莫不說。是以聲
名洋溢乎中國，施及蠻貊。舟車所至，人力所通，天之所覆，地之所載，日月所照，
霜露所隊，凡有血氣者，莫不尊親。故曰配天。」他進一步闡釋說：

　　張侗初曰：元氣雖含藏，故四時必備。聖性雖深靜，故五德俱全。當
春而春，當秋而秋，藏極而發也。時仁則仁，時義則義，靜極而生也。所
謂未發之中，其中也時，故曰「時出」，蓋從淵泉發根也。〔註71〕

〔註67〕見《論語・微子・逸民》章：「逸民：伯夷、叔齊、虞仲、夷逸、朱張、柳下惠、少
　　　　連。子曰：『不降其志，不辱其身，伯夷、叔齊與！』謂柳下惠、少連，『降志辱身
　　　　矣，言中倫，行中慮，其斯而已矣。』謂虞仲、夷逸，『隱居放言，身中清，廢中權。』
　　　　我則異於是，無可無不可。」。
〔註68〕見《論語・子罕・絕四》章：「子絕四：毋意，毋必，毋固，毋我。」
〔註69〕見張岱：《四書遇》，頁22。
〔註70〕見張岱：《四書遇》，頁54。
〔註71〕見張岱：《四書遇》，頁62。

由於本心「五德俱全」，具足一切德行、智慧、作用，因此遇到外界環境的變異時，本心自然能有合宜適當的作爲（當春而春，當秋而秋，時仁則仁，時義則義）。「其中也時」就是指良知的能變、善變性而言。顯然就心的已發角度來看，張岱是以「時宜」來解「時」，而「時中」乃是就行爲實踐的效果而言，非關功夫。君子能行「中庸」之道，自然會有「時中」的顯現與效果。

不能行「中庸」之道，舉措難免不能合於時宜，如詮釋《論語‧公冶長‧二思》章：「季文子三思而後行。子聞之，曰：『再，斯可矣。』」時，他就說：「合魯事講，見聖人寓意之大處。蓋爲諸葛恪自當十思，爲季文子自不當三思。恪以輕躁自敗，季以優柔取弱，皆緣不識國勢時宜也。」〔註72〕

由以上的爬梳整理，可知張岱對「時中」的詮釋，就心的未發狀態來說就是「不執著」，就心的已發狀況來說就是「合於時宜」。「不執著」與「合於時宜」是一而二，二而一的一體兩面。張岱特別指出這個「時」的觀念就是「中庸」精義所在，儒家學說珍貴的地方：

> 《記》云：「禮時爲大。堯授舜，舜授禹，湯放桀，武王伐紂，時也。」
> 時中，君子之中庸也。歷舉舜禹文武，中庸善言時也。千古莫破。〔註73〕
> 佛老總不識「中庸」二字，惟仲尼識得，故子思明道，獨揭仲尼曰：
> 「君子中庸。」〔註74〕

因此能否「時中」則是君子與小人之分野。如果吾人不能「時中」，則會淪爲「隱怪一流」之小人或爲「佛老」之異端：

> 馮具區曰：「小人之中庸」，小人自以爲「中庸」也。其「無忌憚」處，正是認「無忌憚」爲「時中」耳。此小人不是小可，正是隱怪一流人。〔註75〕

這些「隱怪一流」之小人，未能「時中」之因，即爲「名心大盛」：

> 楊復所云：小人反中庸，無忌憚，只是名心大盛，賢知之過俱坐此。
> 到此不知不悔，將道之不行不明病根拔盡。〔註76〕

這裡說的「名心太盛」講的就是名、利等等慾望，由於這些慾望障蔽了我們本心，才使我們不能「時中」，若能去此名利之心，則不管賢智或愚不肖，人人都能明道行道了。

〔註72〕見張岱：《四書遇》，頁143。
〔註73〕見張岱：《四書遇》，頁42。
〔註74〕見張岱：《四書遇》，頁25
〔註75〕見張岱：《四書遇》，頁25
〔註76〕見張岱：《四書遇》，頁34。

其實從《中庸》的原文中，自然就可明白「時中」即是「發而皆中節」的意思，「時」是「時措之宜」或說「時宜」的意思，是「本心」落實於人倫日用間，自然而有的妙用，如《中庸》說：

> 誠者，自成也；而道自道也。誠者，物之終始，不誠無物。是故君子誠之為貴。誠者非成己而已也，所以成物也。成己，仁也；成物，知也。性之德也，合外內之道也，故時措之宜也。（自成章）

> 故天之生物，必因其材而篤焉。故栽者培之，傾者覆之。《詩》曰：「嘉樂君子，憲憲令德。宜民宜人，受祿於天，保佑命之，自天申之。」（大孝章）

> 素富貴，行乎富貴；素貧賤，行乎貧賤；素夷狄，行子夷狄；素患難，行乎患難。君子無入而不自得焉。〈素位章〉

因此《中庸》的「時中」即《論語》中：「毋意、毋必、毋固、毋我」、「無可無不可」等意思。亦是《孟子》：「可以仕則仕，可以止則止，可以久則久，可以遠則遠」〔註77〕的意思。因此對照朱子與張岱對「時中」的闡釋，顯以張岱之說較合《中庸》本意。

在《中庸》中，張岱為什麼特別重視對「時」的涵義解說呢？這可能跟他對《易》學的研究有關。從張岱的學術背景觀察，張岱「時中」的觀念，實承《易經‧象辭》傳而來。《易經‧象辭》傳中屢屢言「時」言「中」，其「時」的涵義包括：因時乘變、隨時利用、明時制宜、與時偕行等幾個意思。〔註78〕張岱深於《易》學，其在《大易用》序中即說：

> 故嘗就學《易》者而深究之，執之失二，謬也，雜也；變之失一，反也。謬者失時，雜者失勢，反者失幾。李膺、范滂處〈蒙〉而執〈同人〉，孔融處〈坎〉而執〈離〉，刁劉處〈小畜〉而執〈中孚〉，所謂謬也。……
> 〔註79〕

這裡張岱以為自古學者運用《易經》者所犯的缺失有「謬、雜、反」三種，其中「謬者失時」，即是指「時機」不對，例如李膺、范滂所處的時機是〈蒙〉卦的情形，卻

〔註77〕見《孟子‧公孫丑上‧養氣》章：「……曰：『伯夷、伊尹何如？』曰：『不同道。非其君不事，非其民不使，治則進，亂則退，伯夷也。何事非君，何使非民，治亦進，亂亦進，伊尹也。可以仕則仕，可以止則止，可以久則久，可以速則速，孔子也。皆古聖人也，吾未能有行焉，乃所願，則學孔子也。』……」。

〔註78〕參見賴美惠：《象傳時義研究》（高雄：國立中山大學中國文學研究所碩士論文，1993年6月），第四章〈象傳時義之探討〉，頁73～90。

〔註79〕見張岱著，夏咸淳點校：《張岱詩文集》，〈瑯嬛文集〉卷1，〈大易用序〉，頁127。

以〈同人〉卦的時機為立場而有所作為，此即犯了「謬」的過錯，不能因時乘變、明時制宜，用《中庸》的話說，即是不能「時中」。不能「時中」自然所行遠離「中庸之道」，小則不能明哲保身，大則不能經世濟民，「時」之攸關大矣哉，因此張岱在詮釋《中庸》經義時，才特別點明「時」義的內涵與重要。

第三節　《論語》克己復禮為仁

《論語》一書乃編輯孔子與弟子及時人之間的對答，或弟子等互相對答的語錄。自古以來，即被視為儒學之經典，孔子思想的依據。在《四書》中，《論語》是最早被重視的書，在漢朝時就有三種異本，一是魯人傳的《魯論》、一是齊人傳的《齊論》、一是漢景帝之子魯恭王，由孔子故居的壁中所得之古論語。〔註80〕其後由張禹、鄭玄到何晏的《論語集解》，皇侃、刑昺的疏、可以說明《論語》早就為人重視。而《論語》中的主要核心觀念為「禮，仁，義」三觀念，今人勞思光先生云：「孔子之學，由『禮』觀念開始，進至「仁」、「義」諸觀念。故就其基本理論言之，「仁，義，禮」三觀念，為孔子理論之主脈，至於其他理論，則皆可視為此一理論之引申發揮。」〔註81〕因此本節以此「禮，仁，義」三觀念以及張岱特別重視的「學」之觀念為視角，觀察張岱對《論語》的見解面貌。

一、「己」「禮」非一非二

孔子的學說核心概括來說即是「克己復禮」。「克己」是功夫，「復禮」是「目標」。「克己」的功夫就是「為仁」，細目為「非禮勿視、非禮勿聽、非禮勿言、非禮勿動」。而「禮」的意涵即是「道」、即是「天」、即是《易經》的「易」、即是太極的「極」、即是太一的「一」。《禮記・禮運》篇：「夫禮必本於太一，分而為天地，轉而為陰陽，變而為四時。」「禮」即是「天理」，禮在天道曰「陰、陽」，在地道曰「剛、柔」，在人道曰「仁、義」。就人道來說，其本體稱為「仁」，而發用稱為「義」，換句話說，「禮」落實於人道的內涵即是「居仁行義」，人如果能「由仁義行」，那麼就是「踐禮」了。此點陽明本人及後學皆知掌握。如陽明云．

> 博文以約禮，格物以致其良知，一也。故先後之說，後儒支繆之見也。

〔註80〕漢代《論語》的傳佈因其所傳地域不同及今古文體的區別，故有齊、魯、古三論之分，皇侃《論語義疏》序引劉向《別錄》云：「魯人所學，謂之魯論；齊人所學，謂之齊論；孔壁所得，謂之古論。」

〔註81〕見勞思光：《新編中國哲學史》（臺北：三民書局，2004 年 1 月），頁 108。

> 夫禮也者，天理也，天命之性具於吾心，其渾然全體之中，而條理節目森
> 然畢具，是故謂之天理。天理之條理謂之禮。是禮也，其發見於外，則有
> 五常百行，酬酢變化，語默動靜，升降周旋，隆殺厚薄之屬；宜之於言而
> 成章，措之於爲而成行，書之於冊而成訓；炳然蔚然，其條理節目之繁，
> 至於不可窮詰，是皆所謂文也。是文也者，禮之見於外者也；禮也者，文
> 之存於中者也。〔註82〕

陽明謂「禮也者，天理也，天命之性具於吾心」即意謂「心即理即禮」，這個命題成
了陽明後學論「禮」的共識。從整理歸納《四書遇》中論「禮」的資料來看，張岱
論「禮」，包括：禮的意義、禮的作用、用禮的原則等三個面向。

（一）「禮」即是「天理」

張岱詮釋「禮」的涵義即是承襲陽明而來，他認爲「禮」就是「天理」，也是吾
人本具的「良知」，所以他詮釋《論語・顏淵・克己》章：「顏淵問仁。子曰：『克己
復禮爲仁，一日克己復禮，天下歸仁焉。爲仁由己而由人乎哉？』顏淵曰：『請問其
目。』子曰：『非禮勿視，非禮勿聽，非禮勿言，非禮勿動。』顏淵曰：『回雖不敏，
請事斯語矣。』」時，即引袁七澤的話說：

> 「己」「禮」非一非二，迷之則「己」，悟之則「禮」。「己」如結水成
> 冰，「禮」如釋冰成水。故釋冰即是水，不別求水，「克己」即是「禮」，
> 不別求「禮」。〔註83〕

這裡他以爲「己」、「禮」乃是一體之兩面，迷則是「己」、悟則爲「禮」，也就是
說「天理之公」是「禮」，「人欲之私」是「己」。這種說法就如禪宗所說的「迷則是
眾生，悟則是佛。」一般。又如《孟子・梁惠王下・好樂》章，他引周海門的話說：

> 太極至禮。「太」字「至」字俱「甚」字意。漢疏：「良知」「良」字，
> 亦「甚」也。〔註84〕

由此條注文來看，張岱認爲「太極」即是「至禮」即是「良知」的意思。而且認爲
「《中庸》原是禮書」〔註85〕，《中庸》的「中」即是指「禮」之意，《四書遇》云：

> 《中庸》一書原是《禮記》，此「中」字即禮也，此「和字」，即樂也，
> 不可不知。最妙是從喜怒哀樂說起。人以喜怒哀樂之未發與發爲一人之

〔註82〕見王陽明：《王陽明全集》（上海：上海古籍出版社，2006年4月）卷7，〈文錄四〉，
〈博約說〉乙酉，頁266。
〔註83〕見張岱：《四書遇》，頁253。
〔註84〕見張岱：《四書遇》，頁382。
〔註85〕見張岱：《四書遇》，頁41。

「獨」耳。不知乃「中」也，乃「和」也，乃「大本」也，乃「達道」也，非「莫見乎隱」，「莫顯乎微」也哉？（頁 22）

又《孟子・盡心下・性反》章：「孟子曰：『堯舜，性者也；湯武，反之也。動容周旋中禮者，盛德之至也。哭死而哀，非為生者也。經德不回，非以干祿也。言語必信，非以正行也。君子行法，以俟命而已矣。』」，他引張侗初的話說：

德，以無聲無臭為主。性，體也。禮，是未發之中。哀，是已發之和。

〔註 86〕

又《論語・里仁・禮讓》章：「子曰：『能以禮讓為國乎，何有？不能以禮讓為國，如禮何？』」《四書遇》云：

張侗初曰：孔子問禮於老聃，老子曰：「去子驕氣與子淫態。」驕氣、淫態，都是節文太多處添出來。真正節文，便是太和元氣，不驕不淫，此是老子精言禮處。後人以為箴砭尼父，則非也。（頁 123）

由上引文，可知張岱認為「禮」即是「中」、「太極」、「良知」、「太和元氣」，此皆是由陽明論「禮」為「天理」觀念的引申發揮。此項「心即理即禮」的認知，充分的呈現於陽明後學的論「禮」的言論中。除上文所引諸人外，焦竑亦認為：「禮者，心之體」、「禮者，體也。」（均見《焦氏筆乘》續集卷一）李卓吾亦說：「理即禮也，即中庸也。故又曰知禮，知禮即是知中庸，知中庸即是知天命矣。」〔註 87〕

（二）脩禮盡敬禮之用

檢索《四書遇》中，發現張岱對「禮」的探討不重在本體上論述，而是著重在禮文制度的功用上著墨。他認為「禮」的功用可以治國、御下、即戎、保身等等。如詮釋《論語・八佾・君臣》章：「定公問：『君使臣，臣事君，如之何？』孔子對曰：『君使臣以禮，臣事君以忠。』」《四書遇》云：

晏子常告景公以田氏之禍，公問所以救之者。晏子曰：「惟禮可以已之。在禮，家施不及國，而大夫不收公利」。公不能用，齊卒以亡。馬超初見先主，與先主言，呼先主字。關羽怒，請殺之。先主曰：「人窮來歸，以呼我字而殺之，何以示天下？」張飛曰：「如是，當示之以禮。」明日大會，請超入，羽、飛並杖刀立直，超乃大驚，遂不復敢呼字。禮之足以御下也如此。

天子之堂九尺，諸侯七尺，所爭者二尺耳。天子之席五重，諸侯三

_____

〔註 86〕 見張岱：《四書遇》，頁 573。
〔註 87〕 見李贄：《李溫陵集》卷 18，〈道古錄〉

> 重，所爭者再重耳。只此尺寸，君臣之分截然。禮之治國，關繫若此。（頁
> 109）

這裡張岱連引了幾個典故來說明，「禮」的規章制度確實可以治國、御下、立君臣之
分，證之歷史典故以明「禮文」確實有效，孔子之言爲不誣。又《論語・八佾・從
周》章：「子曰：『周監於二代，郁郁乎文哉！吾從周。』」《四書遇》云：

> 文盛，是周制大備處。降自幽厲，紀綱掃地，文盡而國亦隨之，豈憂
> 文勝耶！且夫子明說「從周」，時文却曰「即所以從二代」，何也？
> 漢室草創，臣民倨侮。自綿蕞制興，而漢高曰：今日始知天子之貴。
> 覺繁文縟節，自不可少。（頁 106）

張岱認爲周朝的強盛，是因爲禮文制度的周詳完備，等到周幽王、厲王時，禮文隳
壞，紀綱掃地，才使整個周王朝的國勢墮落下來。由於張岱認爲「禮」的儀文制度
攸關國家的興盛與否，所以他在詮釋《四書》時，常特別針對「禮文」作詮釋，如
詮釋《論語・八佾・泰山》章：「季氏旅於泰山。子謂冉有曰：『女弗能救與？』對
曰：『不能。』子曰：『嗚呼！曾謂泰山不如林放乎？』」《四書遇》云：

> 旅泰山，禮也，而所以旅者，有本焉。以大夫而行諸侯之禮，失其本
> 矣。泰山之神，不可誣也。使泰山而享，眞不知林放矣。（頁 101）

又如《論語・八佾・禘說》章：「或問禘之說。子曰：『不知也。知其說者之於天下
也，其如示諸斯乎！』指其掌。」《四書遇》云：

> 向言成王命魯公，世世祀周公以天子之禮樂。《史記》云：「魯惠公使
> 宰讓請郊廟之禮於天子，天子使史角往。」據此則魯之僭禮，自平王惠公
> 始也。按《閟》之詩曰：「乃命魯公，俾侯於東。錫之山川，土田附庸。」
> 成王未嘗以郊禘賜魯。《春秋》書閔公二年：「禘於莊公」。「僖公三十一年，
> 四卜郊」，據此，則禘之僭，始於閔。郊之僭，始於僖也。不然，何伯禽
> 以下三十八君未有廟頌，而頌獨始於僖哉？總之郊禘賜於成王，則成王爲
> 非，而伯禽受之亦非，僭於閔、僖則閔、僖非，而後人用之亦非。孔子曰：
> 「魯之郊禘，非禮也，周公其衰矣！」蓋刺當時之君若臣耳。（頁 104）

又《論語・公冶長・子路》章：「子路有聞，未之能行，唯恐有聞。」《四書遇》云：

> 「行」如何了得？「聞」亦如何旁皇得？總是癡腸癡話。兩「有聞」
> 首尾呼喚。十二字爲子路傳神，是絕妙像贊。
> 古人惟安車乃坐，婦人不立乘，餘皆立乘，故遇有敬事，則俯首傴躬，
> 以手憑於車前之衡木，以致敬，謂之式。若後世之坐乘，則手加於軾，即
> 如隱几相似，謂之傲情，而非所以爲敬矣。古今異宜，此亦其一也。（頁

140）

又《論語・公也長・居蔡》章：「子曰：『臧文仲居蔡，山節藻梲，何如其知也？』」《四書遇》云：

> 大夫不藏龜，「居蔡」已自不知禮，而更妙在「山節藻梲，」於「居
> 蔡」身上何等思忖，何等鑿度！文仲料龜何明，料己何拙！（頁142）

又《論語・泰伯・興詩》章：「子曰：『興於《詩》，立於禮，成於樂。』」《四書遇》云：

> 使童子忏孟賁之意，孟賁怒之，童子操刃與鬥。童子必不勝者，力不
> 如也。孟賁怒，而童子脩禮盡敬，孟賁不忍犯也。（頁196）

又《論語・子路・即戎》章：「子曰：『善人教民七年，亦可以即戎矣。』」《四書遇》云：

> 七年要有着落，聖人、君子、善人、有恒，世間現成有比四項人。聖
> 人七旬，而能格有苗；君子三年，而能有勇知方；恒人十年，而能生聚教
> 訓。則善人功候，剛在七年。蓋其所教，原不爲即戎，而禮義既明，戰陣
> 自勇；即以從戎，亦無不可。作者全要剔出「亦可」二字。（頁282）

以上諸條張岱論禮的功用，不論是個人或國家，只要「脩禮」，上可以治理國家、戰陣有勇，下可以化民成俗、明哲保身。但是「禮文」會隨時代而崩壞或改變。《論語・陽貨・禮樂》章：「子曰：『禮云禮云，玉帛云乎哉？樂云樂云，鍾鼓云乎哉？』」《四書遇》云：

> 禮有時而壞，乃所以爲禮；樂有時而崩，乃所以爲樂。由是以思，禮
> 不在玉帛，而樂不在鍾鼓也，益明矣。（頁342）

這裡所指的「禮」乃就「禮文」而言，這些「禮樂」制度，乃因時空而建立，每當歷史遞嬗，民情風俗變遷，「禮樂」之文，必須隨時因革損益，才能符合時代之需求。因此「禮」的核心還是在本體的精神，而不在禮文制度上面。

（三）禮得「中」則治，失「中」則亂

張岱以爲用禮的原則在得「中」，能得「中」即是「和」，自然能「適當」而無過與不及之弊。如《論語・爲政・十世》章：「子張問：『十世可知也？』子曰：『殷因於夏禮，所損益可知也；周因於殷禮，所損益可知也；其或繼周者，雖百世，可知也。』」《四書遇》云：

> 孔子知百世只在禮上看：制世以禮，禮得中則治，失中則亂。如夏殷
> 質勝，則損在質而益之以文，周末文勝，則損在文而益之以質。《繫詞》

云：「損益盛衰之始也」。盛爲衰之始，益而不已必損。衰爲盛之始，損而不已必益。一盛一衰，天運之循環。一損一益，人事之調劑。善觀古者，但觀一代之末造，便知後一代聖人作何補救。故曰「百世可知」。（頁 97）

又《論語‧學而‧禮用》章：「有子曰：『禮之用，和爲貴。先王之道，斯爲美。小大由之。有所不行，知和而和，不以禮節之，亦不可行也。』」《四書遇》云：

> 《中庸》「發而皆中節，謂之和」，是此章註疏。「和」不在禮外，故曰「禮之用」；「節」亦不在禮外，故曰「以禮節之」。（頁 77）

張岱認爲「禮」若能「得中」，自然能「發而皆中節」，自然能「和」而無過與不及之弊。此點頗能掌握孔子所言：「禮之用，和爲貴」的精義。

二、仁者義之體，義者仁之用

仁與義的關係，誠如熊十力先生所說：「仁道廣愛，是人道之貞常也。故說仁是義之體，然物情與事變萬殊，廣愛不可以無權，故說義是仁之用，有仁方有義，仁失則義無從生，亂而已矣。」又說：「天地萬物同體之愛，仁也。博愛有所不能通，則必因物隨事而制其宜，宜之謂義。義者，仁之權也，權而得宜方是義。」〔註88〕可見仁者義之體，義者仁之用；用得其宜曰義，又可稱爲「合理」、「合禮」。換句話說，仁心雖具有能表露而成眾德的可能，然而仁心涉事變時，因情境之不同，則必須權宜得失與輕重，而愼處之，才能舉措合宜不違於仁，不違於禮。

（一）萬物一體之心為「仁」

從陽明論學中觀察，陽明論「仁」的涵意主要爲「以天地萬物爲一體的心」他說：「仁人之心，以天地萬物爲一體。」〔註89〕又云：「仁者以萬物爲體；不能一體，只是己私未忘。全得仁體，則天下皆歸於吾仁。」〔註90〕並認爲「仁」的觀念是聖聖相傳的，他說：

> 聖人之學，心學也。堯、舜、禹之相授受曰：「人心惟危，道心惟微，惟精惟一，允執厥中。」此心學之源也。中也者，道心之謂也；道心精一之謂仁，所謂中也。孔孟之學，惟務求仁，蓋精一之傳也。而當時之弊，固已有外求之者，故子貢致疑於多學而識，而以博施濟眾爲仁。夫子告之以一貫，而教以能近取譬，蓋使之求諸其心也。〔註91〕

〔註88〕見熊十力：《原儒》（臺北：明文書局，1997 年 3 月），頁 1。
〔註89〕見王陽明：《王陽明全集》卷 5，〈文錄二〉，〈與黃勉之二〉，頁 194。
〔註90〕見王陽明：《傳習錄》卷下‧〈黃省曾錄〉，頁 205。
〔註91〕見王陽明：《王陽明全集》卷 7，〈文錄四〉，〈象山文集序〉庚辰，頁 245。

這裡他說聖人之學就是心學。而心學的來源就是堯、舜、禹相授受的十六字心傳：「人心惟危，道心惟微，惟精惟一，允執厥中。」而其「道心」的主要內涵就是「中」，就是孔、孟的「仁」，而此「仁」是自心本自具有、「本自弘毅」的。但是「仁」心有時會被私慾所遮蔽，他說：

> 仁，人心也。心體本自弘毅，不弘者蔽之也，不毅者累之也。故燭理明則私慾自不能蔽累；私慾不能蔽累，則自無不弘毅矣。弘非有所擴而大之也，毅非有所作而強之也，蓋本分之內，不加毫末焉。曾子「弘毅」之說，爲學者言，故曰「不可以不弘毅」，此曾子窮理之本，真見仁體而後有是言。學者徒知不可不弘毅，不知窮理，而惟擴而大之以爲弘，作而強之以爲毅，是亦出於一時意氣之私，其去仁道尚遠也。〔註92〕

由上述的論述，可知陽明將孔子中心思想的「仁」解釋成「道心精一」，而成了陽明學說中的「良知」觀念。孔子「克己復禮爲仁」的功夫，也變成陽明「致良知」的學說了。明此，再來看看張岱對「仁」一意的詮釋。張岱說：

> 仁不是外面別尋一物，即在吾心，譬如修養家所謂龍虎鉛汞，皆是我身內之物，非在外也，故曰：「仁在其中矣。」〔註93〕

張岱這裡認爲「仁」即是在自己的內心，「心之所安，便是仁」〔註94〕，本來就有不需外尋。他又說：

> 凡日用可見處都是「文」。與朋友應接，言動周旋，刻刻處處，有箇粲然者在；而就其粲然中有真切不容自己處，如血脉在四肢，如春光在紅紫，生生不斷，這個是「仁」。〔註95〕

這裡他說「與朋友應接，言動周旋，刻刻處處，有箇粲然者在」，這個就是「仁」。由此可知張岱詮釋「仁」的觀念是承襲陽明的「良知」意涵而來。

（二）收視反聽、謹言慎動

在《論語・顏淵・克己》章中，「顏淵問仁」時，孔子提出了「克己復禮爲仁」的方法，其目則爲「非禮勿視，非禮勿聽，非禮勿言，非禮勿動」，此章歷代以來自是詮釋「爲仁」功夫之重點，孔顏傳授心法之所在，朱子謂：「非至明不能察其幾，非至健不能致其決。」〔註96〕對「克己復禮」的詮釋內涵影響著整個《論語》的由

〔註92〕見王陽明：《王陽明全集》卷4，〈文錄一〉，〈答王虎谷〉，頁148～149。
〔註93〕見張岱：《四書遇》，頁358。
〔註94〕見張岱：《四書遇》，頁176。
〔註95〕見張岱：《四書遇》，頁267。
〔註96〕見朱熹：《四書集注》，頁132。

貌。尤其「克」字，學者有訓為「能」、「勝」、「率」者〔註97〕，「己」字亦有異義。針對此點，從陽明《傳習錄》中的言論來看，陽明乃以「掃除」、「勝」的涵義訓「克」字，「私欲」訓「己」，如《傳習錄》：

> 克己須要掃除廓清，一毫不存方是。有一毫在，則眾惡相引而來。〔註98〕

又：

> 問：「知至然後可以言誠意。今天理人欲知之未盡，如何用得克己工夫？」先生曰：「人若真實切己用功不已，則於此心天理之精微，日見一日。私欲之細微，亦日見一日。若不用克己工夫，終日只是說話而已。天理終不自見，私欲亦終不自見。如人走路一般，走得一段，方認得一段；走到歧路處，有疑便問，問了又走，方漸能到得欲到之處。今人於己知之天理不肯存，己知之人欲不肯去，且只管愁不能盡知，只管閒講，何益之有？且待克得自己無私可克，方愁不能盡知，亦未遲在。」〔註99〕

又：

> 蕭惠問：「己私難克，奈何？」先生曰：「將汝己私來替汝克。」〔註100〕

陽明以為「克己復禮」的意思即是：「勝私復理」或說「存天理、去人欲」，如他說：

> 知是心之本體，心自然會知：見父自然知孝，見兄自然知弟，見孺子入井，自然知惻隱，此便是良知，不假外求。若良知之發，更無私意障礙，即所謂『充其惻隱之心，而仁不可勝用矣』。然在常人不能無私意障礙，所以須用致知格物之功，勝私復理。即心之良知更無障礙，得以充塞流行，便是致其知，知致則意誠。」〔註101〕

因此陽明的「克己復禮」就是「格物致知」了。此點與朱子訓「克己復禮」的涵義，並無多大差異。重點在如何「克己」？如何「非禮勿視，非禮勿聽，非禮勿言，非禮勿動」？此間功夫之不同，即是程朱理學與陽明心學不同之關鍵所在。朱子在《四書集注》裏引程子之言曰：

> 顏淵問克己復禮之目，子曰：「非禮勿視，非禮勿聽，非禮勿言，非禮勿動」，四者身之用也。由乎中而應乎外，制於外所以養其中也。〔註102〕

〔註97〕 參見黃俊傑：〈張岱對古典儒學的解釋——以四書遇為中心〉，《明清之際中國文化的轉變與延續》，註67，頁366～367。
〔註98〕 見王陽明：《傳習錄》卷上·〈陸澄錄〉，頁39。
〔註99〕 見王陽明：《傳習錄》卷上·〈陸澄錄〉，頁41～42。
〔註100〕 見王陽明：《傳習錄》卷上·〈薛侃錄〉，頁73。
〔註101〕 見王陽明：《傳習錄》卷上·〈徐愛錄〉，頁11。
〔註102〕 見朱熹《四書集注》，頁132。

依照程子的說法，乃是要藉由對外境的約制，來培養恢復本心之天理節文，其功夫的進路過程即是「制於外所以養其中」，因此《四書集注》後接著引程子的〈視箴〉、〈聽箴〉、〈言箴〉、〈動箴〉之文以明其「制於外所以養其中」之義。顯然的，程朱「克己復禮」的功夫就如其「格物致知」一樣，有外塑外求之意。仍不免陽明「支、虛、妄」之譏。那麼「非禮勿視，非禮勿聽，非禮勿言，非禮勿動」陽明如何詮釋呢？他說：

> 心之本體，原只是箇天理，原無非禮，這箇便是汝之眞己。這箇眞己，是軀殼的主宰，若無眞己，便無軀殼。眞是有之即生，無之即死。汝若眞爲那箇軀殼的己，必須用著這箇眞己，便須常常保守著這箇眞己的本體，『戒愼不睹，恐懼不聞』，惟恐虧損了他一些。才有一毫非禮萌動，便如刀割、如針刺；忍耐不過，必須去了刀、拔了針，這才是有爲己之心，力能克己。〔註103〕

此「必須用著這箇眞己，便須常常保守著這箇眞己的本體，『戒愼不睹，恐懼不聞』，惟恐虧損了他一些。」便是「非禮勿視，非禮勿聽，非禮勿言，非禮勿動」的要旨了。如此「四勿」也就是《中庸》所說的「戒愼恐懼」。能如此力行，則能「心之良知更無障礙，得以充塞流行」〔註104〕了。本於此觀念，林兆恩《四書正義》注解「四勿」句時，更簡單明瞭：

> 林子曰：非禮勿視者，心要在於禮而視也。心不在於禮而視，則其視也不爲色所引而去乎？故曰勿視。非禮勿聽者，心要在於禮而聽也。心不在於禮而聽，則其聽也不爲聲所引而去乎？故曰勿聽。勿言、勿動，亦復如是。〔註105〕

以上所論，即爲陽明對「克己復禮」的詮釋，其詮釋重點在於「功夫」，不在效驗，因此他批評朱子對此章的詮釋爲：

> 問：「『一日克己復禮，天下歸仁』，朱子作效驗說，如何？」先生曰：「聖賢只是爲己之學，重功夫不重效驗。仁者以萬物爲體；不能一體，只是己私未忘。全得仁體，則天下皆歸於吾仁，就是「八荒皆在我闥」意；天下皆與，其仁亦在其中。如『在邦無怨，在家無怨』，小只是自家不怨，如『不怨天，不尤人』之意，然家邦無怨於我，亦在其中，但所重不在此。」

〔註103〕見王陽明：《傳習錄》卷上·〈薛侃錄〉，頁75。
〔註104〕見王陽明：《傳習錄》卷上·〈徐愛錄〉，頁11。
〔註105〕見林兆恩：《林子三教正宗統論》（臺北：台北養興堂翻印，1984年）卷8，頁2796～2797。

〔註106〕

比較朱子與陽明之功夫，顯然的，陽明之功夫論較簡要直捷多了。那麼張岱對此章是如何的詮釋呢？如上所論，張岱認為人的本心既然就是「禮」，就具有「仁」，那麼吾人為什麼會離開「禮」與「仁」呢？張岱總括以為是「迷於私欲」的關係，他說：

> 「己」「禮」非一非二，迷之則「己」，悟之則「禮」。「己」如結水成冰，「禮」如釋冰成水。故釋冰即是水，不別求水，「克己」即是「禮」，不別求「禮」。〔註107〕

人為什麼會迷？蓋因「眾欲紛擾」的緣故。因此「不迷」即是「為仁」的方法，才能達到「歸仁」的效果。他引袁七澤的話說：

> 「非禮」四句，政是「克己」工夫，「回雖不敏」二句，政是「由己」工夫。〔註108〕

這裡指出「克己」的功夫，在「非禮勿視，非禮勿聽，非禮勿言，非禮勿動」，那麼「非禮勿視，非禮勿聽，非禮勿言，非禮勿動」是什麼意思呢？如何修學呢？他引楊復所之言曰：

> 「視」、「聽」、「言」、「動」，件件皆「己」用事，人若離「視」、「聽」、「言」、「動」，如何「為仁」？「己」離不得，所以說「由己」；「己」著不得，所以說「克己」。蓋「己」為形色之「己」。形色為主，則「視」、「聽」、「言」、「動」都是「己」；能主宰得形色，則「視」、「聽」、「言」、「動」都是「仁」。直捷簡要，轉盼不同，故其工夫只在「一日」。
>
> 王龍谿曰：世傳金丹用逆，不知吾儒之學，亦全在逆。顏子四句，便是用逆之數。收視反聽，謹言慎動，所謂不遠之復，復於此矣。

可見張岱以為「克己」的功夫在「己著不的」「主宰的形色」才能「收視反聽，謹言慎動」不迷於「私欲」。這種「為仁」的功夫則是隨時於日常生活中省察克制，不被私慾所蔽，不用好高騖遠，他說：

> 聖賢工夫，平平實實，不必說玄說幻。愚觀天下理盡於《易》。《易》逆數也。故學者工夫，亦盡用逆。夫子「四毋，」顏子「四勿，」「三月不違仁，」「簞瓢不改其樂，」合之「不遷，」「不貳，」純是用逆工夫。顏子精於《易》者也，故曰：「其殆庶幾。」

〔註106〕見王陽明：《傳習錄》卷下·〈黃省曾錄〉，頁205。
〔註107〕見張岱：《四書遇》，頁253。
〔註108〕見張岱：《四書遇》，頁253。

　　　　觀此章，則「學而時習之，」決非是讀書做文字。〔註109〕
又說：

　　　　凡爲仁者，只在布帛菽粟、飲食日用之間，原不必好高騖遠。〔註110〕
且平常則要有「戒愼恐懼」的心，他說：

　　　　或曰「仁不遠，何有難？」曰「難者，仁者就業之心也，政是仁者之
　　　用力處。」〔註111〕
張岱認爲「爲仁」的功夫首先要「念茲在茲」，他詮釋《論語・里仁・志仁》章：「子
曰：『苟志於仁矣，無惡也。』」時說：

　　　　「志」者，氣之帥也。此志一提醒，如大將登壇，三軍聽命，更何眾
　　　欲紛擾之有。雪庵上人曰：「一源既澄，萬流皆清。揭起慧燈，千巖不夜。
　　　孔門志仁無惡，其旨如此。塵魔作祟，皆緣主人神不守舍。念之，念之。」
　　　　心一腔耳，欲仁，仁至，更無縛子再容著惡。（《四書遇》，頁118）
經過張岱對此章如此的詮釋，《論語》中「克己復禮」的涵義，「爲仁」的方法，便
成了陽明「致良知」說的底本了。

（三）「義」者本心之當爲

　　《中庸・哀公問政》章云：「義者，宜也。」「宜」是事物的一種價值。凡言行
舉用得其宜，得其恰到好處，則爲「義」，不得其宜，則非「義」。是故，以宜爲本
質的「義」，是道德判斷的依據，合理的行爲稱爲「行義」或「義行」。如《論語・
里仁・比義》章中說：「子曰：『君子於天下也，無適也，無莫也，義之與比。』」即
指有德性的人對於天下一切發生的事情，沒有固執的「可」，或固執的「不可」。在
行事上所取捨的標準乃視其是否合乎義。因此在《論語》中的「義」可說是道德行
爲，或道德判斷的依據。張岱在詮釋《論語・里仁・喻義》章：「子曰：『君子喻於
義，小人喻於利。』」時，說：

　　　　家南軒先生曰：學莫先於「義」、「利」之辨。「義」者，本心之當爲，
　　　非有而爲之也，有爲而爲，則皆人欲，非天理矣。〔註112〕
張岱這裡以「本心之當爲」訓「義」，意思是本著良知自然而發的行爲，稱爲「義」，
若是其中有一毫之私，有所爲而爲，就不是「義」，就不是合「天理」而是「人欲」
了。張岱對「義」的見解，即是對陽明「義者，宜也，心得其宜之謂義，能致良知

〔註109〕　見張岱：《四書遇》，頁150。
〔註110〕　見張岱：《四書遇》，頁363。
〔註111〕　見張岱：《四書遇》，頁163。
〔註112〕　見張岱：《四書遇》，頁126。

則心得其宜矣」〔註113〕「《詩》、《書》、六藝皆是天理之發見」〔註114〕的發揮。又詮釋《論語・里仁・比義》章:「子曰:『君子之於天下也,無適也,無莫也,義之與比。』」,說

> 「義」猶水也,操瓶盎而挹於河,器先滿而勿之受矣。「適」「莫」之見,瓶盎之滿也,有覆沒焉已矣,何以與於河海之觀?

> 凡人胸有成見,不知壞了天下多少事體。〔註115〕

他認爲「義」是沒有一定標準,一定準則的。所以「行義」時不能先有成見,必須秉持著「良知良能」,依此「良知良能」而行自然合義,若是心有成見,反而與道相違,容易壞事。

總結來說,張岱論「義」的內涵以爲:「義」乃由「仁心」或說「良知」而發而合於事理的行爲。用《中庸》的話說即是「發而皆中節」之意。用陽明的話說即是:「見父自然知孝,見兄自然知弟,見孺子入井,自然知惻隱。」〔註116〕《論語》「仁、義」的內涵也就成爲《中庸》「中庸」之義,如果學者能「時中」,日常言行必能「居仁行義」。

三、「學」重本源

關於「學」之意義之演變,勞思光指出:「孔子論『學』自以德性意義爲主,稱顏回之『好學』是取此一意義,言『爲己』之學亦是此一意義。但如就『學』一詞之用法講,則孔子言論中之『學』字,常取廣泛意義,指求進步而己,蓋孔子心目中雖重『成德之學』,尚未將『學』之詞義予以劃定也。孟子是『性善』及『四端』之說,力倡成德之學,而謂:『學問之道無他,求其放心而已矣。』『求其放心』與知識非一事,且據四端及擴充之義言之,則此種努力基本上乃就其本有之自覺能力發揮擴張,並不涉及外在之標準,亦不依賴外在之力量,故孟子又謂:『人之所不學而能者,其良能也,所不慮而知者,其良知也。』此皆就內在本有之自覺能力說。而既以『不學而能』者爲『成德』之根本動力,則孟子之輕視外在意義之『學』,亦可知矣。但『學』一詞之詞義,仍未在孟子學說中有所決定。蓋孔孟學說中之主要論點,均不在『學』字上。特別重視『學』觀念者實爲後起之荀子。荀子有〈勸學〉之篇,暢言『學』之重要。而荀子所謂『學』者,乃與

〔註113〕見王陽明:《傳習錄》卷中・〈答歐陽崇一〉,頁 134。
〔註114〕見王陽明:《傳習錄》卷下・〈黃以方錄〉,頁 222。
〔註115〕見張岱:《四書遇》,頁 121。
〔註116〕見王陽明:《傳習錄》卷上,〈徐愛錄〉,頁 11。

其『師法』之觀念相配。故荀子言『學』其目的雖亦在於『爲聖人』似與孔孟成德之學無殊，然所謂『學』之內容，則依外在標準而立，外在改造之義，非內在擴充之義也。」〔註117〕

（一）君子之深造必以道

從《論語》本身的思想脈絡來看，筆者以爲「學」簡單的說，指的就是學「爲仁」或說學「克己復禮」這件事，孔子所言「學而時習之」、「吾十有五而志於學」皆指此意。如同南懷瑾先生解釋「學而時習之」時所講的：「做人好，做事對，絕對的好，絕對的對，這就是學問。」〔註118〕然而如何學呢？這就產生了治學方向的問題了。朱子在《四書集注》中以爲：「學之爲言效也。人性皆善，而覺有先後，後覺者必效先覺之所爲，乃可以明善而復其初也。」〔註119〕朱子以「效」訓「學」，意思是通過外在的學習、與模仿的過程稱爲「學」。可見朱子對「學」的觀念接近荀子的說法。因此「即物窮理」、「格物致知」也就是整個學習的過程與方法，我們稱之爲「道問學」的類型了。對於朱子的說法，陽明並不認同，《傳習錄》云：

> 子仁問：『『學而時習之，不亦說乎』先儒以『學』爲『效先覺之所爲』，如何？」先生曰：「學是學去人欲，存天理。從事於去人欲存天理，則自正諸先覺、考諸古訓，自下許多問辨思索、存省克治工夫。然不過欲去此心之人欲，存吾心之天理耳。若曰『效先覺之所爲』，則只說得學中一件事，亦似專求諸外了。『時習』者，『坐如尸』，非專習坐也，坐時習此心也；『立如齋』，非專習立也，立時習此心也。『說』是『理義之說我心』之『說』。人心本自說理義，如目本說色、耳本說聲。惟爲人欲所蔽所累，始有不說。今人欲日去，則理義日洽浹，安得不說？」〔註120〕

陽明以爲朱子說法的不妥處在於「專求諸外」，他認爲「學」乃是「欲去此心之人欲，存吾心之天理」、「求復此心之本體」才稱爲「學」，他說：

> 時習者，求復此心之本體也；悅則本體漸復矣。朋來則本體之欣合和暢，充周無間；本體之欣合和暢，本來如是，初未嘗有所增也，就使無朋來而天下莫我知焉，亦未嘗有所減也。來書云「無間斷」意思亦是。聖人亦只是至誠無息而已，其工夫只是時習；時習之要，只是謹獨；謹獨即是

〔註117〕見勞思光：《新編中國哲學史》（二）（臺北：三民書局，2004 年，7 月），頁 44～45。
〔註118〕見南懷瑾：《論語別裁》（上），頁 11。
〔註119〕見朱熹：《四書集注》，頁 47。
〔註120〕見《傳習錄》卷上・〈薛侃錄〉，頁 66。

致良知；良知即是樂之本體。〔註 121〕

又說：

「好古敏求」者，好古人之學，而敏求此心之理耳。心即理也。學者，
學此心也：求者，求此心也。孟子云：「學問之道無他，求其放心而已矣。」
非若後世廣記博誦古人之言詞，以爲好古，而汲汲然惟以求功名利達之具
於外者也。〔註 122〕

陽明認爲「心即理」，學此心之理，才是「學」，後世所謂「廣記博誦古人之言詞」
並不能稱爲「學」。由此可見陽明的「學」接近孟子，而「致良知」就是陽明爲學的
過程與宗旨，如此類型我們稱之爲「尊德行」。由朱子與陽明對「學」闡釋的不同，
可以見出整個程朱理學與陽明心學實踐體系之差異。

張岱作爲陽明學說的服膺者，其論學自然遵循陽明的說法，並以此觀點來詮釋
《四書》的經文義理。首先他指出「凡學重本原，知本原，即淵泉之出，其出不窮。」
〔註 123〕，否則「徒矻矻工力，即穿鑿之智日深，而活潑之機愈隱。」〔註 124〕，而
學的本原即是「志於道」，在詮釋《論語・雍也・知之》章：「子曰：『知之者不如好
之者，好之者不如樂之者。』」時，他就說：

個中精微之極，非人見聞知解易得參透。所謂雲駛月運，舟行岸移，
恍惚成迷，漂入邪見。故第一着是尋見眞種子，最難。所以學須知之，纔
能好之。（《四書遇》，頁 161）

而「志學」才是「眞種子」，在詮釋《論語・爲政・志學》章：「子曰：『吾十有五而
志於學，三十而立，四十而不惑，五十而知天命，六十而耳順，七十而從心所欲不
逾矩。』」時，他說：

志學，是種子也。下得眞種子，根苗花果日生日新。人心盡然，何況
聖人向學人指點新新光景。初非自叙年譜也。（《四書遇》，頁 84）

那麼「學」的內涵是什麼呢？在詮釋《孟子・離婁下・自得》章：「孟子曰：『君子
深造之以道，欲其自得之也。自得之，則居之安；居之安，則資之深；資之深，則
取之左右逢其原。故君子欲其自得之也。』」時，他說：

君子之深造必以道。道者，率性者也。以道方自得，非由外鑠，我固
有之者也，終身由而不知其道，所行習者，祇從名義上周旋，形跡上簡點，

〔註 121〕見王陽明：《王陽明全集》卷 5，〈文錄二〉，〈與黃勉之二〉，頁 194。
〔註 122〕見王陽明：《傳習錄》卷中・〈答顧東橋書〉，頁 98～99。
〔註 123〕見張岱：《四書遇》，頁 547。
〔註 124〕同上註。

而固有者茫無干涉。(《四書遇》，頁 468)

簡單的說，學的即是「固有之道」，即是人性本有之「良知」。若能明白爲學的宗旨，加以力行時習，自然產生悅樂的效果，此因「樂是心之本體」。所以他詮釋《論語‧學而‧時習》章：「子曰：『學而時習之，不亦說乎！有朋自遠方來，不亦樂乎！人不知而不慍，不亦君子乎！』」時，就引張侗初的話說：

> 世人只認學不眞耳，若識得學爲何事，便自然悅。此際光景，獨聖人
>
> 能描寫一二，所謂飲水知冷，食蜜知甜也。(《四書遇》，頁 69)

張岱認爲能好學必然會產生「眞知必好，眞好必樂。」〔註125〕的效果。他認爲「學而時習之，決非是讀書做文字」，而是認爲「君子威重之學，亦以主忠信爲本，而朱子以美質釋忠信，抹殺古今學脈矣，異日夫子稱回之好學，曰：『不遷怒，不貳過。』則夫子所謂『丘之好學』亦豈讀書看文章之謂哉？」〔註126〕由此可見張岱論「學」主「德行之知」反對「聞見之知」，所以凡是《論語》中出現「知」的地方，張岱概以「良知」爲釋，如《論語‧爲政‧誨知》章：「子曰：『由！誨女，知之乎！知之爲知之，不知爲不知，是知也。』」，他即說：

> 「知之爲知之，不知爲不知，」息息不昧，千古長存。禪家謂之孤明，
>
> 吾儒指爲獨體。既不倚靠聞見，亦不假借思維。當下即照，更無轉念，故
>
> 曰「是知。」
>
> 《論語》中「之」字、「斯」字、「是」字，最當著眼，如「是知也」，
>
> 「是丘也」，俱急切指認。一是不可當下埋沒了這點眞靈明；一是不可當
>
> 前蹉過了這箇眞面目。(《四書遇》，頁 92)

此種重「德行之知」的爲學宗旨，大抵爲陽明後學所共識，如林兆恩《四書正義》亦云：

> 《論語》二十卷，卷首一字即言學，而不知其所學者何學也？林子曰：
>
> 默然而識（悉音）之，學而不厭者，學也。識亦知之義也，然其所欲識者，
>
> 何也？識心而已矣。心即仁也，仁即聖也。孔子曰：「聖則吾不能，我學
>
> 不厭。」又曰：「若聖與仁，則吾豈敢？抑爲之不厭。」爲亦學也，故學
>
> 也者，心學也。所以爲仁、所以作聖者，學也。」〔註127〕

「故學也者，心學也。所以爲仁、所以作聖者，學也。」簡單明瞭的揭示了陽明後學對儒家之「學」的看法。

〔註125〕見張岱：《四書遇》，頁 161。

〔註126〕見張岱：《四書遇》，頁 222。

〔註127〕見林兆恩：《林子三教正宗統論》卷 7，頁 2621。

（二）學者工夫亦盡用逆

　　爲學既然是要志道成聖，那麼如何下手呢？張岱以爲爲學的態度著重在反躬自省，親自力行以致有所體驗，其功夫方法則在「逆」與「捨」。他引陽明之話說：

　　　　君子之學，務求在己而已。毀譽榮辱之來，非獨不以動其心，且資之以爲切磋砥礪之地，故君子無入而不自得，正以其無入而非學也。若夫聞譽而喜，聞毀而戚，則將皇皇於外，惟日之不足矣，其何以爲君子？（《四書遇》，頁 317）

由於學者爲學的目的是在成聖這一件事，因此不管外境的毀譽榮辱、順逆窮通，都要拿來切磋砥礪自心，不因物喜，不以己悲，能如此的不動其心，反躬力行，對聖人之學才能眞切地自有體會，他說：

　　　　凡學問最怕拘板。必有活動自得處，方能上達。曾子所謂「傳不習乎」亦懼此病。（《四書遇》，頁 69）

「活動自得處」意思是說透過自己對聖學實際的存省克治，才能眞正通達爲學的旨趣，自有所悟，如此才不會因襲成說，人云亦云。所以《四書遇》云：

　　　　鄧定宇云：爲學須翻窠倒臼，如醫之用方，兵之用法，依傍人不得。必須從舊紙堆中翻出新意見來，方可以爲人師。（頁 89）

「翻窠倒臼」、「依傍人不得」皆是指爲學要能不囿於陳說，推陳出新自出己見。由以上幾條言論來看，張岱所強調的是聖賢之學必須是親身實踐所得，才能眞切；禁的起外在的考驗，才能算是眞正的通達。由於聖賢之學並非是知識的累積，因此在詮釋《論語‧爲政‧干祿》章：「子張學干祿。子曰：『多聞闕疑，愼言其餘，則寡尤；多見闕殆，愼行其餘，則寡悔，祿在其中矣。』」時，他就說：

　　　　「子張學干祿，」只是多聞多見上用工夫。夫子就從此處說起，眞是以病爲藥。子張學干祿，子貢貨殖，俱是獅子弄繡球。故夫子調伏二子處，俱在泥水中使刀劍。只是「祿在其中」一語，非夫子不敢言。「闕」缺陷之「缺」，終身放不下，正是做工夫處。（《四書遇》，頁 93）

又說：

　　　　學者胸次不高有兩病：好周旋世故，不簡於塵緣，一也；好博涉見聞，不簡於學問，二也。周旋世故，做今人的鄉愿；博涉見聞，做古人的鄉愿。其胸次不淨，總一般不得「狂」。（《四書遇》，頁 144）

張岱認爲聖賢之學非知識的累積，所以不用在「多聞多見上用功夫」。學者如果不能「簡於塵緣」、「簡於學問」，那麼心胸自然不能高曠、不夠清淨，所以他主張爲學的方法重在「逆」與「捨」的講求，在詮釋《論語‧雍也‧好學》章：「哀公問：『弟

子孰爲好學?』孔子對曰:『有顏回者好學,不遷怒,不貳過。不幸短命死矣,今也則亡,未聞好學者也。』」時,他說:

> 聖賢工夫,平平實實,不必說玄說幻。愚觀天下理盡於《易》。《易》逆數也。故學者工夫,亦盡用逆。夫子「四毋」、顏子「四勿」、「三月不違仁」、「簞瓢不改其樂」合之「不遷」、「不貳」純是用逆工夫。顏子精於《易》者也,故曰:「其殆庶幾。」
>
> 觀此章,則「學而時習之,」決非是讀書做文字。(《四書遇》,頁 150)

又《論語・顏淵・克己》章:「顏淵問仁。子曰:『克己復禮爲仁,一日克己復禮,天下歸仁焉。爲仁由己而由人乎哉?』顏淵曰:『請問其目。』子曰:『非禮勿視,非禮勿聽,非禮勿言,非禮勿動。』顏淵曰:『回雖不敏,請事斯語矣。』」,他亦說:

> 王龍谿曰:世傳金丹用逆,不知吾儒之學,亦全在逆。顏子四句,便是用逆之數。收視反聽,謹言愼動,所謂不遠之復,復於此矣。(《四書遇》,頁 254)

這裡他指出「學者工夫」主要在「用逆」,「用逆」即是前引文所指的「簡於塵緣」、「簡於學問」,此心不隨「視、聽、言、動」而留連放逸於外在的人事物,攝心反觀,自能體仁合道,不遷怒、不二過,此即「用逆」的功夫。爲學除了「用逆」的功夫使本心不隨順於外境的誘惑外,其次還必須常常針對內心所生起的私慾之念加以掃除割捨,他說:

> 嘗言志學章,非夫子能進,乃夫子能舍。學問時時進,便時時舍。天龍截却一指,痛處即是悟處。禪學在掃,聖學在脫,總一機鋒。明道云:「學者無可添,惟有可減,減盡便無事。」切磋琢磨,俱是減法。〔註128〕

除了「逆」與「捨」外,還要「精一」,他說:

> 舜之學從精一入,惟其精一,是靈虛之中,萬善悉備,一有感觸,無不沛然。若胸中本來蔽塞,全靠所聞所見爲主,便落了依傍的窠臼,安能有感即通?〔註129〕

學者爲學心無旁騖,專心致志,不爲名利慾望等蔽塞本心,能用「逆、捨」的功夫,心就能精一,就能如鏡子一般,隨緣映物,於日常生活中,自能有感即通,此爲良知之妙,精一之功。能如此學則能「左右逢源」、「隨處平滿」,他引王龍谿的話說:

> 學貴自信自立,不是倚傍世界做得的,求自得而已。自得之學,居安則動不危,資深則機不露,左右逢源,則應不窮,見在流行,隨處平滿。

〔註128〕見張岱:《四書遇》,頁 79。
〔註129〕見張岱:《四書遇》,頁 540。

〔註130〕
這種境界可說是陽明學派之學者所力學希冀的境界，也是張岱的人生目標。他不論是著書為文、乃至為人處世都在「求自得而已」。

由張岱對《論語》中「學」的論述來看，充分展現出陽明後學那種「學貴自信自立」「不落依傍窠臼」的獨立解脫的精神，而這種獨立解脫的精神，亦承襲自陽明之說，而充分的反應於晚明的新《四書》學之中。

第四節　《孟子》一書無非說仁義道性善

《孟子》一書，原書共十四卷，後漢趙歧，南宋朱熹皆據《史記》之意，斷為孟子所自著。然唐林慎思、韓愈等則以為孟子歿後，弟子萬章、公孫丑等輯錄師說而成。《漢書藝文志》云《孟子》十一篇，趙歧《孟子題辭》云：「七篇之外有外書四篇，然恐為後人所依託，故歧注於於七篇之外不取，是以四篇久佚。」自《漢書藝文志》以來，皆列《孟子》於子部，至南宋淳熙中，朱熹取《孟子》與《論語》、《大學》、《中庸》合為《四書》，遂入經部。注解有漢趙歧注，宋孫奭疏，以及朱熹的《孟子集注》等。

孟子的學說核心主要可分為心性論、修養論、政治思想等議題來談。心性論以「性善說」為代表；修養論以「集義養氣」為主要；政治思想則在於王道與仁政。今依此三個角度，觀察張岱對《孟子》的見解，以見其詮釋意旨與思想所在。

一、無善無惡是謂至善

孟子學說的根基在其性命觀，由其性命觀而展開出人生價值論、道德修養論及王道政治的理想。其性命觀係植基於觀察人性所流露於外在的道德行為，和自身內在心性的深刻反省與體認。因此「性善說」是孟子學說的基本立場，孟子許多學說都是依此而建構。《孟子》書中對「性善」一說的討論主要呈現在〈告子上篇〉，他批評告子以性為杞柳、以仁義為桮棬的話，其中所提出與告子根本不同處在於孟子主張「仁義內在」這個命題。〔註131〕因此孟子認為人性之善是與生俱來而非後天的矯治鍛鍊，如《孟子・告子上・性善》章云：

〔註130〕　見張岱：《四書遇》，頁468。
〔註131〕　《孟子・告子上・杞柳》章：「告子曰：『性猶杞柳也，義猶桮棬也；以人性為仁義，猶以杞柳為桮棬。』孟子曰：『子能順杞柳之性而以為桮棬乎？將戕賊杞柳而後以為桮棬也？如將戕賊杞柳而以為桮棬，則亦將戕賊人以為仁義與？率天下之人而禍仁義者，必子之言夫！』」

公都子曰：「告子曰：『性無善無不善也。』或曰：『性可以爲善，可以爲不善，是故文武興，則民好善，幽厲興，則民好暴。』或曰：『有性善，有性不善，是故以堯爲君而有象，以瞽瞍爲父而有舜，以紂爲兄之子，且以爲君，而有微子啓、王子比干。』今曰『性善』，然則彼皆非與？」孟子曰：「乃若其情，則可以爲善矣，乃所謂善也。若夫爲不善，非才之罪也。惻隱之心，人皆有之；羞惡之心，人皆有之；恭敬之心，人皆有之；是非之心，人皆有之。惻隱之心，仁也；羞惡之心，義也；恭敬之心，禮也；是非之心，智也。仁義禮智，非由外鑠我也，我固有之也，弗思耳矣。故曰：『求則得之，舍則失之。』或相信蓰而無算者，不能盡其才者也。《詩》曰：『天生蒸民，有物有則。民之秉夷，好是懿德。』孔子曰：『爲此詩者，其知道乎！故有物必有則，民之秉夷也，故好是懿德。』」

孟子以爲「仁義禮智，非由外鑠我也，我固有之也」，而此固有之德「求則得之，舍則失之」，所以孟子乃說「擴而充之」、「求放心」、「集義養氣」等許多存養操持的功夫。針對孟子的「性善說」，今人勞思光即以爲「依孟子之說，『性善』即指價值意識內在於自覺心。質言之，即價值根源出於自覺之主體。」〔註132〕「此種價值自覺，通過各種形式之表現，即成爲各種德行之根源。自另一面言之，人由於對當前自覺之反省，發現此中含有各種德行之種子，即可肯定人之自覺心本有成就此各種德行之能力。就所顯現之自覺講，只爲一點微光，故說爲『端』，『端』即始點之意。由當前之反省，揭露四端，而透顯價值自覺之內在，此爲『性善』之基本意義。但孟子又進而說明，『端』只是始點；自覺心原含有各德行，但欲使各德行圓滿開展，則必須有自覺之努力。於此，孟子乃說『擴而充之』一義。四端待擴充，即見『性善』之說決不能指實然始點。反之，德行之完成必爲自覺努力之成果。」〔註133〕而對於孟子「性善」的命題，陽明則以爲：

孟子性善是從本原上說，然性善之端須在氣上始見得，若無氣、亦無可見矣。惻隱、羞惡、辭讓、是非即是氣。程子謂：「論性不論氣，不備；論氣不論性，不明。」〔註134〕

顯然的，陽明認爲孟子的性善論是就本源上說，但是「性善之端須在氣上始見得」，亦即本性發爲惻隱、羞惡、辭讓、是非之心時，才有善惡可言。可見陽明在討論人性時，吸取了宋儒的「氣質」說，對孟子的性善論作了某些修正。後來陽明又說：

〔註132〕見勞思光：《新編中國哲學史》（一），頁159。
〔註133〕同上註，頁158。
〔註134〕見王陽明：《傳習錄》卷中・〈答周道通書〉，頁112～113。

> 無善無惡者理之靜，有善有惡者氣之動。不動於氣，即無善無惡，是
> 謂至善。〔註135〕

陽明認爲心體「不動於氣」、「無善無惡」之時，即是所謂「至善」。這是陽明把「無善無惡」當作「至善」的證據，顯然陽明對人性的看法，從孟子的「性善論」轉而接受了告子「性無善無不善」的觀點。陽明對告子的人性論是有所批評的，但在批評的同時，卻又肯定了這種觀點的正確性。〔註136〕在陽明看來，告子的理論缺陷把「性」和「物」分作內外兩個東西，尚未能做到心物合一。只要克服了這一缺陷，告子的理論就是對的。因此他強調：「無善無不善，性原是如此。」「無善無不善」也就是「無善無惡」的意思。性即心，性無善無惡，也就是「無善無惡是心之體」的意思了。由此可知「陽明對人性的認識是有一個變化過程的：起初他認爲人性是『至善』的；後來他又曾認爲『無善無惡』即是『至善』，最後才確定『無善無惡』就是心之體。這中間有一個由歸宗孟子到逐漸批判性地接受告子的過程。」〔註137〕由於陽明最終傾向於告子的人性論，所以他在評價歷史上的各種人性論時，就再也不專門推崇孟子的性善論，而只是把它看作諸多人性論的一種罷了，《傳習錄》：

> 問：「古人論性，各有異同，何者乃爲定論？」先生曰：「性無定體，論亦無定體。有自本體上說者，有自發用上說者，有自源頭上說者，有自流弊處說者。總而言之，只是這個性，但所見有淺深爾。若執定一邊，便不是了。性之本體原是無善無惡的，發用上也原是可以爲善，可以爲不善的，其流弊也原是一定善、一定惡的。……孟子說性，直從源頭上說來，亦是說個大概如此。」〔註138〕

陽明以爲「性無定體」，所以「論亦無定體」，因著學者體悟所見之深淺不同，角度不同，所以才有自本體上說者、自發用上說者、自源頭上說者、自流弊上說者，所以才形成各式各樣的人性論，其實「性之本體原是無善無惡的」。張岱接受了陽明論人性的觀點，使他在詮釋《論語・雍也・生直》章：「子曰：『人之生也直，罔之生也幸而免。』」時即說：

〔註135〕見王陽明：《傳習錄》卷上・〈薛侃錄〉，頁60。
〔註136〕陽明以爲：「告子病源，從性無善無不善上見來。性無善無不善，雖如此說，亦無大差；但告子執定看了，便有箇無善無不善的性在內，有善有惡又在物感上看，便有箇物在外，卻做兩邊看了，便會差。無善無不善，性原是如此，悟得及時，只此一句便盡了，更無有內外之間。告子見一箇性在內，見一箇物在外，便見他於性有未透徹處。」見王陽明：《傳習錄》卷下・〈黃省曾錄〉，頁199。
〔註137〕見李生龍：《新譯傳習錄》導讀，頁28。
〔註138〕見王陽明：《傳習錄》卷下・〈黃省曾錄〉，頁215～216。

此「直」字，與「質直、」「好直」等「直」字稍異，即性體也。性
體無善惡，無向背，無取捨；離彼離此而卓爾獨存，非中非邊而魏然孤立。
故曰「直」如千仞峭壁，非心思意識之所能攀躋。〔註139〕

張岱認為「性體無善惡」的看法即是遵循陽明「無善無惡心之體」的觀念作為其論
述「本性」時的依據。他在詮釋《論語・陽貨・性近》章：「子曰：『性相近也，習
相遠也。』」時，即引張侗初之言以為：

聖人說「性相近」，較孟子說「性善」覺渾融。蓋聖人尚說習前之性，
孟子卻說習中之性。子思說天命之謂性，是在習前說，率性之謂道，則在
習中矣。人生墮地纔動，知覺便是習。知愛、知敬，都是習始也。試看父
母未生前如何？所以曰「相近」。〔註140〕

張岱認為孔子說的「性相近」較孟子的「性善說」更為圓融。並批評孟子強調從人
當下即是的「心」之發動中即可肯定性之為善的主張，他解釋《孟子・告子上・性
善》章時即以為：

孟子說性善，亦只說得情一邊，性安得有善之可名？且如以惻隱為仁
之端，而舉乍見孺子入井以驗之，然今人乍見美色而心蕩，乍見金銀而心
動，此亦非出於矯強，可俱謂之真心耶？〔註141〕

張岱認為「孟子說性善，亦只說得情一邊，性安得有善之可名？」這顯示張岱對「心」
的最原始意念即為「善」的不信任，而接受陽明「發用上也原是可以為善，可以為
不善」的見解。由於對人性有這樣的認識，在詮釋《論語・里仁・欲惡》章：「子曰：
『富與貴，是人之所欲也；不以其道得之，不處也。貧與賤是人之所惡也；不以其
道得之，不去也。君子去仁，惡乎成名？君子無終食之間違仁，造次必於是，顛沛
必於是。』」時，張岱更援引佛教的觀點批評孟子的說法，他說：

孟子從「乍見」指點惻隱〔註142〕，今人見色動心，談梅生唾，此與
「乍見」何異？大抵無始以來，積業深重，習氣緣心，觸境便見，第一念
認真不得。顧盼禍福，商略道理，全靠第二念頭。「所欲」「所惡」是初念，
「不處」「不去」是轉念，是仁種故徑接「君子去仁，惡乎成名」？孟子
忒看得自然，中間倒有躲閃，所以告子信他不過。〔註143〕

〔註139〕見張岱《四書遇》，頁 161。
〔註140〕見張岱《四書遇》，頁 337。
〔註141〕見張岱：《四書遇》，頁 507。
〔註142〕《孟子・公孫丑上》：「所以謂人皆有不忍人之心者，今人乍見孺子將入於井，皆有
　　　　怵惕惻隱之心。」
〔註143〕見張岱：《四書遇》頁 118。

這裡張岱反對孟子以「乍見」之時來指出人的「惻隱之心」作為「性善」的論點。他反證「見色動心」、「談梅生唾」也都是人「乍見」時自然的反應，如此以「乍見」之時所起的惻隱等心，是不可以作為論證「性善」的通則。接著他引佛教「積業深重，習氣緣心」的「業果緣起」〔註144〕的說法，認為人受周遭環境刺激所起的第一念，都是無始以來的業習當真不得，不可作為吾人應對進退的依據，而是要以「顧盼禍福，商略道理」的第二念為依據。換句話說就是要對「乍見」所起的念頭加以「省察克制」一番。

從以上張岱對「人性」的論說中，可見出他是承襲了上述陽明對人性：「無善無惡者理之靜，有善有惡者氣之動。不動於氣，即無善無惡，是謂至善。」的看法而來。

二、養氣者養心，知言者知心

《孟子‧公孫丑上‧養氣》章是先秦儒學極為重要的一篇文獻，亦是《孟子》功夫論的所在。歷來對《孟子》的研究中，總是學者注目的焦點。學者通常集中於「知言」與「養氣」的闡釋，以表現自家思想的特點。因此檢視張岱對此章的詮釋，就可很清楚的明瞭張岱對孟學功夫論的掌握狀況和思想特點。在《孟子‧公孫丑上‧養氣》章云：

> ……曰：「敢問夫子之不動心與告子之不動心，可得聞與？」「告子曰：
> 『不得於言，勿求於心；不得於心，勿求於氣。』不得於心，勿求於氣，
> 可；不得於言，勿求於心，不可。夫志，氣之帥也；氣，體之充也。夫志
> 至焉，氣次焉，故曰：『持其志，無暴其氣。』」「既曰『志至焉，氣次焉』，
> 又曰『持其志，無暴其氣』者，何也？」曰：「志壹則動氣，氣壹則動志
> 也。今夫蹶者趨者，是氣也，而反動其心。」「敢問夫子惡乎長？」曰：「我
> 知言，我善養吾浩然之氣。」「敢問何謂浩然之氣？」曰：「難言也。其為
> 氣也，至大至剛，以直養而無害，則塞於天地之間。其為氣也，配義與道；
> 無是，餒也。是集義所生者，非義襲而取之也。行有不慊於心，則餒矣。
> 我故曰告子未嘗知義，以其外之也。必有事焉，而勿正，心勿忘，勿助長
> 也。無若宋人然。宋人有閔其苗之不長而揠之者，茫茫然歸，謂其人曰：
> 『今日病矣！予助苗長矣！』其子趨而往視之，苗則槁矣。天下之不助苗

〔註144〕 所謂業果緣起乃是指人的行為動作，可以養成習慣性的，就叫做習氣，又稱業習。
這些業習儲存於我人最深的阿賴識中成為種子。這些種子當遇到外緣和合時，則會
升起作用而感受果報的。詳參法舫法師：《唯識史觀及其哲學》（臺北：天華出版公
司，1987 年 7 月），下編第七章第四節〈唯識的業果緣起論〉，頁 220～230。

長者寡矣。以爲無益而舍之者，不耘苗者也；助之長者，揠苗者也。非徒
無益，而又害之。」「何謂知言？」曰：「詖辭知其所蔽，淫辭知其所陷，
邪辭知其所離，遁辭知其所窮。生於其心，害於其政；發於其政，害於其
事。聖人復起，必從吾言矣。」……。

此節內容主要幾個要點：

1. 孟子論不動心：孟子因論「不動心」之義，評及告子之說，提出志、氣、心
   等觀念。所謂「言」、「心」、「氣」，皆指在己者而說。「言」即己之講論，「心」
   即己之心志，「氣」即指己之意氣。〔註145〕而所謂「不動心」者，正在於心
   志如理自在，非心與事隔之靜斂不動。而「志」與「氣」之關係，孟子以爲
   「志壹則動氣，氣壹則動志也。」因此主張人之意氣應以心志爲主，心志定
   其所向，而氣隨之。此即所謂「志至焉，氣次焉。」如此才能「持其志無暴
   其氣」，如此才能達不動心。

2. 孟子對「養氣」的說明：包括「氣」的性質（「浩然之氣」）、「氣」存在的狀
   態（「塞乎天地之間」）以及存養的方法（「直養而無害」「配義與道」「集義
   所生」）。

3. 孟子對「知言」的說明：「詖辭知其所蔽，淫辭知其所陷，邪辭知其所離，
   遁辭知其所窮。」

綜上言之，孟子此章之主旨乃在成德之學的完成，倡導以志帥氣，而其功夫過
程即「集義養氣」，其結果則能有「知言」之智與「不動心」之勇。此章朱子與陽明
詮釋之差異重點主要在於「知言」與「集義」的內涵與先後次序。朱子在《孟子集
注》《四書或問》《朱子語類》中對孟子此章詮釋甚力，基本上是以「窮理」貫穿「知
言」與「集義」，他說：

> 知言者，盡心知性，於凡天下之言，無不有以究極其理，而識其是非
> 得失之所以然也。……蓋惟知言，則有以明夫道義，而於天下之事無所疑。
> 〔註146〕

而且朱子認爲「知言」先於「養氣」，「知言」爲養浩然之氣之要，他說：「須是先知
言，知言則義理精明，所以能養浩然之氣。」、「知言正是格物致知。苟不知言，則
不能辨天下許多淫、邪、詖、遁，將以爲仁，不知其非仁，將以爲義，不知其非義，
則將何以集義而生此浩然之氣？」〔註147〕、「孟子論浩然之氣一段，緊要處全在『知

〔註145〕　見勞思光：《新編中國哲學史》，頁164。
〔註146〕　見朱熹：《四書集注》，卷3，頁231。
〔註147〕　〔宋〕黎靖德編、王星賢點校：《朱子語類》卷52，頁1261。

言』上，所以《大學》許多功夫，全在格物致知。」〔註148〕

　　至於「集義」，朱子曰：「集義，猶言積善，蓋欲事事合於義也。」整體來看，朱子論「知言」與「集義」乃以「格物窮理」釋「知言」以「積善」論「集義」亦與其向外窮理，格物致知一致，成為一往外的求知活動。由此可知，朱子認為，人能判斷他人言語中「淫、邪、詖、遁」之病，是因為人能「知理」，能「於天下之事無所疑」〔註149〕。也就是說，人是因為「認知」的能力而使人能明白道義，判斷價值。因此此章按照朱子的詮釋，其功夫進路為：

　　　　知言（窮理）→集義→養氣→不動心

朱子的詮釋重點在「知言」，十分具體的顯示「他以『窮理』來貫穿理解『知言』、『養氣』的立場，將孟子的『知言』，導向為知識活動。使得孟子的『知言』在心理運作過程上，是先透過學習，在來運用判斷鑑別，成為一個較為曲折的歷程。如此的解釋，自然是朱子以其《大學》義理體系為基礎，企圖將這種「窮理」的認知精神貫通到《孟子》的解說中，使其《四書集注》的思想融會為一體。」〔註150〕反觀陽明對此章的詮釋重點，則在「集義」一事，他以為：

　　　　君子之學終身只是集義一事。義者宜也，心得其宜之謂義。能致良知，則心得其宜矣，故集義亦只是致良知，君子之酬酢萬變，當行則行，當止則止，當生則生，當死則死，斟酌調停，無非是致其良知，以求自慊而已。
　　　　〔註151〕

他點出孟學的功夫論在「集義」，而「集義」就是他所鼓吹的「致良知」，學者若能於此用功自能「不動心」，他說：

　　　　心之本體原自不動。心之本體即是性，性即是理。性元不動，理元不動。集義是復其心之本體。〔註152〕

陽明在心學立場下把「集義」解為「復其心之本體」的內向反省活動，與朱子的外向性詮釋大不相同。根據這樣的主張，陽明更進一步的解說「致良知」與「集義」的關係，他說：

　　　　夫「必有事焉」只是「集義」，「集義」只是「致良知」。說「集義」則一時未見頭腦，說「致良知」即當下便有實地步可用功。故區區專說「致

〔註148〕〔宋〕黎靖德編、王星賢點校：《朱子語類》卷52，頁1241。
〔註149〕同前註。
〔註150〕引自張曉生：《郝敬及其四書學研究》（臺北：東吳大學博士論文，2002年，12月），頁136。
〔註151〕見王陽明：《傳習錄》卷中・〈答歐陽崇一〉，頁134。
〔註152〕見王陽明：《傳習錄》卷上・〈陸澄錄〉，頁49。

良知」，隨時就事上致其良知，便是「格物」；著實去致良知，便是「誠意」；
著實致其良知，而無一毫意必固我，便是「正心。」著實致良知，則自無
忘之病；無一毫意必固我，則自無助之病。故說「格、致、誠、正」，則
不必更說箇「忘、助。」孟子說「忘、助」，亦就告子得病處立力。告子
強制其心，是助的病痛，故孟子專說助長之害。告子助長，亦是他以義爲
外，不知就自心上「集義」，在「必有事焉」上用功，是以如此。若時時
刻刻就自心上「集義」，則良知之體洞然明白，自然是是非非纖毫莫遁，
又焉有「不得於言，勿求於心；不得於心，勿求於氣」之弊乎？〔註153〕
對於「知言」的「知」，陽明認爲它指的是「良知」，而非如朱子所解的「認知」。如
此一來，陽明對孟子「知言」的理解即爲「由良知面對他人言語時，自然具有智慧
能辨淫、邪、詖、遁等辭之弊。」陽明如此的解釋，自然是在他「致良知」思想所
推致出來的理解。因此此章按照陽明的詮釋，其功夫進路爲：

　　集義（致良知）→養氣→知言（智）、不動心（勇）

　　總結來說，朱子的「知言養氣」等同於「集義養氣」，功夫在「窮理」、在「格
物致知」；而陽明則是「集義養氣以知言」，功夫在「集義」（即是「致良知」），如此
則能有「知言」、「不動心」的成果。顯然的，筆者以爲還是陽明之說較符合孟子本
意。從《四書遇》中來觀察，張岱論「養氣」的方法以爲：

　　養氣非求之於氣，知言非求之於言。養氣者養心，知言者知心，此孟
　　子之得於心者也。告子不得而勿求，兩不得處，其心早已動矣。告子只論
　　求不求，孟子只論得不得。〔註154〕

張岱對孟子此章的立論，明顯地與朱子針鋒相對，朱子以外向的窮理來詮釋「知言
養氣」，而張岱則批評說：「養氣非求之於氣，知言非求之於言」，他指出「養氣知言」
的要點在「知心」，其功夫在「集義」在「必有事焉」，他說：

　　董思白曰：此章叫做養氣，實無一字於氣上討力。通章只是「持志」
　　二字，而持之妙，在「必有事焉」數句。所謂縮者在此，直養者在此，知
　　言者知此，養氣者養此。」〔註155〕

這裡他畫龍點睛的指出，此章的功夫要旨在「必有事焉，而勿正，心勿忘，勿助長」，
這幾句也就是孟子「集義」的功夫所在，他並接著發揮其義說：

　　養氣須是：錢不妄受，色不妄交，立定根基，方可集義。城市混雜，

〔註153〕見王陽明：《傳習錄》卷中‧〈答聶文蔚〉，頁150。
〔註154〕見張岱：《四書遇》，頁399。
〔註155〕見張岱：《四書遇》，頁398。

人氣紛囂，自有一段清眞灝氣，一吸一呼，與我默默相應。君子有三戒，

正是善養氣法度。自少至老，兢業循環，無少踰越，是爲集義。〔註156〕

「錢不妄受，色不妄交，立定根基」，就是「必有事焉」的生活寫照，也就是陽明所說：「心得其宜之謂義。能致良知，則心得其宜矣，故集義亦只是致良知，君子之酬昨萬變，當行則行，當止則止」的注腳。可見張岱對此章的詮釋還是遵循陽明的說法，著重在「集義」的發揮。除了「錢不妄受，色不妄交，立定根基」外，他特別提出了「善養氣」的方法乃孔子在《論語・季氏・三戒》章中所提的：

君子有三戒：少之時，血氣未定，戒之在色；及其壯也，血氣方剛，

戒之在鬥；及其老也，血氣既衰，戒之在得。

如此自能集義、自能養氣。另外張岱對「氣」的看法，以爲：

是氣也寓於尋常之中，而塞乎天地之間。卒然遇之，則王公失其貴，

晉、楚失其富，良、平失其智，賁、育失其勇，儀、秦失其辯。是孰使之

然哉？其必有不依形而立，不恃力而行，不待生而存，不隨死而亡者矣。

故在天爲星辰，在地爲河嶽，出則爲鬼神，而明則復爲人。此理之常，無

足怪者。〔註157〕

又說：

氣是先天，道義是後天。先天必合後天而始生，如陰陽伉儷夫婦，配

合方有孕誕之理。此言氣配，下言氣生，皆是物也。〔註158〕

可見他認爲「氣」乃客觀之存在，充塞於天地之間，隨時、空變化。至於心與氣的關係，他以爲「理氣非二」，能養心就是養氣，不用外求於氣，否則必犯「正、忘、助」三種缺失。〔註159〕當人能「致良知」時，自然能產生浩然正氣。如詮釋《孟子・盡心上・踐形》章：「孟子曰：『形色，天性也。惟聖人然後可以踐形。』」《四書遇》云：

全要識理氣非二，方應「踐形」話頭。人生氣聚有此形，形之所用，

種種可見，即名爲色，此中都有個當然之則。爲心之生生而不可索者，此

即是天性。天性只是色之條理，色只是形之可見，一「形」字盡之。故下

面只說聖人「踐形」，更不提「色」與「性」字。此樣處是聖賢見得渾合

〔註156〕 見張岱：《四書遇》，頁400。

〔註157〕 見張岱：《四書遇》，頁398。

〔註158〕 見張岱：《四書遇》，頁398。

〔註159〕 如張岱說：「正、忘、助三項，人俱是求於氣而失之者。」見張岱：《四書遇》，頁400。

處，故說「盡性」也得，說「踐形」也得。(頁 552)

朱子對此章的詮釋，認爲「形體是氣所生，氣與理是二非一，不離不雜，所以說：『有是形便有是理，盡得這個理，便是踐得這個形。』，張岱強調『理氣非二』，強調須『見得渾合處』，隱隱然與朱註立異。」〔註 160〕在明代「氣的哲學」主要有朱子學與陽明學兩大潮流，而「明代後半期出現的『氣的哲學』大致可看出一個共通的傾向，即是皆以朱子學爲前提，對朱子學的『理先氣後』此 一理論性前提進行反駁。」〔註 161〕張岱認爲「理氣非二」，在張岱看來，「心即理」、「心即氣」，此即反駁朱子「理先氣後」說的一個例證，而張岱將「養氣」功夫理解爲內省的「養心」之學，而不是向外追逐的知識活動，主要的原因是承襲陽明「致良知」說的發揮。

三、聖賢之學，必審於時務

孟子的政治思想以建立王道政治，實行仁政爲綱要。其論「王道」的基礎在於「德治」〔註 162〕，而「仁政」的宗旨即在於「保民」。孟子心目中仁政與王道的具體內容在安民、養民、教民、使民、保民。〔註 163〕孟子名之爲「王道」者，蓋因孟子深信能以民爲本，實行仁政，才能得民心，能得民心必可王天下，而這也就是「先王之道」。如《孟子・梁惠王上・盡心》章云：

> ……不違農時，穀不可勝食也；數罟不入洿池，魚鱉不可勝食也；斧斤以時入山林，材木不可勝用也。穀與魚鱉不可勝食，材木不可勝用，是使民養生喪死無憾也。養生喪死無憾，王道之始也。五畝之宅，樹之以桑，五十者可以衣帛矣。鷄豚狗彘之畜，無失其時，七十者可以食肉矣。百畝之田，勿奪其時，數口之家可以無饑矣。謹庠序之教，申之以孝悌之義，

〔註 160〕 見黃俊傑：〈張岱對古典儒學的解釋——以四書遇爲中心〉，《明清之際中國文化的轉變與延續研討會論文集》，頁 344。黃先生又認爲，朱子以理氣二分的格局施諸「知言養氣」章，引起了十七世紀以降東亞儒學界的批判思潮，而批判的基本方面就是以一元論駁朱子的二元論。張岱對孟子「知言養氣」章的立論，明顯的與朱子針鋒相對。

〔註 161〕 見馬淵昌也：〈明代後期氣的哲學之三種類型與陳確的新思想〉，《儒學的氣論與功夫論》(臺北：台大出版中心，2005 年 9 月)，頁 162。

〔註 162〕 例如《孟子・公孫丑上・五霸》章，孟子曰：「以力假仁者霸，霸必有大國；以德行仁者王，王不待大。湯以七十里，文王以百里。以力服人者，非心服也，力不贍也；以德服人者，中心悦而誠服也，如七十子之服孔子也。《詩》云：『自西自東，自南自北，無思不服。』此之謂也。」

〔註 163〕 見孟繁驥：〈孟子的仁政思想〉，《孔孟月刊》，第 11 卷第 6 期 (1973 年 2 月 28 日)，頁 19～21。

頒白者不負戴於道路矣。七十者衣帛食肉，黎民不饑不寒，然而不王者，
未之有也。

此篇即是孟子有關王道仁政最重要的言論。對於孟子「民為貴，社稷次之，君為輕。」
〔註164〕的「民本」思想，張岱發為讚嘆的說「此等議論超越千古，非孟子不能發。」
〔註165〕在《孟子》中所言，王道的綱領，首先是君主必須有「道德仁義」的涵養。
如：

孟子曰：「……君仁，莫不仁;君義，莫不義，君正，莫不正。一正君
而國定矣。」（《孟子·離婁·革非》章）

孟子曰：「愛人不親，反其仁；治人不治，反其智；禮人不答，反其
敬。行有不得者皆反求諸己，其身正而天下歸之。《詩》云：『永言配命，
自求多福。』」（《孟子·離婁·反求》章）

對於此論，張岱深有同感，在他看來，君主有兩種類型，一為「以己與天下」如舜、
禹等聖王；一為「以天下與己」如桀紂等暴君。所以在詮釋《論語·泰伯·舜禹》
章：「子曰：『巍巍乎，舜禹之有天下也，而不與焉！』」時，《四書遇》云：

舜禹不與，非敝屣天下之謂也。舜憂勤，禹胼胝，上為君父，下為蒼
生，未嘗視為己之天下，而以己與焉者也。若只以輕視天下為巍巍，則巢
由何遂不如舜禹？飢溺繇己，政是以己與天下，不是以天下與己。鹿臺、
鉅橋，克剝天下以奉己者，是以天下與己者也。（頁203）

張岱認為「舜憂勤，禹胼胝，上為君父，下為蒼生」，如此為天下蒼生庶民服務，吃
大苦，耐大勞，「飢溺繇己」這就是舜、禹具有「以己與天下」的胸懷，才能建立王
道政治，造福萬民，為後代所歌頌。反觀桀紂等暴君，把天下當作是自己的私產，「克
剝天下以奉己」，盡情縱欲，貪圖享樂，不顧民生，最後只能落得敗身亡國的悽慘下
場。所以君主是否能具備「以己與天下」的「道德仁義」內涵，實攸關王道政治的
建立。因此要建立王道政治的首要條件就是君主要「自己為大人」，他說：「大人者，
居仁由義，正己而物正者也。君仁君義，俱從大人來。」〔註166〕因為「鉤曲之形，
無繩宜之影，參差之上，無整齊之下；化本在我，不由于彼。」〔註167〕君主之所以
能居仁由義，用陽明學的術語來說就是因為能「致良知」而通達本心，能通達本心

〔註164〕見《孟子·盡心下·丘民》章：「孟子曰：『民為貴，社稷次之，君為輕。是故得乎
丘民而為天子，得乎天子為諸侯，得乎諸侯為大夫。諸侯危社稷，則變置。犧牲既
成，粢盛既潔，祭祀以時，然而旱乾水溢，則變置社稷。』」
〔註165〕見張岱：《四書遇》，頁562。
〔註166〕見張岱：《四書遇》，頁453。
〔註167〕見張岱：《四書遇》，頁441。

後自能通達治道，因為「治法總不出心法之外」〔註168〕，如此就能通達「義、利」之辨的意義與重要，他引徐儆弦的話說：

「義」、「利」二字，是治道學術大關頭，明此則純王、雜霸、君子、小人皆一時勘破，故大學之傳，以此而終；七篇之書，以此而始。〔註169〕

蓋因君主能明辨義利，所施行的才是仁政。除了君主自己具備道德涵養外，王道的綱領則是教導人民亦具「道德涵養」。他說：「治而教之以復其性，吏之職也。」〔註170〕如此則能「親長之道明，則凡為人父兄者，皆與人主共治天下矣。故其道最為易簡。」〔註171〕張岱如此的解釋很符合孟子：「人人親其親，長其長，而天下平」〔註172〕的王道綱領。而且這個看法與顧炎武在《日知錄》、《天下郡國利病書》中所主張，「天下安固之道，在地方鄉里之自治，在善良風俗之形成。」〔註173〕可說不謀而合。至於《孟子》中有關仁政的內涵，張岱較少發揮，相對的對施行仁政的方法，較多見解。如他以為施政要重「時」、講求「法制」、「法術」、要「一正一反」等。張岱以為：「聖賢之學，必審於時務。」〔註174〕施政重「時」的觀念，亦如「時中」觀念一樣，來自其《易經》的造詣涵養。在《大易用》序中，他就說：「……古之成大事者，必審於時勢之當然，又察夫己之所履，於是得其一說而執之，可以無患。凡卦之德，雖處極凶，至於險而不至於殺，至於危而不至於亡；其至於殺與亡者，每不在於守，而在於變。故《易》之為用，不可以不變，而又不可以不善變。……善變者，乘機搆會，得之足以成大功；不善變者，悖理傷道，失之足以致大禍。用《易》而不善於變易，亦無貴於用《易》者矣。」〔註175〕「審於時勢」，包含了時機與外在的情勢兩方面。掌握了這兩個因素，才能善變，才能「乘機搆會，得之足以成大功」，不管是國君的

〔註168〕見張岱：《四書遇》，頁368

〔註169〕見張岱：《四書遇》，頁371。

〔註170〕見張岱：《四書遇》，頁404。

〔註171〕見張岱：《四書遇》，頁445。

〔註172〕見《孟子・離婁上・親長》章：「孟子曰：『道在爾而求諸遠，事在易而求之難：人人親其親，長其長，而天下平。』」

〔註173〕在談到明末經史經濟實學意涵時，唐君毅先生以為：「顧亭林之《日知錄》、《天下郡國利病書》等，則皆就史事、地理、民物為述。不同船山、梨州之各有一套對史理、政理之議論。此即意在博學于文，藏說理于述事。觀亭林所述之事，則知其乃意謂天下安固之道，在地方鄉里之自治，在善良風俗之形成。故其述歷史之變，亦重在觀風俗隆窊之變遷。本此以言春秋及戰國之禮教之盛衰，及東漢之風俗之美，而敗壞于曹魏等。」見唐君毅：《唐君毅先生全集》（臺北：台灣學生書局，1984年2月）卷19〈中國哲學原論原教篇〉，頁689。

〔註174〕見張岱：《四書遇》，頁394。

〔註175〕見夏咸淳校點：《張岱詩文集》，〈大易用〉序，頁127。

治國、個人之處世修身皆不外如此。因此他詮釋《孟子・盡心下・布縷》章:「孟子曰:『有布縷之征,粟米之征,力役之征。君子見其一,緩其二。用其三而父子離。』」時,就出現了重「時」的觀念,他說:

> 讀《禮》,疑圖按織麻曰布,析絲曰縷,帶殼曰粟,脫殼曰米,布縷出於五畝之宅,匹婦所蠶也,其成在夏,故夏征之。粟米出於百畝之田,匹夫所耕也,其成在秋,故秋征之。力役出於同井之家,丁男所賦也,至冬有暇,而始征之。力役有二:其一軍賦,以冬而更番;其一工賦,以冬而應役。徭役則在軍賦之中,顧役則從工賦之便,皆力役之征也。三者之外,更無征焉;而用之又各以其時,亦可以見民之不擾矣。〔註176〕

又如詮釋《孟子・梁惠王上・雪恥》章:「梁惠王曰:『晉國天下莫強焉,叟之所知也。及寡人之身,東敗於齊,長子死焉;西喪地於秦七百里;南辱於楚,寡人恥之。願比死者一洒之,如之何則可?』孟子對曰:「地方百里而可以王。王如施仁政於民,省刑罰,薄稅斂,深耕易耨;壯者以暇日修其孝悌忠信,入以事其父兄,出以事其長上,可使制梃以撻秦楚之堅甲利兵矣。彼奪其民時,使不得耕耨以養其父母。父母凍餓,兄弟妻子離散。彼陷溺其民,王往而征之,夫誰與王敵?故曰:『仁者無敵。』王請勿疑!』」《四書遇》云:

> 三晉與秦為隣。秦地人多土狹,商鞅為政,其《開塞》《耕戰》《來民》《墾草》諸書,無日不以來三晉之民為事。蓋三晉之游民日入秦地,則秦地草日墾,而國日富矣。
>
> 故孟子策梁,首言「不違農時,」又言「百畝之田,勿奪其時;」又言「深耕易耨」只是分田制產,安其土著之民始,土著之民安,則梁猶可為也。此是三晉大勢,鑿鑿如此,奈何為迂遠而闊於事情?(頁376)

這裡張岱依然特別點出王道要領在「不違農時」、「勿奪其時」等問題上,如果能「用之又各以其時」,那麼人民就有休養生息的機會,自然「土著之民安,梁猶可為也」。

除了「時」外,張岱還注重「法制」「法術」之運用,他說:「凡任天下大事,不可無術也。」〔註177〕、又說:「別處論及多重心,此獨重法,以當時諸侯蔑視井田學校等法是也。要知法者,心之寄也,心與法固自離不得。」〔註178〕。這與「梨州論政,則重內政之制度,謂三代之有法,後世無法」〔註179〕之說相呼應。且更認

〔註176〕見張岱:《四書遇》,頁570。
〔註177〕見張岱:《四書遇》,頁548。
〔註178〕見張岱:《四書遇》,頁438。
〔註179〕唐君毅先生以為:「船山論安固天下之道,重邊塞之防,而主匿武于四方。梨州論

為「為政不可拘於法」〔註180〕，要審於時勢，才能活用，如他詮釋《孟子・滕文公上・井田》章：

> 滕文公問為國。孟子曰：「民事不可緩也。《詩》云：『晝爾于茅，宵爾索綯。亟其乘屋，其始播百穀。』民之為道也，有恒產者有恒心，無恒產者無恒心。苟無恒心，放辟邪侈，無不為已。及陷乎罪，然後從而刑之，是罔民也。焉有仁人在位，罔民而可為也？是故賢君必恭儉禮下，取於民有制。陽虎曰：『為富不仁矣，為仁不富矣』。夏后氏五十而貢，殷人七十而助，周人百畝而徹，其實皆什一也。徹者，徹也。助者，藉也。龍子曰：『治地莫善於助，莫不善於貢。』貢者，校數歲之中以為常。樂歲粒米狼戾，多取之而不為虐，則寡取之；凶年，糞其田而不足，則必取盈焉。為民父母，使民盼盼然，將終歲勤動，不得以養其父母，又稱貸而益之，使老稚轉乎溝壑，惡在其為民父母也？夫世祿，滕固行之矣。《詩》云：『雨我公田，遂及我私』。惟助為有公田。由此觀之，雖周亦助也。設為庠序學校以教之。庠者，養也。校者，教也。序者，射也。夏曰校，殷曰序，周曰庠，學則三代共之，皆所以明人倫也。人倫明於上，小民親於下。有王者起，必來取法，是為王者師也。《詩》云：『周雖舊邦，其命維新』。文王之謂也。子力行之，亦以新子之國！』使畢戰問井地。孟子曰：『子之君將行仁政，選擇而使子，子必勉之！夫仁政，必自經界始。經界不正，井地不均，穀祿不平，是故暴君污吏必慢其經界，經界既正，分田制祿，可坐而定也。夫滕，壤地褊小，將為君子焉，將為野人焉。無君子莫治野人，無野人莫養君子。請野九一而助，國中什一使自賦。卿以下必有圭田，圭田五十畝，餘夫二十五畝。死徙無出鄉，鄉田同井，出入相友，守望相助，疾病相扶持，則百姓親睦。方里而井，井九百畝，其中為公田。八家皆私百畝，同養公田，公事畢，然後敢治私事，所以別野人也。此其大略也，若夫潤澤之，則在君與子矣。』」

《四書遇》云：

> 譜而弈，弈秋弗是也；方而藥，盧扁弗是也，執圖冊而行井田，聖人弗是也。弈在著先，藥在方外，聖人之精神，離法而寄於法者也。離法則

政，則重內政之制度，謂三代有法，後世無法，言君德，重相權，謂明政之敗，自高皇帝廢宰相制度始。」見唐君毅：《唐君毅先生全集》（臺北：台灣學生書局，1984年2月）卷19，〈中國哲學原論原教篇〉，頁688。
〔註180〕見張岱：《四書遇》，頁412。

法活矣，不離法則法死矣。（頁 422）

在張岱重爲政之術，比較特別的是講求「一正一反」相對之術的應用，他認爲「一正一反」的運行與力量本來就是天地自然的法則，《四書遇》云：

天地生生，不但治爲生，即亂亦爲生。蓋治之生，是順而生；亂之生是逆而生，是以聖人曰：「蠱，元亨也。」（頁 433）

《繫詞》云：「損益盛衰之始也」。盛爲衰之始，益而不已必損。衰爲盛之始，損而不已必益。一盛一衰，天運之循環。一損一益，人事之調劑。善觀古者，但觀一代之末造，便知後一代聖人作何補救。（頁 97）

因此詮釋《孟子·離婁下·仁義》章：「孟子曰：『君仁莫不仁；君義莫不義。』」時，《四書遇》云：

仁主覆露，義主裁割；仁義雙行、生殺並用，帝王之道也。經濟言曰：君者，儀也，儀正而景正。君者，槃也，槃圓而水圓。君者，盂也，盂方而方。（頁 461）

張岱認爲「仁義雙行、生殺並用，帝王之道也。」這種觀點實從其對《易經》的研究而來，並貫穿於其著作中。〔註181〕但是運用反面的力量時，要「順天應人，不得已而用」，他說：

征伐是王政，然要有王者實心，順天應人，不得已而用。宋王偃滅滕伐薛，敗齊楚魏之兵，求伯勝於天下，乃區區不鼓不禽，謂是王政，如何不動齊楚之師！（《四書遇》，頁 431）

由於張岱處在晚明政治腐敗時期，對當時社會政治、軍事、經濟等社會問題熱切關注，望治深切。其《石匱書》對萬曆至天啓年間皇帝昏庸，佞臣當道，朝政窳敗，大權旁落，民不聊生的社會政治痛心疾首，而做了深刻揭露。因此在詮釋《孟子》有關「王道仁政」思想時，自然刻意的闡述自己的理念，希望藉著著作的傳播，有助王綱。但是徵諸史實，明朝迅速的覆亡，張岱隱居不仕，《四書遇》直到近年才刊刻付梓，其影響力可說微乎其微，對照張岱寫作的苦心孤詣，眞是不禁令人唏噓。

第五節　小　結

經由以上四節對張岱《四書遇》義理內涵的探討，可以歸納出以下幾點結論：

其一，張岱《四書遇》對《四書》義理的詮釋內涵皆是直承陽明之說而來，如

〔註181〕如《石匱書》云：「天下事，除一弊則興一利，興一利則又生一弊，事若循環。」，見張岱：《石匱書》，〈同姓諸王世表序〉卷 18，頁 230。

《大學》中對「三綱領」的看法，以及以「格心」釋「格物」，「良知」釋「知」；《中庸》中以「用中」釋「中庸」，以「格物致知」釋「戒慎恐懼」，以「心體」釋「誠」；《論語》中以「心體」釋「禮」，以「萬物一體之心」釋「仁」，以「心之所宜」釋「義」，以「致良知」爲「學」的宗旨。在《孟子》中，以「無善無惡」釋「性」，以「養心」釋「養氣」等等。張岱對《四書》義理的詮釋，本質上並不著墨於「明德」「中庸」「仁」「禮」等道德價值本源的論述，或是義理的發揮，他所強調的是「良知本心」的詮釋，以及實踐運用的探討。並以「良知」作爲詮釋《四書》義理之核心觀念，如《大學》中的「明德」、《中庸》的「中」與「獨」、《論語》的「仁」，張岱皆以一念之靈明爲注解。因此《四書》中的「明德」、「中」、「誠」、「禮」、「仁」皆是「良知」的異名。因此《四書遇》可說是陽明「致良知」學說落實時《四書》經典義理詮釋時，所產生的面貌。這種面貌，是陽明後學注解《四書》時所呈現的通則共相。

其二，張岱《四書遇》的詮釋方式，並非著重於「名物訓詁」與「考證」。而是注重實踐功夫之探討，輕知識學問之思辨。在《傳習錄》卷上，陽明說：「今爲吾所謂格物之學者，尚多流於口耳。況爲口耳之學者，能反於此乎？天理人欲，其精微必時時用力省察克治，方日漸有見。如今一說話之間，雖只講天理，不知心中倏忽之間，已有多少私欲。蓋有竊發而不知者。雖用力察之，尚不易見。況徒口講而可得盡知乎？今只管講天理來頓放著不循，講人欲來頓放著不去，豈格物致知之學？後世之學，其極至，只做得箇義襲而取的工夫。」〔註182〕陽明特種實踐的主張，深深影響著張岱，此《四書遇》的成書，即是張岱力行陽明學說的心得語錄。其詮釋《四書》時，著重於格物致知、戒慎恐懼、克己復禮、集義養氣等功夫的討論，其所輯錄當代學者的言論，大抵亦以存養操持的功夫見解爲對象。而整個《四書》功夫論的核心即是「致良知」，張岱遵循著陽明之說，在《四書遇》中，「格物致知」就是「戒慎恐懼」就是「克己復禮」就是「致良知」，簡單扼要，說解連貫，易知易行，可說是掌握了「爲學的頭腦處」。

其三，張岱在自序中說「六經四子，自有註腳而十去其五六矣，自有詮解而去其八九矣。故先輩有言：六經有解不如無解。完完全全幾句好白文，卻被訓詁講章說得零星破碎，豈不重可惜哉！」〔註183〕他認爲《四書》義理本自明白、本自連貫，只是被庸儒的訓詁講章說得零星破碎，因此《四書遇》的表述方式，重視經意之精要處，以簡單扼要之語點出，有畫龍點睛之效，方便學者眞知力行。而且張岱在詮

〔註182〕見王陽明《傳習錄》卷上・〈陸澄錄〉，頁50。
〔註183〕見張岱：《四書遇》，頁1。

釋《四書》經典時，很能掌握注意整章整節之主旨，並以之與《五經》互參，由此可見他對儒家經典的精熟與融會貫通的涵養。以「經學家」的頭銜名之，張岱受之而無愧。

其四，張岱在詮釋《大學》《中庸》時，注重點出《大學》《中庸》的功效，此乃與其經世致用的治學態度有關，因此他才會發：「《學》、《庸》俱經世之書」的議論。尤其對《大學》中「用人理財」的發揮更具有時代意義。在《論語》中張岱論「禮」以及「仁義」之關係，當可讓可們對勞思光先生於《新編中國哲學史》所言「攝禮歸仁」、「攝禮歸義」的說法有所反省〔註184〕，尤其勞先生的說法近年來頗為學者所援引。從《四書遇》所引晚明學者的言論來看，其中有許多訂正《孟子》的文字。而且張岱甚至有「孟子生平立言，不甚拘泥，……學者不可不知。」〔註185〕的言論出現。可知，陽明「顏子歿而聖學亡」、「見聖道之全者，唯顏子」的理念，深深影響了後學對儒家人物的評價。晚明學者除遵循陽明認為儒家道脈不傳的觀點外，甚至認為陽明心學是直承孔、顏心法而來。〔註186〕另外，張岱對《孟子》「民貴君輕」以及「君權轉移」等觀點未見詮釋，此為可惜之處。

〔註184〕 勞思光先生說：「禮觀念為孔子學說之起點，但非孔子學說之理論中心。蓋孔子之學，特色正於不停滯在『禮』觀念上，而能步步昇進。」又云：「所謂『禮』原有廣狹二義。狹義之禮，即指儀文而言；廣義之禮，則指節度秩序。前者亦即世俗禮生所知之禮，後者為理論意義之禮，原非世俗所知，至孔子正式闡明其意義。……然則孔子如何發展其有關『禮』之理論？簡言之，即攝『禮』歸『義』，更進而攝『禮』歸『仁』是也。」見勞思光：《新編中國哲學史》（一），頁109。

〔註185〕 見張岱：《四書遇》，頁394。

〔註186〕 見簡瑞銓：《四書蕅益解研究》，頁220～223。

第五章　《四書遇》的內容特色

　　將《四書遇》放在晚明《四書》學的作品中觀察，發現其突顯出以下幾點特色：第一點，全書寄託張岱個人情志包括個人胸懷與經世志向；第二點，書中特別彰顯實踐精神，尤其是通經致用的重視；第三點，由於此書成書動機乃在編纂陽明後學之經說，因此書中自然廣徵博引，蘊含博學傾向；第四點，張岱乃當代文學聖手，散文大家，雖然《四書遇》是經學著作，但是張岱特意為之，詮釋文字自然充滿文學色彩。

第一節　寄託個人胸懷與經世志向

一、知我其天，不向人間索知己

　　歷來知識分子，當身處亂世時，容易顯現心靈流亡者的特性，即是對於過去難以釋懷，對於現在和未來滿懷悲苦，張岱的心情寫照即是如此。明亡以後，張岱披髮入山，避居剡溪，生活經濟困窘，布衣蔬食，常至斷炊。其時，他已年近半百，漸入老境，但仍能以明代愛國遺民的身份矢志厲節在窮困中堅持著述，直至老死。他以遺民的身分，一面忍受著異族統治的悲憤和貧困的物質生活，一面將全部精神投入有明一代史料的編纂，並致力寫作，將國破家亡的悲痛寄託於往事回憶之中，如《陶庵夢憶》、《西湖夢尋》等書。

　　同樣的，在《四書遇》中也與《陶庵夢憶》一樣，時常流露出他對人生多變的感懷。如詮釋《中庸・天命》章：「莫見乎隱，莫顯乎微。」時，他就說：「群動交作，隨波逐浪，眼前禍福，有若聾盲；三更燈盡，五更夢迴，生平善惡，眉髮可數，故曰『莫見』、『莫顯』。」〔註1〕這樣的心情感慨，常常出現在《四書遇》中，讀之

〔註1〕見張岱：《四書遇》，頁22。

令人不勝唏噓。然而張岱並不因外在的惡劣環境而懷憂喪志，在詮釋《孟子‧告子上‧本心》章：「孟子曰：『魚我所欲也，熊掌亦我所欲也，二者不可得兼，舍魚而取熊掌者也。生亦我所欲也，義亦我所欲也，二者不可得兼，舍生而取義者也。生亦我所欲，所欲有甚於生者，故不為苟得也。死亦我所惡，所惡有甚於死者，故患有所不辟也。如使人之所欲莫甚於生，則凡可以得生者，何不用也？使人之所惡莫甚於死者，則凡可以辟患者，何不為也？由是則生而有不用也，由是則可以辟患而有不為也，是故所欲有甚於生者，所惡有甚於死者。非獨賢者有是心也，人皆有之，賢者能勿喪耳。一簞食，一豆羹，得之則生，弗得則死。嘑爾而與之，行道之人弗受；蹴爾而與之，乞人不屑也；萬鍾則不辨禮義而受之。萬鍾於我何加焉？為宮室之美、妻妾之奉、所識窮乏者得我與？鄉為身死而不受，今為宮室之美為之；鄉為身死而不受，今為妻妾之奉而為之；鄉為身死而不受，今為所識窮乏者得我而為之。是亦不可以已乎？此之謂失其本心。』」他就說：

> 欲海無邊，塵心難掃；汗顏頃刻，頑鈍終身。填七尺於糧淫，耗鬚眉於營算。宅畔有宅，田外有田。好利亦復競名，身榮又祈子富。嘗試回頭一看，覺得身外俱閒；世短意長，不知埋沒了多少血肉男子。孟子「失其本心」一嘆，真能使行路、乞人一齊痛哭！〔註2〕

對世俗的名利、榮華富貴，經此鉅變，他反而能看清楚，不被外在的名繮利鎖繫絆住。反觀在朝代更替的歷史鉅變中，有些明朝的高官名將，經不起清朝的威脅利誘，紛紛剃髮變服「失其本心」，改事新朝，如在《石匱書後集》卷八中，張岱就記載著他親眼見家鄉有「兩大老」「膜拜貝勒，伏地不起」〔註3〕奴顏卑膝的醜態；相對地，他也見到有些直節之士，或在抗清的行動中英勇的犧牲，或在國亡的同時殉節自裁，如張岱堂伯張焜芳為清人所執，不降被害；堂弟張萼初舉兵抗清，兵敗而死；姻親好友祁彪佳沉水而死，年祖王思任絕食而死；友人陳函輝則投環死。故張岱說：

> 世亂之後，世間人品心術，歷歷皆見，如五倫之內無不露出真情，無不現出真面。余謂此是上天降下一塊大試金石。〔註4〕

在知己祁彪佳、倪元路等人忠義殉國之後，張岱亦「每欲引決」但因《石匱書》未

〔註2〕見張岱：《四書遇》，頁513。

〔註3〕《石匱書後集》：「……余見吾鄉兩大老膜拜貝勒，伏地不起，恭敬萬狀；自謂可保百年矣。乃不出兩月，而餘齡頓盡。偷生片瞬，做此醜態；死若有知，其懷恨亦何極哉！」見張岱：《石匱書後集》卷8，〈孫承宗、賀逢聖、呂維祺、姜曰廣列傳〉，頁108。

〔註4〕見張岱《快園道古》（杭州：浙江古籍出版社，1986年），卷4。

成，故尚視息人間。張岱認為為保氣節一死了之，自然可貴，但若為了完成救國使命而存活於世，所承受的壓力更是倍加艱辛。他自己說：

> 余一生受義之累，家以此亡，身以此困，八口之家以此饑寒，一生以此貧賤。所欠者，但有一死耳。然余之不死，非不能死也，以死而為無益之死，故不能死也。以死為無益而不死，則是不能死，而竊欲自附於能死之中，能不死，而更欲出於不能死之上。千磨萬難，備受熱嘗。十五年後程嬰，更難於十五年前之公孫杵臼，至正二十六年之謝枋得，更難於至正十九年之文天祥也。〔註5〕

因此他在詮釋《論語·泰伯·君子》章：「曾子曰：『可以托六尺之孤，可以寄百里之命，臨大節而不可奪也。君子人與？君子人也！』」中就抒發出這種心情：

> 「節」如樹木之有節，英雄、奸賊兩俱礙手走不過處，奸雄一奪取，便為莽、操；英雄能不奪，便是伊、周。須要臨時始見，局外慷慨算不得。既曰「人與」，又曰「人也」，非徒定其品，已有慨當世無其人，而穆然思之之意。是曾子弘毅胸腸，儼然與千古英雄相對處。周介生曰：以一死塞責者，皆可奪者也。死而無濟，一了自漢。事之不成，以臣頭為殉，直一鼠首耳，何益於國家社稷？「不可奪」，有措天下於磐石之安，屹然不動手段。〔註6〕

在此，張岱藉著對經文的詮釋，表明了明朝滅亡，自己不以身殉的委屈胸懷。在詮釋《論語·學而·易色》章：「子夏曰：『賢賢易色；事父母能竭其力；事君能致其身；與朋友交言而信。雖曰未學，吾必謂之學矣。』」，他便說：

> 「事君」言致身，縱一死，豈遽完得？若不「致身」，便是不臣之極，只緣一死判不下耳。〔註7〕

在解《論語·雍也·騂角》章：「子謂仲弓曰：『犁牛之子騂且角，雖欲勿用，山川其舍諸？』」他趁機表明他的心志說：

> 太史公作《史記》欲藏諸名山大川。夫炯炯者，不能自信而乞靈於山川乎？知我其天，參契幽微，感慨至深，不向人間索知己矣。〔註8〕

這裡他把自己與司馬遷的景況相比，期待自己的《石匱書》、《四書遇》能如《史記》一般流傳後世。在詮釋《四書》時，書中就是如此常常寄寓自己的志向與感慨，當

〔註5〕見張岱著·夏咸淳校點：《張岱詩文集》，〈瑯環文集〉卷1，〈石匱書自序〉頁99。
〔註6〕見張岱：《四書遇》，頁195。
〔註7〕見張岱：《四書遇》，頁73。
〔註8〕見張岱：《四書遇》，頁152。

然這種艱苦卓絕的精神是難爲局外人道，於是張岱從這種生命體驗中昇華出如是的結論：「忍之一字，原是英雄大作用處。」〔註9〕、「做事第一要耐煩心腸，一切跌、蹭蹬、歡喜、愛慕景象都忍耐過去，纔是經綸好手。若激得動，引得上，到底結果有限。」〔註10〕

二、擔當世界，志在補天

張岱前半生處於晚明政治情勢極度黑暗混亂的時代，自萬曆朝至崇禎朝，上位統治者昏瞶無能，生活奢靡荒佚，行政秩序失序，政壇風氣敗壞，人才不能得到合理的任用。張岱雖屬布衣，卻關心現實，憂憤時事，慨然以整頓天下爲己任，他破家舉義兵抵抗清兵進駐紹興，上書魯監國要求立斬上表請降的馬世英，與祁彪佳一起賑濟農民，上呈子疏通市河等等，皆可見出他知識份子的良心，以及「以天下爲己任」的襟懷。他在詮釋《論語·泰伯·弘毅》章「士不可以不弘毅，任重而道遠。」時，即表達出這種志向：

> 范文正公做秀才時，便以天下爲己任，此政其才力弘毅處。以天下之憂爲憂，以天下之樂爲樂，其擔荷何重？「先天下之憂而憂，後天下之樂而樂！」其擔荷何遠？使世間士子無此胸襟，則讀書種子先絕矣，更尋何人仔肩宇宙？〔註11〕

這種「仔肩宇宙」的經世志向，一直是張岱的抱負，因此其詮釋經文的同時，自然流露出，如《四書遇》云：

> 千古聖賢憂勤惕勵，只爲此庶民，若只存一己幾希，作自了漢而已。（頁471）

> 君子以天下爲心，至是邦即欲有爲。危可使安，亂可使治，不入不居者，勢不可爲，故見機而作也。（頁201）

此外，張岱更每於史書中表達他對晚明混亂政治的憤慨，尤其是對晚明東林黨爭一事更是深惡痛絕，他在《與李硯翁》一文中認爲：「弟《石匱》一書，泚筆四十餘載。心如止水秦銅，並不自立意見。……而中有大老，言此書雖確，恨不擁戴東林，恐不合時宜。弟聞斯言，心殊不服，特向知己辨之。夫東林自顧涇陽講學以來，以此名目，禍我國家者八九十年，以其黨升沉，用占世數興敗。其黨盛，則爲終南之捷徑；其黨敗，則爲元祐之黨碑。風波水火，龍戰於野，其血玄黃，朋黨之禍，與國

〔註 9〕 見張岱：《四書遇》，頁98。
〔註10〕 見張岱：《四書遇》，頁277。
〔註11〕 見張岱：《四書遇》，頁196。

家相爲始終。……」〔註12〕又《石匱書》《門戶列傳總論》：「朋黨諸君子，推其私心，只要官做，則又百計千方裝點不要官做，故別其路曰門戶，集其人曰線索，傳其書曰衣鉢，美其號曰聲氣，竊其名曰道學。非門戶之人，廉者不廉，介者不介，是門戶之人，貪者不貪，酷者不酷，奸者不奸，惡者不惡。」〔註13〕因此在詮釋《四書》時，也將其對時局的看法融入註文中。如注《論語‧衛靈公‧矜群》章：「子曰：『君子矜而不爭，群而不黨。』」時，他發揮說：

> 世道之禍，莫大於爭與黨，然勢必借君子之名，方能高自標榜，故夫子揭出「君子」二字，爲立異同者藥石。〔註14〕

又說：

> 凡人胸有成見，不知壞了天下多少事體。〔註15〕

> 盧玉谿曰：臣曰「一个」，是挺然獨立而無朋黨之謂，此解深切時務。〔註16〕

從上述對「黨爭」的言論來看，難怪張岱會說出：「我明二百八十二年金甌無缺之天下，平心論之，實實葬送於朋黨諸君子之手。」〔註17〕的言論。而對魏忠賢等閹黨的亂國，亦有如是見解：

> 救世君子所以思狂思狷，正要與吾黨共鼓舞庶民。庶民既興，野夫遊女皆有志氣骨力，那閹媚風氣如雲霧之消散，何獨一二鄉愿？故曰「斯無邪慝矣」。可知今日奄奄不振，只是世無大方君子。〔註18〕

> 刺虎不斃，斷蛇不死，其傷人愈多。君子之遇小人，政不可不愼。近日楊左之御魏璫，是其鑒也。〔註19〕

因此在詮釋《論語‧爲政‧周比》章：「子曰：『君子周而不比，小人比而不周。』」時，他即分析君子小人「周、比」關鍵處在於「情之公私」，他說：

> 「周」與「比」不在量之廣狹，而在情之公私。情公，即一人相信亦「周」；情私，即到處傾蓋亦「比」。以普愛眾人，專昵一人，分「周」「比」者誤。聲氣是「周」的血脉；朋黨是「比」的精神。「小人」與「君子」

〔註12〕見張岱著‧夏咸淳校點：《張岱詩文集》，頁233。
〔註13〕見《石匱書》，《續修四庫全書》319冊，〈門戶列傳總論〉卷185，頁662。
〔註14〕見張岱：《四書遇》，頁317。
〔註15〕見張岱：《四書遇》，頁121。
〔註16〕見張岱：《四書遇》，頁15。
〔註17〕見張岱：《石匱書》，《續修四庫全書》319冊，〈門戶列傳總論〉卷185，頁661。
〔註18〕見張岱：《四書遇》，頁576。
〔註19〕見張岱：《四書遇》，頁199。

> 爭差毫釐，不是牛僧孺、王安石一流，鄉原、中行便是榜樣。此直從源頭
> 上理出綫索。〔註20〕

張岱的見解相當精闢，可能是他從觀察現實政治的情形而有此論。在此除了表達對明朝黨爭的反感外，連帶的對宋朝新舊黨爭的始作俑者王安石，亦有所貶抑。在《論語・里仁・比義章》：「『子曰：「君子之於天下也，無適也，無莫也，義之與比。」』」他說：

> 王荊公一生意見，一生學問，一生事業，只做得「適」「莫」二字。
> 元祐一朝，當他執拗不起。〔註21〕

又說：

> 王荊公只是一個不小心，遂成一個「無忌憚」。後來見諸事術，適爲
> 自專自用者藉兵而齎粮，不特禍宋而已。〔註22〕

除了表達對朋黨的反感外，由於張岱有著深切的憂患意識與愛國熱情，對當時社會政治、軍事、經濟等社會問題熱切關注。對萬曆至天啓年間皇帝昏庸，佞臣當道，朝政窳敗，大權旁落，民不聊生的社會政治痛心疾首，而做了深刻揭露。他認爲：「我朝天下不亡於正德，應亡於天啓。」〔註23〕對於崇禎「十七年之天下，三翻四覆，夕改朝更，耳目之前，覺有一翻變更，向後思之，訖無一用。」〔註24〕的急躁，剛愎自用的本性，亦在其《石匱書後集》中深刻的批判。同樣的在《四書遇》中，張岱也時常對時局政治或內政制度提出他的看法，如詮釋《孟子・萬章上・封象》章，萬章問：「象至不仁，封之有庳。」孟子答曰：「象不得有爲於其國，天子使吏治其國，而納其貢稅焉，故謂之放。豈得暴彼民哉？」這個問題時，張岱就指出：

> 我明之封建，止食俸祿，而不受民社，使帶礪勳名，世世可久。此政
> 漢馬后之所以善保其世族也。我朝之待元勳戚畹，俱用此法。〔註25〕

又如詮釋《論語・子路・正名》章，「正名」的問題時，他說：

> 聖人以「正名」救衛亂，如孟子以「不嗜殺人」一天下，都是窮其病
> 之所始而藥之。藥到病除；聖賢初非詼語。古來亂倫滅紀之朝，必大肆殺
> 戮，以箝服人心，故單舉「刑罰不中」來說。如我明靖難朝，只爲不正不

〔註20〕見張岱：《四書遇》，頁90。
〔註21〕見張岱：《四書遇》，頁121。
〔註22〕見張岱：《四書遇》，頁24。
〔註23〕見張岱：《石匱書後集》卷5，〈明末五王世家〉頁71。
〔註24〕見張岱：《石匱書後集》卷1，〈烈皇帝本紀〉頁59。
〔註25〕見張岱：《四書遇》，頁484。

順，蔓抄赤族，不知殺害多少生靈！〔註26〕

此則藉著對經文的詮釋，指出明成祖「靖難之役」的後果在於大肆殺戮而失去人心。又如《孟子・離婁上・易言》章：「孟子曰：『人之易其言也，無責耳矣。』」他說：

「責」，任也，任內難盡，任外易言。《韓非子》有「言者，必責之以事」，即此意。諺曰：錢不出家言「與之」，病不著身言「忍之」。有如今之言邊事者，即責之以禦虜；今之言流寇者，即責之以殺賊，豈不甚難？清夜思之，在言路者，得不三捫其舌？〔註27〕

回顧歷史，滿人的寇邊與流寇的作亂實是晚明最大的內憂與外患。然而從《石匱書》《石匱書後集》的記載來看，當時許多在朝為官者面對禍亂時，常計無所出，束手無策；間有能人異士突起，則妒功嫉能，爭相排擠，致使許多賢臣大將，不能為時所用，國勢日危，尤其明朝的諫官更喜隨意批評，這樣的詮釋除了寄託自己對時事的感慨外，更呈現他憂國憂民的經世志向。他在詮釋《論語・雍也・從政》章時，即期望說：

使魯能大用孔子，顏子為相，季路為將，子貢備行人，而閔子、冉求輩體國經野，七十二賢人各宰一邑，則人才豈減漢唐？〔註28〕

這裡說的雖是為春秋時代魯國未能大用孔子而扼腕，實則亦有為晚明用不得人之歎。

張岱經世的主張歸結於儒家的「內聖外王」。他認為「性，仁義所出也」〔註29〕，為政者若能「治而教之以復其性」那麼就能人人居仁由義，自然無敵於天下：

無敵於天下，則不復用兵矣。天吏奉天子民者也，治而教之以復其性，吏之職也。有敵則必戰，戰則必殺戮，溺其職矣。無敵則無戰，牧養咻噢之為天循良之吏而已。故曰：「無敵於天下者，天吏也。」〔註30〕

除了「治而教之以復其性」的政治主張外，在上位者更要能通權達變，勇於任事，他說：

千古聖賢經綸手段，今日不消借之明日；此事不消移之彼事。元無成見，可以預參；亦無死局，可以先定。〔註31〕

當時宋神宗行新法何等嚴切，鮮于侁上不害法，中不廢親，下不傷民，人以為難。程子亦謂賢者所當盡之力時寬一分則民受一分之賜，奈何紛紛

〔註26〕 見張岱：《四書遇》，頁268。
〔註27〕 見張岱：《四書遇》，頁454。
〔註28〕 見張岱：《四書遇》，頁153。
〔註29〕 見張岱：《四書遇》，頁434。
〔註30〕 見張岱：《四書遇》，頁404。
〔註31〕 見張岱：《四書遇》，頁252。

去位？由此觀之，爲政不可拘於法，而一切諉之不得爲也。一命之士苟存心於愛物，於人必有所濟；若一切諉之於不得焉，則君亦何賴於爾，民亦何賴於爾哉！〔註32〕

爲政要能沒有成見，不拘於固定的法規教條，達到知人善任、應變得宜的修養則須實踐《學》《庸》中「格物致知」、「明善誠身」的功夫，才能有過人的智慧與膽識擔當世界，肩荷乾坤：

蓋凡欲擔當世界，肩荷乾坤，非有過人之識、絕世之智者決不能。此所以《大學》說誠意，必先致知，《中庸》說誠身，必先明善也。若非「知」，則「仁」亦一人之「仁」耳。《學》《庸》俱經世之書，其言斷乎不妄。〔註33〕

又說：

李九我曰：此在用人者當隨其器局，勿以「小知」責君子，勿以「不可大受」棄小人。一以見君子、小人各適於用，取材貴廣；一以見君子、小人不可乖於用，掄選貴精。〔註34〕

張岱所指《學》《庸》中的功夫，一言以蔽之就是「致良知」的功夫。他認爲「治法總不出心法之外」〔註35〕，爲政者若能「致良知」，自然能知人善任、應變得宜，而具有擔當世界，肩荷乾坤的智慧與能力，而不是「空空說抱歉」。張岱這種經世的主張，實是晚明陽明學者共同的認知〔註36〕，且更是針對崇禎皇帝十七年來「焦於求治，刻於理財，渴於用人，驟於行法」〔註37〕，卻又弄得天下三翻四覆，訖無一用的針灸。

《四書遇》的寫作過程，通貫張岱的一生，書中充滿著他對時代的關懷與經世的志向。「更尋何人仔肩宇宙？」〔註38〕、「他人息，吾則不敢息，他人休，吾則不敢休。寧戚力學三十年，而爲王者師。」〔註39〕諸如此類的解釋，雖支言片語，但可以反映張岱對歷史的反省以及淑世濟民的願望。張岱雖沒有通過科舉功名的途徑

〔註32〕見張岱：《四書遇》，頁 412。
〔註33〕見張岱：《四書遇》，頁 54。
〔註34〕見張岱：《四書遇》，頁 323。
〔註35〕見張岱：《四書遇》，頁 368
〔註36〕如焦竑在《焦氏四書講錄》中亦說：「轉移世道者，只在開明人心，更無別法也。」見焦竑：《焦氏四書講錄》，《續修四庫全書》162 冊，孟下·卷 14，「君子反經而已矣」一節，頁 359。
〔註37〕見張岱：《石匱書後集》卷 1，〈列皇帝本紀〉頁 59。
〔註38〕見張岱：《四書遇》，頁 196。
〔註39〕見張岱：《四書遇》，頁 203。

在朝爲官，但是他透過著述來關懷時代，以彌補他無法力挽狂瀾的缺憾。如他精心鉅著的創作《石匱書》、《石匱書後集》、《四書遇》以及《陶庵夢憶》、《西湖夢尋》等書，即是欲以「立言」的人文成就來實現他「內聖外王」、移風易俗的願望。

第二節　彰顯實踐精神

儒家學問並不是知識的追求，而是聖賢人格之完成。如《論語・顏淵》篇中「顏淵問仁」「仲弓問仁」一事導歸「回雖不敏，請事斯語矣。」、「雍雖不敏，請事斯語矣。」儒學、經學之所以有其人文價值，就在於它攸關人「心」、攸關人的道德良知、攸關人的精神生命，因此它才能貼近人的生命、提升人的心靈。晚明陽明學者的《四書》詮釋觀點，就是要將「聖人心學」的經典義理融攝於人倫日用之間，達到成聖成賢的爲學目的，以冀扭轉當時知識份子醉心八股講章，沉迷功名利祿的學風。整部《四書遇》就是張岱自己透過陽明心學的實踐，而產生對《四書》義理精思靜悟的心得結晶。在《四書遇》中處處可見張岱眞知力行的智慧語錄，他爲學反對爲學術而學術，反對空談心性毫無實用的俗儒，特別重視實踐的精神與實用的要求。這種主張一方面是遵循陽明的治學態度，一方面則是對晚明狂禪風氣的反省。

一、工夫全在自己爲大人

錢穆先生說：「中國人的文化理想，不由哲學思辨來，不由宗教信仰來，不由自然科學各種物理探討來，乃只在人文社會中之一種實際經驗，經過人類心靈之自覺自悟而獲得。極平凡、極中庸、極篤實、極誠摯，只教人好好做人、做好人。中國文化理想，主要即是做人理想，做人必然該做好人，做好人先該有好心。如何培養人類好心，使之發揚光大，使人類全體各得爲一好人，是其終極目標。而最先乃親切降落在每一人之心上，使每一人之獨善，來培育出大群體之同善。」〔註40〕錢先生所言即是儒家精神之所在，這種經由「心靈之自覺自悟」而存好心、做好人進而「培育出大群體之同善」的文化理想一直是歷來儒者追尋的目標。然而如何「培養人類好心，使之發揚光大」，如何實踐力行呢？此點攸關聖賢人格之完成，亦是儒學的核心價值。朱學與王學的差異關鍵亦在此。朱子分心與理爲二，其功夫進路主張「即物窮理」，如此「用力之久，而一旦豁然貫通焉，則眾物之表裏精粗無不到，而吾心之全體大用無不明矣。」〔註41〕針對朱子的功夫論，陽明則批評其有支、虛、

〔註40〕錢穆：《歷史與文化論叢》（臺北：蘭臺出版社，2001年5月）頁71。
〔註41〕見朱熹：《四書集注》，頁7。

妄之病。陽明認爲「心即理」，其功夫主張「致良知」。學者若能「致良知」，自能「居仁由義」踐德成聖了。那麼宋明諸儒如何「即物窮理」或「致良知」呢？熊十力先生指出：

> 宋明諸師皆從禪家轉手、或諱之而不言、亦間有載其事者。如陸象山之於楊慈湖、舉四端以發明本心。慈湖當下忽覺此心澄然清明。亟問曰：「止於斯耶！」象山曰：「更有何也。」於徐仲誠、令其思孟子萬物皆備於我、反身而誠、樂莫大焉。仲誠處槐堂一月、有悟。問之，云如鏡中觀花。象山謂其善自述。因與説云：「此事不在他求，只在自己身上。」仲誠因問《中庸》以何爲要語。答曰：「我與爾説内，爾只管説外。」詹子南安坐冥目，半月操存，一日下樓，忽見此心澄瑩中立者。象山目逆而視之曰：「此理已顯也。」又慈湖在大學循理齋，夜憶先訓，默自返觀，已覺天地萬物通爲一體。王陽明在龍場，日夜端居，默坐澄心靜慮，以求諸靜一之中。一夕大悟，汗出，踴躍若狂。陳白沙靜坐，久之，見此心之體，隱然呈露。錢緒山靜坐僧房，凝神靜慮，倏見此心眞體。蔣道林寺中靜坐半年，一旦忽覺此心洞然，宇宙渾屬一身。羅念庵坐石蓮洞中有悟。恍惚大汗，洒然自得。羅近溪一日忽悟，心甚痛快，直趨父榻前陳之。其父亦起舞。清人陳拙夫深山靜坐月餘，忽見此心明洞徹，與天地萬物爲一體。一矜持便了不可見。宋明儒此等故事甚多，未及詳徵循舉。〔註42〕

由此可知，宋明諸儒大抵皆有靜坐等功夫的修持，其功夫論並不是知識文字思辨的結果，而是透過靜坐等實踐過程而得，是有自己的悟境、證境的。〔註43〕張岱以及晚明陽明學者亦是如此。在張岱自己所寫的〈家傳〉中記載其曾祖張元汴：「平居無事，夜必呼二子燃炷香靜坐。」〔註44〕的事跡，且其論學尤重實踐工夫的落

〔註42〕見熊十力：《十力語要初續》（臺北：明文書局，1990年8月）〈先儒禪境〉，頁321～322。

〔註43〕陳來先生於〈心學傳統中的神秘主義問題〉一文中即指出：「宋明理學中關於神秘體驗的記述確乎不少，而以神秘體驗的功夫的理學家多屬心學一路。」文中並從《白沙子全集》、《明儒學案》等當代文獻輯出陳白沙、王陽明、徐愛、聶雙江、羅念庵、萬思默、胡直、蔣信、高攀龍等人通過靜坐體驗而心體呈露的神秘經驗。如胡直《困學記》自述：「或踞床，或席地，常坐夜分，少就寢，雞鳴復坐，其功以休心無雜念爲主，其究在見性。予以奔馳之久，初坐至一二月，寤寐間見諸異相。鈍峰曰：『是二至六月遂寂然。』一日，心思忽開悟，自無雜念，洞見天地萬物，皆吾心體。喟然嘆曰：『予乃知天地萬物非外也。』」詳見陳來：《有無之境——王陽明哲學的精神》，頁393～407。

〔註44〕見張岱著‧夏咸淳校點：《張岱詩文集》〈瑯嬛文集〉卷4‧〈家傳〉，頁250。

實，如云：「近時之弊，徒言良知而不言致，徒言悟而不言修。僕獨持議，不但曰良知，而必曰致良知；不但曰理以頓悟，而必曰事以漸修，蓋救時之意。」〔註45〕而張岱自己也說他的《四書遇》是：「正襟危坐，朗誦白文數十餘過，其意義忽然有省。」〔註46〕而得。因此在《四書遇》中，張岱對心學實踐功夫的講求可說是通貫全篇，如前章所論張岱對《四書》的義理見解主要在功夫的探討，如「格物致知」、「戒愼恐懼」、「爲仁、爲學」、「集義養氣」等項，其中皆以「致良知」爲功夫核心「一以貫之」，這是《四書遇》實踐功夫最主要的特質所在。篇中除了記載自己如何「致良知」的實踐心得外，其所援引同時代學者的經說，亦主要以實踐心學功夫的過程與心得有關。因此《四書遇》可說是經過張岱博覽約取、擇其精要，蒐集晚明陽明學者實踐「致良知」的功夫過程與方法而成的記錄。

首先，他認爲要實踐聖人的經典首要即在於通達自心，他引其祖父張汝霖的話說「心體中打叠得乾淨，聖賢學問工夫，自一了百當。張侗初曰：認得本心，一生更無餘事。」〔註47〕又說「學者不可輕語通達，先務正心。」〔註48〕如此對「心學」的講究與體驗，使他在詮釋經典中對「心」這個議題時，特別重視、特別深入發揮，如解《論語・陽貨・飽食》章：「子曰：『飽食終日，無所用心，難矣哉！不有博奕者乎？爲之猶賢乎已。』」時，他說：

> 無所用，便是放心；心有所用，便是靈心。放心昏散而外馳；靈心活
> 潑而中斂。雖博奕之猶賢，亦猶挾冊者之亡羊也。〔註49〕

能這樣對「心」的闡釋，乃透過其自心實踐而來，〔註50〕帶有很強烈的個人特色。因此乃其以自己的體悟所得，展開對經典的詮釋工作，如：《孟子・盡心上・深山》章：「孟子曰：『舜之居深山之中，與木石居，與鹿豕游，其所以異於深山之野人者幾希。及其聞一善言，見一善行，若決江何，沛然莫之能禦也。』」，他說：

> 問舜亦從聞見入乎？曰：舜之學從精一入，惟其精一，是靈虛之中，
> 萬善悉備，一有感觸，無不沛然。若胸中本來蔽塞，全靠所聞所見爲主，
> 便落了依傍的窠臼，安能有感即通？然必備見聞爲證合者，如人在夢寐
> 中，得人一喚醒，醒即人聲亦無復用矣。〔註51〕

〔註45〕見黃宗羲：《明儒學案》卷15，〈浙中王門學案五・侍讀張陽和先生元忭〉，頁328。
〔註46〕見張岱：《四書遇》自序，頁1。
〔註47〕見張岱：《四書遇》，頁540。
〔註48〕見張岱：《四書遇》，頁541。
〔註49〕見張岱：《四書遇》，頁347。
〔註50〕如他說：「憂患安樂在人；自心上看，方得此章祕旨。」見張岱：《四書遇》，頁530。
〔註51〕見張岱：《四書遇》，頁540。

這裡闡釋「良知之學」與「知識聞見」之學的不同。「學從精一入」、「靈虛之中，萬善悉備，一有感觸，無不沛然」可說是對陽明心學的發揮，亦是自己對良知之學的體悟。又如《論語・雍也・施濟》章：「子貢曰：『如有博施於民而能濟眾，何如？可謂仁乎？』子曰：『何事於仁！必也聖乎！堯舜其其猶病諸！夫仁者，己欲立而立人，己欲達而達人。能近取譬，可謂仁之方也已。』」他說：

> 梁武鑄象造經，崇飾梵宇，問達摩有功德否？達摩云「實無功德。」博施濟眾，總是功德念頭，所以聖人提出本領銷歸到自家身上，卻又不是虛原口談沒把柄的話。大機大用全在「立」「達」兩字，非解人誰與歸？〔註52〕

如此的詮釋「博施濟眾」的要點在於「立、達」兩字，都是著重於「立」此心、「達」此心等實踐功夫的指出。又如詮釋《孟子・離婁上・格非》章：「孟子曰：『人不足與適也，政不足間也，惟大人為能格君心之非。君仁，莫不仁；君義，莫不義，君正，莫不正。一正君而國定矣。』」時，他說：

> 「格君心之非」，絕無工夫；工夫全在自己為大人。大人者，居仁由義，正己而物正者也。君仁君義，俱從大人來。〔註53〕

又如詮釋《大學・正心脩身》章：「所謂脩身在正其心者，身有所忿懥，則不得其正；有所恐懼，則不得其正；有所好樂，則不得其正；有所憂患，則不得其正。心不在焉，視而不見，聽而不聞，食而不知其味。此謂脩身在正其心。」時，他說：

> 人心原來至靜，亦至動，如鏡子隨照隨滅，故常照。若終日有個影子在鏡上，便對面不受照矣。聖人之心惟無在，故無不在；常人之心有所在，故有不在。
>
> 「正」字、「誠」字，亦有用力、不用力之別。如物懸空，有礙則歪。正者，去其礙而已，不必更去把持着。〔註54〕

除了他自己的心得外，其亦援引當時學者之行經心得，如《中庸・自成》章：「誠者，自成也；而道自道也。誠者，物之終始，不誠無物。是故君子誠之為貴。誠者非成己而已也，所以成物也。成己，仁也；成物，知也。性之德也，合外內之道也，故時措之宜也。」一節，他說：

> 沈虹臺曰：「誠之為貴」，「誠之」字內有工夫，「擇」「執」是也。「故」

〔註52〕見張岱：《四書遇》，頁167
〔註53〕見張岱：《四書遇》，頁453。
〔註54〕見張岱：《四書遇》，頁12。

字緊領上說。〔註55〕

又如《論語・子罕・喟然》章:「顏淵喟然嘆曰:『仰之彌高,鑽之彌堅。瞻之在前,忽焉在後。夫子循循然善誘人,博我以文,約我以禮。欲罷不能,既竭吾才,如有所立卓爾。雖欲從之,末由也已。』」,他說:

> 楊貞復謂:以博去分別心,愛憎心,以約去依傍心,執着心,可省「博」
「約」之旨。〔註56〕

又如以思想史上佔重要地位的《論語・顏淵・克己》章:「顏淵問仁。子曰:『克己復禮爲仁,一日克己復禮,天下歸仁焉。爲仁由己而由人乎哉?』顏淵曰:『請問其目。』子曰:『非禮勿視,非禮勿聽,非禮勿言,非禮勿動。』顏淵曰:『回雖不敏,請事斯語矣。』」這一章來看,他說:

> 「一日」字最可味,舍此「一日」不下手,永無下手之期矣。百事都
> 始於「一日」,況爲仁乎?

> 袁七澤曰:所謂「己」者何?即下文「視」、「聽」、「言」、「動」是也。
> 「己」「禮」非一非二,迷之則「己」,悟之則「禮」。「己」如結水成冰,
> 「禮」如釋冰成水。故釋冰即是水,不別求水,「克己」即是「禮」,不別
> 求「禮」。下文「非禮」四句,政是「克己」工夫,「回雖不敏」二句,政
> 是「由己」工夫。

> 楊復所曰:或疑仁,不必說到天下,此夢語也。正爲「己」與「天下」
> 二家,所以聖賢拈箇「仁」字,「爲仁」,使欲「己」與「天下」還爲一家,
> 所爲復乃見天地之心也。「天下歸仁」,已畫出一個渾渾成成全體的人來,
> 只是不曾點睛。「請問其目」,政是點睛法也。「視」、「聽」、「言」、「動」,
> 件伴皆「己」用事,人若離「視」、「聽」、「言」、「動」,如何「爲仁」?
> 「己」離不得,所以說「由己」;「己」着不得,所以說「克己」。蓋「己」
> 爲形色之「己」。形色爲主,則「視」、「聽」、「言」、「動」都是「己」;能
> 主宰得形色,則「視」、「聽」、「言」、「動」都是「仁」。直捷簡要,轉盼
> 不同,故其工夫只在「一日」。

> 王龍谿曰:世傳金丹用逆,不知吾儒之學,亦全在逆。顧了四句,便
> 是用逆之數。收視反聽,謹言愼動,所謂不遠之復,復於此矣。

> 或問二「己」字同異?顧涇陽曰:下文已自解得明白:曰「非禮勿視」
> 四句,便知「克己」「己」字;曰「回雖不敏,請事斯語矣」,便知「由己」

〔註55〕見張岱:《四書遇》,頁 54。
〔註56〕見張岱:《四書遇》,頁 212。

「己」字。何必再下註脚。曰「請事斯語」，則語不爲空言矣。〔註57〕
此章注文有幾個要點：

（1）由「一日字最可味，舍此一日不下手，永無下手之期矣。百事都始於一日，
況爲仁乎？」特別點出及時實踐的重要。

（2）由「『克己』即是『禮』，不別求『禮』。下文『非禮』四句，政是『克己』
工夫，『回雖不敏』二句，政是『由己』工夫。」「蓋『己』爲形色之『己』。
形色爲主，則『視』、『聽』、『言』、『動』都是『己』；能主宰得形色，則
『視』、『聽』、『言』、『動』都是『仁』。直捷簡要，轉盼不同，故其工夫
只在『一日』。」指出「克己」即是「禮」，以及「克己」的方法在於「非
禮勿視，非禮勿聽，非禮勿言，非禮勿動」四句，能如此力行「克己」的
功夫，就能「由己」，也就是說「視、聽、言、動」，都是「仁」的體現，
皆是自心、天理的發用流行。

（3）引王龍谿之言：「世傳金丹用逆，不知吾儒之學，亦全在逆。顏子四句，
便是用逆之數。收視反聽，謹言愼動，所謂不遠之復，復於此矣。」指出
聖人之學的要點在「逆」在「捨」，就如易經復卦所說的「不遠之復」，學
者苟能「收視反聽，謹言愼動」，便是「克己」的功夫。

這裡指出了孔門最重要的修養功夫論，「克己復禮」的實踐方法。〔註58〕對於
有志踐德成聖之人可說彌足珍貴。整篇詮釋文中，更顯示出陽明學者重視實踐精神
的樣貌。在《四書遇》中這種例子隨處可見，如《論語‧里仁‧恥躬》章：「子曰：
『古者言之不出，恥躬之不逮也。』」他說：「『躬』字甚妙。做天下事須實。實要手
持、足行，耳聽、目視是個滯貨。豈如口之想到便說，一說便丟耶？故『古者言之
不出』。」〔註59〕都可見他對實踐力行的鼓吹。整部《四書遇》可說是一部晚明服

〔註57〕見張岱：《四書遇》，頁 253。
〔註58〕自從勞思光先生說：「孔子代表中國儒學之創始階段，孟子則代表儒學理論之初步完
　　　成。就儒學之方向講，孔子思想對儒學有定向之作用。就理論體系講，則孟子方是
　　　建立較完整之儒學體系之哲人。」見勞思光：《新編中國哲學史》（一）頁 153。對
　　　陽明及其後學來講，此觀念是不被認同的。然現代許多學者論及儒學時，常承此觀
　　　念發揮，甚至說：「當我們抽離了本體內涵及宇宙知識來看孟子哲學思維的歷史貢獻
　　　時，他將是一個「本體功夫」的理論型態的觀念原創者，這使得在中哲史上凡是以
　　　本體論爲進路而言說功夫哲學的幾組體系，都與孟學在理論形式上有著共通的特
　　　性。」其實孟子的功夫論即承論語「克己復禮」的功夫而來。復禮的方法則是「爲
　　　仁」的功夫，「爲仁」落實於生活中的言行準則則是「非禮勿視，非禮勿聽，非禮勿
　　　言，非禮勿動。」孟子承此觀念，其功夫論則爲「求放心」，到了陽明則稱爲「致
　　　良知」。
〔註59〕見張岱：《四書遇》，頁 128。

膺陽明心學的知識份子，於日常生活力行陽明心學「致良知」過程與方法的心得記錄。

二、《學》《庸》俱經世之書

　　從明朝萬曆年間以來，由於國事日非，弊端叢生，學者經世致用的要求也與日俱增。有些學者如焦竑、艾南英、黃宗羲、顧炎武等人，逐漸領悟到要經世致用，必先讀經；也就是治國應有的知識，即潛藏在經書之中，〔註60〕而讀經的目的則是「窮經將以經世」〔註61〕，如黃宗羲就說：

> 六經皆載道之書，而禮其節目也。當時舉一禮必有一儀，要皆官司所傳，歷世所行，人人得而知之，非聖人所獨行者。大而類禋巡狩，皆爲實治；小而進退揖讓，皆爲實行也。〔註62〕

黃宗羲這種「六經皆載道之書」、「皆爲實行」的觀點，所強調即是「經術所以經世」〔註63〕的實學觀。而張岱的曾祖張元忭是隆、萬時期著名的理學家，推尊陽明心學，篤信良知之說。有感於王學末流空談性命，不務實學之弊，而強調踐履躬行，他說：「當今所急，在務實不在務名，在躬行不在論議，愈篤實愈光輝，愈簡易愈廣大。」（國朝名公尺牘類選‧復許敬庵）張岱在《石匱書》中即說他：「平生雅志聖賢之學，宗王文成，然不空事口耳，專務以實踐爲基。」〔註64〕由於受到家學的薰陶，張岱甚重視實踐的精神，因此論學強調「通經致用」的實學思想，以救王學末流空談心性的弊端。凡論經、論學、論文、論人皆強調實用觀點，首先他認爲經典就是聖人用世之書，在其《易》學著作《大易用》序中，他就說：

> 夫《易》者，聖人用世之書也。後之讀《易》者，亦思用《易》，而卒不得《易》之用者，其所蒙蔽者有三：一曰卜筮，二曰訓詁，三曰制科。夫卜筮以象數爲主，舉天下之事物，皆歸之象數；訓詁以道理爲主，舉天下之事物皆歸之道理；制科以時務爲主，舉天下之事物皆歸之時務。盲人摸象，得耳者謂象如簸箕，得牙者謂象如棗，得鼻者謂象如杵，隨摸所名，

〔註60〕　詳見林師慶彰‧〈明末清初經學研究的回歸原典運動〉，《明代經學研究論集》，頁340～343。

〔註61〕　見朱彝尊：《經義考》，卷94，頁8。

〔註62〕　見黃宗羲：《南雷文定》（臺北：世界書局，1964年）〈學禮質疑序〉，卷1，頁10。

〔註63〕　全祖望論黃宗羲的學術時，曾說：「公謂明人講學，襲語錄之糟粕，不以六經爲根柢，束書而從事於游談，故受業者必先窮經，經術所以經世，方不爲迂儒之學，故兼令讀史。」見〔清〕全祖望著‧朱鑄禹校注：《全祖望集彙校集注》（上海：上海古籍出版社，2000年12月）《鮚埼亭集》卷11，〈梨州先生神道碑文〉頁219。

〔註64〕　見張岱：《石匱書》卷201〈儒林列傳〉，頁82。

都非眞象。則易之不爲世用也，亦已久矣。余少讀易，爲制科所蠱惑者半

世矣。今年已六十有六，復究心易理，始知天下之用咸備於《易》。〔註65〕

張岱以爲《易經》乃「聖人用世之書」，而「天下之用咸備於易」，可惜世人被卜筮、訓詁、制科等三種《易》學蒙蔽而不能通《易》之用。準此，張岱便於晚年時特將其畢生對《易經》的心得著爲《大易用》《明易》二書。可惜此二書存佚不詳。不過仍可由《大易用》的序文中，略見其論《易》之梗概。這種實用《易》學觀與其對《易》之看法在其詮釋《四書遇》中時常出現，如解釋《論語‧述而‧學易》章：「子曰：『加我數年，五十以學《易》，可以無大過矣。』」他說：

朱晦翁卜《易》得《遯》之三爻，遂絕口不談朝政，可見聖賢一生所

用無時非《易》。〔註66〕

「聖賢一生所用無時非《易》」可以說是張岱《易》學的特點。除了《易經》外，其論《詩經》時，亦表達此實用要求，他說：

古人讀書，只一句一字且終身用之不盡，何況誦《詩》三百乎？乃授

政不達，不能專對，與兩脚書廚亦復何異？故程子曰：「凡人未讀《論語》

時是這樣人，讀過《論語》時仍舊是這樣人，此人只當不曾讀得《論語》。」

〔註67〕

他認爲學《詩》誦《詩》，就要能通經致用，落實於爲人處世之中，否則讀書再多，亦不過是兩脚書廚罷了。對禮、樂的看法同樣是持此立場，如《中庸‧天命》章，他引楊子常的話說：

先儒謂禮樂之功用不讓鬼神，則召和消戾，變災爲祥，非誑語也。〔註68〕

「禮樂之功用」可以「召和消戾，變災爲祥」的這種實用的經學觀，使他在詮釋《四書》時，一再強調「《學》《庸》俱經世之書」〔註69〕，如說：「從來本體，未有不見之作用者。此《中庸》之所爲善言天命之位也。」〔註70〕

張岱「通經致用」的觀點通貫全書，在論學、論人時，仍同樣強調此點。他詮釋《論語‧公冶長‧信斯》章：「子使漆雕開仕。對曰：『吾斯之未能信。』子說。」時說：

張侗初曰：聖賢用世，多要自己拿得出來，信不過，便拿不出。由之

〔註65〕見張岱著‧夏咸淳校點《張岱詩文集》《琅嬛文集》卷1，〈大易用序〉，頁126。
〔註66〕見張岱：《四書遇》，頁178。
〔註67〕見張岱：《四書遇》，頁270。
〔註68〕見張岱：《四書遇》，頁22。
〔註69〕見張岱：《四書遇》，頁54。
〔註70〕見張岱：《四書遇》，頁55。

果，賜之達，求之藝，信手便用，隨口便答，此是真信處。漆雕開被聖人
一遍，便說出真話來，此是學問真種子，聖人如何不悦？〔註71〕

又詮釋《論語・八佾・無爭》章：「子曰：『君子無所爭。必也射乎！揖讓而升，下
而飲。其爭也君子。』」時，他說：

　　單說不爭，尚是馮道、胡廣一流。此獨從爭說到不爭，方是君子大作
用。孔子射於矍相之圃。子路執弓矢出延射，曰：「賁軍之將，亡國之大
夫，與爲人後者，不入。」忠孝之義凜然，奚止不爭？〔註72〕

他認爲「聖賢、君子」之所以爲「聖賢、君子」在於他們有大作用、真本領，能淑
世濟民，如此才是「學問真種子」。聖賢君子這種作用本領，並不是由知識中得來，
而是從日常生活中實踐力行聖人心學而來。在詮釋《論語・里仁・欲惡》章：「子曰：
『富與貴，是人之所欲也；不以其道得之，不處也。貧與賤是人之所惡也；不以其
道得之，不去也。君子去仁，惡乎成名？君子無終食之間違仁，造次必於是，顛沛
必於是。』」時，他就引用袁了凡的話說：「貧賤中見有非道，便是惡的種子；打破
此關，是學道人真實受用。」〔註73〕學道人能有真實的受用，在於能通過富貴貧賤、
窮通苦厄的考驗，才能實際獲得。在詮釋《論語・子路・行己》章：「子貢問曰：『何
如斯可謂之士矣？』子曰：『行己有恥，使於四方，不辱君命，可謂士矣。』曰：『敢
問其次？』曰：『宗族稱孝焉，鄉黨稱弟焉。』曰：『敢問其次？』曰：『言必信，行
必果。硜硜然小人哉！抑亦可以爲次矣。』曰：『今之從政者何如？』子曰：『噫！
斗筲之人，何足算也！』」時，他即論「士」的精神爲：

　　士人行己，恥己之不爲聖賢，不是空空抱歉。此中有許大作用在。當
其爲使，則恥辱君命；當其居鄉，則恥不孝弟；必信必果，亦只是爲不肯
無恥。今之從政，大都皆無恥之流矣，故不足算。說個行己，便不得舍却
四方，空談性命，故知尼山相士，定取其實實有益於天下國家。〔註74〕

從以上對「士」的議論，參照張岱在明亡後的操履作爲，比之時人就可感知其精神
的可貴，他若不能名爲「聖賢」，至少「士」這個頭銜當之無愧。因此張岱對程朱以
來空談性理的俗儒非常反感，敢於提出：「儒者全無實用」〔註75〕，「吾儒大而無用，
只爲倚門傍戶，體既不真，用亦不實」〔註76〕的言論。甚至詮釋《論語・泰伯・温

〔註71〕見張岱：《四書遇》，頁134。
〔註72〕見張岱：《四書遇》，頁101。
〔註73〕見張岱：《四書遇》，頁118。
〔註74〕見張岱：《四書遇》，頁278。
〔註75〕見張岱：《四書遇》，頁40。
〔註76〕見張岱：《四書遇》，頁468。

屬》章：「子溫而厲，威而不猛，恭而安。」時嘲笑說：

> 此皆聖人自然之德容，非相濟之謂也。醉面盎背，着一毫粧點不得。
> 故宋儒有學「恭而安」十五年不成者，亦大可笑事。〔註77〕

像這類對俗儒有力的鞭撻和批判的言論，可以說是張岱感於明季積貧積弱的現實以及積極用世的實學思想而發。張岱「通經致用」並不只是口號而已，在《四書遇》中隨處可見他提出力行的原則與方法。張岱以為要通經致用首先必須「明道」，「明道」的功夫在於「致良知」，能「致良知」就能「時中」，就有「通權達變」的大作用。如詮釋《論語・子罕・共學》章：「子曰：『可與共學，未可與適道；可與適道，未可與立；可與立，未可與權。』」時，他說：

> 自有從權之說，而凡言權者，半出於智謀術數。不知聖人言權，必在於「適道」與「立」之後。則此秤是一條準秤，然後可以權衡萬物。〔註78〕

他指出要能「通經致用」「權衡萬物」的最主要原則方法並不在於「智謀術數」，而是在於「適道」與「立」。「適道」與「立」換句話說，就是要通達聖人心學以後，自然能有權衡萬物的智慧。就這是張岱的「體用觀」，有體必定有用，不會失之於俗儒「體既不真，用亦不實」的缺憾。而從政原則亦在掌握主體，如此乃能有功，如詮釋《論語・子路・有司》章：「仲弓為季氏宰，問政。子曰：『先有司，赦小過，舉賢才。』曰：「焉知賢才而舉之？」曰：『舉爾所知；爾所不知，人其舍諸？』」時，他說：

> 姚承庵曰：論政者，貴識體。「先有司」三句，是政之大體。「舉爾所知」，而所不知者，付之它人，亦舉賢才之大體。蓋仲弓得力，全在一「簡」，故夫子亦與之言「簡」。〔註79〕

當學者通達聖人之道時，自然能隨機應物，如詮釋《論語・衛靈公・大受》章：「子曰：『君子不可小知，而可大受；小人不可大受，而可小知也。』」時，他說：

> 李九我曰：此在用人者當隨其器局，勿以「小知」責君子，勿以「不可大受」棄小人。一以見君子、小人各適於用，取材貴廣；一以見君子、小人不可乖於用，掄選貴精。〔註80〕

張岱論「權用」的方法實承陽明「體用一源，有是體，即有是用。有未發之中，即有發而皆中節之和。」〔註81〕、「人只要成就自家心體，則用在其中」〔註82〕等觀

〔註77〕見張岱：《四書遇》，頁191。
〔註78〕見張岱：《四書遇》，頁225。
〔註79〕見張岱：《四書遇》，頁268。
〔註80〕見張岱：《四書遇》，頁323。
〔註81〕見王陽明：《傳習錄》卷上・〈陸澄錄〉，頁34。
〔註82〕《傳習錄》：「問：『名物度數。亦須先講求否？』先生曰：『人只要成就自家心體，

念而來。

　　由上述觀點可知，爲什麼從張岱的著作中來看，他特別推崇那些能工巧匠、優伶名妓、說書藝人等等，甚至市井百姓的一技一藝，諸如園藝、盆景、烹調、踢球、划船、走索、彩燈等同樣予以讚揚，並進而與之爲友。他更花了三十多年蒐集民間的丹方草藥編成《陶庵肘後方》一書，而其《夜航船》更是一部實用的百科全書。這種對人對事的評價取捨標準，實導源於其「通經致用」的實學思想。而且這種思想是與當時孫奇逢《四書近指》、黃宗羲《孟子師說》、李顒《四書反身錄》等人的《四書》學主張相呼應。

第三節　蘊含博學傾向

　　從張岱的著作數量與種類來看，可知他是一個非常博學的人。《紹興府志·張岱傳》中說他：「自四部七略，以至唐宋說家薈粹瑣屑之書，靡不該悉。」現在光以《石匱書》和《夜航船》的目錄來看，就會使人驚詫於他的淵博知識。《石匱書》共二百二十卷，分本紀、志、世家、列傳四大部分。僅《志》的部分就涉及天文、地理、禮樂、科目、百官、河渠、刑名、兵革、馬政、曆法、漕運、藝文等項。《夜航船》一書更收有二十部六百九十類，除與上述相同部類外，還有考古、倫類、日用、寶玩、容貌、九流、外國、植物、四靈、物理等等。由於張岱的博學，在治學的領域上，已能突破狹隘的經傳範圍，而擴大於先秦諸子、史書甚至於集部、說部、佛典等範圍。

一、引證廣博、融會貫通

　　在《四書遇》中，他徵引了歷代諸多著述以爲註解，所引用書目接近百種，可見其書包羅之廣，及其學問之富。張岱刻意的引經據典除了受晚明文人好奇炫博的風氣感染外，更深一層的意義即在於表明對當時「束書不觀，游談無根」的狂禪傾

　　則用在其中。如養得心體果有未發之中，自然有發而中節之和。自然無往不可。苟無是心，雖預先講得世上許多名物度數，與己原不相干，只是裝綴臨時，自行不去。亦不是將名物度數全然不理，只要『知所先後，則近道』。」又曰：「人要隨才成就，『才』是其所能爲，如夔之樂，稷之種，是他資性合下便如此。成就之者，亦只是要他心體純乎天理。其運用處，皆從天理上發來，然後謂之『才』。到得純乎天理處，亦能不器。使夔稷易藝而爲，當亦能之。」又曰：『如『素富貴，行乎富貴。素患難，行乎患難』，皆是不器。此惟養得心體正者能之。」見王陽明：《傳習錄》卷上·〈陸澄錄〉，頁 42～43。

向的反動。此點證諸同時期的《四書》著作——蕅益智旭的《四書蕅益解》，亦有同樣傾向。然而張岱的博引，皆是經過其博中取約，審於去取而來。他以爲學問除廣博外，重要的是還要能融會貫通，學問才能「自有所得」，才能致用。在《石匱書》〈文苑列傳〉中，他批評明代幾位博學者說：

> 楊升庵、梅禹金、曹能始藏書甚富，爲藝林淵藪。其自所爲文，塡塞堆砌，塊而不靈。與經笥書櫥亦復無異，書故多，亦何貴乎多也？陳明卿、張天如所閱諸書，亦卓犖有致，而《無夢園》、《七錄齋》諸集，食而不化，未見其長。〔註83〕

楊愼、梅鼎祚、陳仁錫、張溥等都是有名的博學之士，但他們文章或古奧、或艱澀、或雜染，都有「塡塞堆砌」的毛病，原因在於缺少鎔鑄之功，「食而不化」即便「聚炭懷山，積薪襄陵，竟成何益哉？」〔註84〕而講融貫，就必須對知識加以提煉，「博中求約」，去蕪存菁，如「燒丹抱朴、止取九轉靈砂；煮海張生，但索百朋寶母。烹天得渣，鍊道取髓。」〔註85〕而在提煉過程中，必然要捨棄許多東西，方能有得，所以他說：「只要讀書之人，眼明手辣，心細膽粗，眼明則巧於掇拾，手辣則易於剪裁，心細則精於分別，膽粗則決於去留。」〔註86〕所以說，在《四書遇》中，不論是徵引古書或是輯錄晚明諸人的《四書》學著作，皆是出於張岱嚴謹的治學態度而來。

　　而其所引用的資料，除了用以校定字句、考證名物制度外，更遍取歷代經史子集乃至小說、俗諺、佛典可與經義相發明者，皆在所徵引，不受拘束。其所徵引的經典以及前人著作之種類，製表如下：

部　　類	書　　　　名
經　　部	《詩經》《尚書》《易經》《禮記》《周禮》《儀禮》《春秋》《春秋穀梁傳》《左傳》《孝經》《春秋公羊傳》《韓詩外傳》《四書集注》《四書大全》《論語註疏》
史　　部	《史記》《漢書》《國語》《戰國策》《後漢書》《三國志》《孔子家語》《晉書》《新唐書》《通志》《資治通鑑》《宋史紀事本末》《埤雅》《路史》《史評綱要》
子　　部	《老子》《莊子》《荀子》《韓非子》《管子》《呂氏春秋》《尸子》《論衡》《法言》《新書》《新序》《水經注》《商君書》《晏子春秋》《說苑》《朱子語類》《程門微旨》《河南程氏遺書》《淮南子》《二程集》《上蔡先生語錄》《孔叢子》《譚子化書》

〔註83〕見張岱：《石匱書》《續修四庫全書》318 冊，〈文苑列傳〉卷 61，頁 724。
〔註84〕見張岱著．夏咸淳校點：《張岱詩文集》〈瑯嬛文集〉卷 1，〈廉書小序〉，頁 138。
〔註85〕同前註。
〔註86〕同前註。

集　部	《諫逐客書》《西京雜記》《說文解字》《世說新語》《辯命論》《奏記梁商》《樂府詩集》《絕交論》《後出師表》《樗齋漫錄》《高士傳》《李太白集》《杜詩集》《韓昌黎文集》《柳河東集》《象山先生全集》《岳陽樓記》《蘇東坡集》《欒城集》《南村輟耕錄》《徐幹中論》《烈女傳》
說　部	《搜神記》《太平御覽》《水滸傳》《三國演義》《鶴林玉露》《邯鄲記》
佛　典	《法華經》《楞嚴經》《金剛經》《涅槃經》《四十二章經》《景德傳燈錄》《永嘉集》《五燈會元》《竹窗隨筆》《弘明集》

　　由這些書目來看，他徵引的範圍已經超過傳統的經史子集，治學之廣、取材之富在晚明的《四書》學著作中，可說是獨樹一幟。

二、彙整保存當代眾說

　　《四書遇》的成書動機之一就是為保存陽明學者的《四書》學說而作，所以在全書中自然彙整許多當代學者的經說，因此《四書遇》可說是晚明陽明學者《四書》學的資料彙編。例如他解《大學‧聖經》章時，就引了許多人的說法：

　　　　艾千子曰：對小學而言，謂之大學。今人以大學屬之成均、辟雍，謂天子之學不與庶方、小侯同者，此是大學止一學宮之名耳。然則改其文曰：「成均、辟雍之道，在明明德」，可乎？後學慎之。

　　　　陶文僖在經筵講《大學》，謂明明德如磨鑑，不虞昏，新民如澣衣，不虞污；止至善如赴家，不虞遠。是在於性真未鑿時，擴充善端而已。

　　　　「知止」不明，非徒錯看《大學》，竟錯過一生學門。覺人倫外尚復有道，盡人倫外尚復有學，即不可謂「知止」。文王所稱「緝熙敬止」，只仁、孝、敬、慈、信，在在能止，故曰：「聖人，人倫之至。」

　　　　心地功行，細若微塵，如《中庸》「形」「著」「明」，《大學》「定」「靜」「安」，都照顧得到。

　　　　格物是零星說，致知是頓段說。

　　　　格物十事，格得九事通透，一事未通透，不妨；一事只格得九分，一分不通透，不可。須窮盡到十分處。

　　　　陸景鄴曰：「格」如格子之「格」，原是方方正正，無些子不到。

　　　　既說「先」又說「後」，不是複語。聖賢教人如老嫗教孩子數浮圖：一層層數上來，又一層層數下去。有這層，就有那層，政見得有那層，先有這層，一毫參差不得。要人把全體精神，從腳跟下做起也。

　　　　饒雙峰曰：上一節就八條目逆推工夫，後一節，就八條目順推效驗。

李崆峒曰：家曰「齊」，恩斷義也，如刀切草。國曰「治」，緒而分之也，如理亂絲。天下曰「平」，因其好惡而均之也，如平道塗。斯大小遠近之義乎！．

徐子卿曰：非謂本亂而末決不治，厚薄而薄決不厚。零說可以，頓說可以，粗說可以，精說，吾心也是一物，若格得吾心了了，此外有何物？究竟起來，瓦礫屎溺，孰非神理？古人聞驢擊竹，悉證妙悟，豈得於此更生隔閡？但患認朱子意差，真個於物上尋討，饒君徧識博解，胸中只得一部《爾雅》，有白首而不得入古人之學，爲可悲耳。要非可以病朱子也。

徐子卿曰：或問心是根苗，意是從心根苗裏發出，如何倒說「欲正心者，先誠其意」？余云：穀子也從苗上發生的，布種時都是從穀子漉洗。若不會得，則言根言葉，總是糟粕一般。

細玩經文及傳，此「物」字分明與上「物有本末」照應；格，是格個本耳，故傳曰：「此謂知本」，「此謂知之至也」。傳分明以「知本」當「格物」，而宋儒以爲闕文，得無多此一補傳乎？「物格」，「知至」，是一件事，故獨曰「在」。格物是夢覺關，誠意是人鬼關，過得此二關，上面工夫，一節易如一節了。至治國平天下，地步愈闊，但須從移步換影之處，劈肌分理，非寂寞苦空人，誰能解得？

艾千子曰：「安」字不宜浮講虛幻，只明德新民止至善，無疑畏，無杌隉而已。

《書》言「安止」，未有不自幾康者。徐子卿曰：「慮」字是條理精詳，思路暢達。正明德自然真體，不是臨時撮湊。比如一事到手，若慌慌張張做過了，少不得破綻全露；若到得恰好田地，雖是偶然泛應，便竭盡思慮，無以復加。這惟從容中道者，纔有個光景，是名爲「慮」。

董日鑄曰：「誠意」之功，非難非易。看得太易，恐認情識作本體，是裊愛子；看得太難，恐祛情識尋本體，是提燈覓火。此皆有志於「誠意」而卒失之。所以先之以「致知」。知徹之後，如淘沙得寶，粒粒成真，且有不誠而不可得者矣。

「格物」二字，先儒於此，幾成聚訟。朱子「今日格一物，明日格一物」，也只是對初學人立下手工夫。其實可以也那末處。任治，原不中用。薄處任厚，只是厚不得耳。《呂覽》《月令》曾無秕政，山公吏部，何憂失

人。究竟濟事不濟事？〔註87〕

單單詮釋此章，他就援引了艾千子、陶文僖、陸景鄴、饒雙峰、李崆峒、徐子卿、董日鑄等七人的見解，其保存經說的苦心可見一般。又如詮釋《論語・子罕・喟然》章：「顏淵喟然嘆曰：『仰之彌高，鑽之彌堅。瞻之在前，忽焉在後。夫子循循然善誘人，博我以文，約我以禮。欲罷不能，既竭吾才，如有所立卓爾。雖欲從之，末由也已。』」時他說：

> 高堅前後，正「末由」光景，前後總是一個機關，繞接得喟然神氣。若把前節做未到手說話，是叙體，不是因地一聲境界。
>
> 作此題者，顏子口中不露一「道」字，方是高手。
>
> 此時顏子肢體墮，心目盡忘，如探龍得珠，珠既在手，還想龍穴，已不知何處。道妙心機從「末由」句中一齊見出，凡謂顏苦孔卓，並未達一間者，何嘗說夢。
>
> 楊貞復謂：以博去分別心，愛憎心，以約去依傍心，執着心，可省「博」「約」之旨。
>
> 管登子曰：「末由」即夫子自道，過此以往，未之或知處，乃乾元統天之學也。夫子所以有「見其進，未見其止」之惜。
>
> 顏子卓立，蓋三十而立也，分明一個天亡聖人。
>
> 徐子卿曰：或問顏淵既欲罷不能，又何言莫由？余云：如塑佛像，雖能使生意流動，儼然如活，要得靈感，孰知其由？畫龍者之點睛飛去，莫道無此事，畢竟無此法。
>
> 周季侯曰：凡人到心力莫用處，始發之嘆。「喟然」二字，正「欲從」「末由」之真景象也。記者以此擬其神情，絕有可想。
>
> 丘毛伯曰：兩「彌」字，一「忽」字，正是立卓之境，此是悟後譚迷。乃嘆道語，非求道語，乃既得語，非初入語。
>
> 此顏子離却保母，放下挂杖時光景。俗言大象生下小象，比長成，大於象母，豈可使之入象母腹中耶？且「末由也已」，豈是沒法的話，蓋如行者到家，自然止息自家，主人陸地出見，雖似從人，不可得已。「所立卓爾」，已是聖人成位乎中力量。〔註88〕

一樣的此章他廣引楊貞復、管登子、徐子卿、周季侯、丘毛伯之說來解經，這種例子通貫全書。在《四書遇》中所引用到的前人經說約有二百多人，其中大部分是明

〔註87〕見張岱：《四書遇》，頁 1。
〔註88〕見張岱：《四書遇》，頁 212。

代人，茲將其所引明代諸人之名臚列於下：

時　代	人名（以生年為依據）〔註89〕
洪　武	薛瑄
永　樂	于謙
宣　德	胡居仁
景　泰	邱濬、蔡清、童軒
天　順	
成　化	湛若水、唐寅、王守仁、李夢陽、崔銑、徐禎卿、季本、南大吉、陸容
弘　治	楊慎、薛蕙、鄒守益、陳九川、錢德洪、王畿、尤時熙、羅洪先、
正　德	茅坤、羅汝芳、楊繼盛、鄒泉、
嘉　靖	耿定向、張居正、王世貞、李贄、王荊石、許孚遠、薛應旂、管志道、張元汴、焦竑、楊起元、周汝登、馮夢禎、顧憲成、湯顯祖、鄒元標、董其昌、陳繼儒、黃汝亨、高攀龍、袁宗道、徐光啓、袁黃、張汝霖、李材、高儀、丘橓、孫應鰲、姚舜牧
隆　慶	陳際泰、袁宏道、卓爾康、鄧以讚、沈守正
萬　曆	鍾惺、唐宜之、劉宗周、陶望齡、李廷機、周宗建、張鼐、馮元颺、倪元璐、楊廷樞、查繼佐、聞啓祥、張燁芳、王肯堂、湯賓尹、韓敬、宋鳳翔、顧錫疇、史玉池、丘兆麟、張位、陸夢龍、王納諫、徐日久、徐奮鵬
泰　昌	
天　啓	艾南英、章世純
崇　禎	張明弼、陶奭齡、馬世奇、周鍾
不　詳	路鴻休、陶大臨、顧朗仲、周永年、錢標、馬巽倩、袁士瑜、張振淵、辛全、董懋策、吳羽文

　　從上表中來看，其所引時人經說以陽明學者佔大部分。上引諸人的《四書》著作有些還見存於世，如蔡清《四書蒙引》、薛應旂《四書人物考》、鄒泉《四書折衷》、張居正《四書直解指南》、李贄《四書評》、許孚遠《大學述》《中庸述》《論語述》、管志道《論語訂釋》《孟義訂測》、焦竑《焦氏四書講錄》、周汝登《四書宗旨》、楊起元《四書眼評》、顧憲成《四書講義》、鄒元標《仁文講義》《水田講義》、黃汝亨《論孟語錄》、高攀龍《四書講義》、陳際泰《四書讀》、湯賓尹《四書合旨》、袁宗道《白蘇齋類集・說書》、沈守正《四書說叢》、劉宗周《論語學案》《孔孟合璧》、袁黃《四書訓兒說》《四書刪正》、丘橓《四書摘訓》、孫應鰲《四書近語》、姚舜牧

〔註89〕此表之人物年代主要以生年為依據，生年不詳者，則以主要活動時期為準據。

《四書疑問》、王肯堂《論語義府》、張鼐《四書演》、周宗建《論語商》、王納諫《四書翼註》、徐奮鵬《四書近見錄》、艾南英《艾千子先生手著四書發慧捷解》、馬世奇《四書鼎鑾》、章世純《四書留書》、張明弼《四書尊註講意》、董懋策《千古堂學庸大意附論語解、孟子解》、辛全《四書說》等。有些人的著作或經說則已經亡佚，要靠《四書遇》才能保留，如陳繼泰、徐禎卿〔註90〕、韓敬〔註91〕、徐日久〔註92〕、倪元璐、查繼佐〔註93〕、陸夢龍〔註94〕等人，其《四書》著作或見解今已不復見，只能從《四書遇》中輯出以窺其端倪。我們現今能得見晚明尤其是萬曆前後諸陽明學者的《四書》學說樣貌，《四書遇》可說居功甚偉。

在《四書遇》中所徵引的資料以張鼐的見解最多，共有五十二條之多，其次是楊起元四十三條、徐日久三十四條、韓敬二十四條、李贄十八條、艾南英十二條、顧憲成十一條、黃汝亨九條、袁黃九條、周汝登九條、姚承庵九條、湯賓尹六條等等，這些資料當可作為輯佚與辨偽的文獻資料。另外在《四書遇》中除了上舉諸人外，還有些人的資料不可考，因此無法辨別其年代事跡。一併製表於下以供參考：

時　代	人　名　字　號
不　詳	王仁忠、王守溪、王永啓、王荊石、王逸季、王顯甫、牛春宇、方孟旋、石竹林、成玉弦、杜靜臺、李哀一、李鹿園、李蕭敏公、吳因之、吾能天、吾雪崖、何宗元、何復子、汪石臣、周用齋、政禪師、祝石林、姚元素、莊忠甫、夏九範、夏古汭、徐儆弦、翁子先、梁無知、張元岵、張恭簡、張夏占、張符九、張賓王、陸庸成、陳洪範、陳新宇、陳道掌、項仲昭、董是彝、葛屺瞻、黃厚齋、黃葵陽、黃會稽、舒碣石、喬君求、馮氏、馮秀山、馮厚齋、楊子常、楊見宇、楊柱史、周肇敏、齊氏、諸理齋、劉頤眞、鄭介庵、盧玉谿、盧裕、衡齋、戴仲甫、魏蒼雲、蘇石水、蘇紫溪

〔註90〕徐禎卿，字昌穀，吳縣人，弘治十八年進士。《明史》有傳，著有《迪功集》、《談藝錄》、《翦勝野聞》、《新倩籍》。
〔註91〕韓敬自求仲，明萬曆三十八年進士，與張岱七叔張燁芳交善。
〔註92〕徐日久字子卿，浙江衢州人。萬曆三十八年進士，授上海知縣，以劾讁官湖廣藩幕，署江夏事。著有《子卿近業》、《江夏紀事》。見中央圖書館編：《明人傳記資料索引》（臺北：國立中央圖書館，1978年1月），頁456。《子卿近業》、《江夏紀事》，現已亡佚，而《四書遇》全書徵引其見共三十四條，這些資料可能引自《子卿近業》。
〔註93〕明查繼佐字伊璜，號東山；一字敬修，號興齋，海寧人。萬曆年間史學家，著有《罪惟錄》。查繼佐乃張岱史學方面的朋友，曾邀請張岱合撰《罪惟錄》而被婉拒。其《四書》著作不見著錄，而《四書遇》中則援引其經說二條。
〔註94〕明陸夢龍自君啓，又字景鄴，會稽人，萬曆三十八年進士，授刑部主事，進員外郎，知兵，後戰死。《明史》卷91、《石匱書後集》卷19有傳，陸夢龍乃張岱時藝知己，據查繼佐《罪惟錄》云所著有：「《易略》、《四書解》、《憨生集》、《黔行錄》」等。《四書解》今已亡佚，《四書遇》引其經說三條，從中可知其學主陽明一派。

三、兼採備錄、不囿陳說

張岱治學有兼採備錄、不囿陳說的開放態度，對於舊說，他既不盲從，亦不輕易詆毀。《四書遇》除保存前人及同時代諸人的注解外，凡於眾說難以取捨或諸異解可合經義者，皆尊而錄之，呈現其兼容並蓄的精神。如：《論語‧為政‧異端》章「異端」的意義，《四書遇》云：

> 陸象山云：孔子時佛教未入中國，雖有老子，其說未著，却指那個為「異端」？蓋「異」與「同」對，雖同學堯舜，而所學之端緒，與堯舜稍不同，便是「異端」。何止佛老哉！或問：如何是「異」？曰：子先理會得「同」的一端，則凡異此者，皆一為「異端」。
>
> 孔林預知有顛倒衣裳之秦始皇，豈不知數世之後，有楊墨佛老來與吾夫子鬥法乎？「異端」不必曲解。（頁91）

對於「異端」的看法，張岱先徵引陸象山的說法認為學者雖同學堯舜，但是不能掌握堯舜之學的宗旨便是異端，不專指佛、老為異端。但是張岱認為孔子有預知的能力，異端即是指「楊、墨、佛、老」，不必曲解。雖然張岱不同意陸象山的解釋，不過此處仍兼存備錄，以供讀者抉擇。又如《論語‧述而‧束脩》章中「束脩」的意義，《四書遇》云：

> 《論語》《禮記》解束脩，束脯也，十脡為束。廷篤曰：「吾自束脩以來為人臣，不陷於不忠。」註「束，帶。修，飾也。」李固《奏記梁商》曰：「王公束脩屬節。」晉荀羨擒賈堅，堅曰「吾束修自立，君何謂降耶」皆檢束、修飾之義，與《論語》不同。（頁172）

在《論語》與《禮記》中的「束脩」傳統註解都說成是肉條的意思，當成是孝敬師長的酬勞。但是張岱徵引李固《奏記梁商》與《資治通鑑‧晉紀‧穆帝生平二年》晉荀羨擒賈堅的文獻，說明「束脩」有「檢束、修飾之義」。雖無駁斥傳統註解之非，但也委婉的表達自己的看法。又如《論語‧子罕‧川上》章：「子在川上曰：『逝者如斯夫！不舍晝夜。』」《四書遇》云：

> 本文只一句讀下，「如斯」，「斯」字即水也，聖人分明謂道體不息若斯水也，千年來未有人窺破。
>
> 楊復所云：「逝者如斯夫，不舍晝夜」，是一句嘆惜光陰之語。說者都說道機化機，反說遠了，細細體會，當自得之。
>
> 孔子去魯而操《龜山》，蓋歎道之止而不行也。在川而歎逝者，蓋歎道之行而不止也。
>
> 桓子野見山水佳處，輒呼奈何，夫子於此，亦有一往深情。

「木猶如此！人何以堪！攀枝執條，眩然流涕。」曹孟德伏櫪之歌，

劉荊州撫髀之泣，皆同此意。〔註95〕

「逝者如斯夫，不舍晝夜」這一句，朱子與陽明都解釋爲孔子對道體的開示。張岱
亦同意這種看法，並進而闡釋說：「聖人分明謂道體不息若斯水也。」在此他同樣輯
錄了同時代學者楊復所的異說，認爲這只是「嘆惜光陰之語」罷了。又如《論語·
泰伯·周公》章：「子曰：『如有周公之才之美，使驕且吝，其餘不足觀也已。』」《四
書遇》：

才足觀美，便是「其餘」，一念爲才所動，並「其餘」亦用不著。故

曰：妝斂聰明還造化，雖無才美亦周公。

或曰：一犯驕吝其大本已亡，縱其餘做得驚天動地，亦不足觀。

或曰：韓子曰「天生聖賢，非使之自有餘而已，將欲以補其不足也。」

若驕吝，則是自有餘也；雖餘，曷貴哉？

驕者是其器局小，容受不去。故驕者未有不吝，此是一套生事，非驕

了又吝也。〔註96〕

這裡兼存了四、五種說法，除了表現張岱的博學外，更可看出其保存文獻的用心。
但是張岱在徵引文獻時，有時不甚嚴謹。如《論語·憲問·石門》章：「子路宿於石
門。晨門曰：『奚自？』子路曰：『自孔氏。』曰：『是知其不可而爲之者與？』」《四
書遇》云：

不知不可爲而爲之，愚人也；知其不可爲而不爲，賢人也；知其不可

爲而爲之，聖人也。諸葛武侯曰：「即不伐賊，漢亦必忘〔註97〕。與其坐

而待亡。不如伐之。」此處眞有挽回造化手段。晨門一語，亦是聖人知己。

〔註98〕

此處所引〈後出師表〉原文爲：「然不伐賊，王業亦亡，惟坐待亡，孰與伐之？」比
較張岱所引之文，可看出張岱在援引資料時不甚嚴謹。此外引用人名有時致誤，如
《論語·泰伯·興詩》章：「子曰：『興於詩，立於禮，成於樂。』」《四書遇》云：

……易牙學琴于成連子，攜之至海，延望無人，但見海水洞湧，山林

蒼冥，愴然嘆曰：「先生移我情矣」！〔註99〕

〔註95〕見張岱：《四書遇》，頁216。
〔註96〕見張岱：《四書遇》，頁200。
〔註97〕此字《後出師表》原文爲「亡」，此處「忘」字誤。不知是張岱手誤或者點校本排印
　　　　時所誤。
〔註98〕見張岱：《四書遇》，頁303。
〔註99〕見張岱：《四書遇》，頁196。

此處「易牙學琴于成連子」應為「伯牙學琴于成連子」〔註100〕,「伯牙」誤為「易牙」。在《四書遇》中,這個錯誤出現兩次,不知是張岱筆誤或者記錯導致。又如《論語·八佾·主皮》章:「子曰:『射不主皮,為力不同科,古之道也。』」《四書遇》云:

> 鄉射以五物詢眾庶:一曰和志,二曰和容,三曰主皮,四曰和顏,五曰興舞。天子三侯,以熊虎豹皮為之。〔註101〕

此處引《周禮·地官司徒·鄉大夫》:「退而以鄉射之禮五物詢眾庶,一曰和,二曰容,三曰主皮,四曰和容,五曰興舞,此謂使民興賢。」來詮釋《論語》中所言的「鄉射之禮」,不過張岱的引文與經典原文略有出入。

第四節　充滿文學色彩

張岱的詩文可稱為晚明散文的代表。他的詩文開始學過公安、竟陵兩派,但後來他融合二體,獨成風格而兼有各派之長。主要的文學作品以《陶庵夢憶》、《西湖夢尋》和《瑯嬛文集》著稱。其文學理論主張反擬古,抒性靈。他的散文題材範圍非常廣闊,除了描畫山水外,社會生活各方面無所不寫。並且各種體裁,到他手中都開放了,如傳記、序跋、像贊、碑銘等,在他的筆下,都寫得詼諧百出,情趣躍然,這是他散文的特點。尤其語言文字的靈活運用,更是張岱散文的一大特色。他擅長以精細深遠的觀察力掌握事物的特點,並精心構辭造句,以求達到筆隨意走、言能盡意的地步。因此《四書遇》除了反映他對儒家義理內容的掌握外,更能見到他那獨特的充滿文章之美的詮釋文字。這在《四書》的詮釋史中,可說是絕無僅有的特色。此外受到時代風氣的感染,他也將經文評點一番,茲敘述如下。

一、品評經文

假使說清人把六經皆看成史書的話,那麼明人可說是都把六經當成文章來看了。如此明代評點之學的盛行,也就不足為奇了。這種評點之學,在當時是一種風氣。許多新《四書》學的著作亦喜歡用「點睛」、「眼」、「眼評」等為書名。意謂藉由作者的慧眼,指出其精要關鍵之處,而掌握住經文整體境界,整體精神之意。在

〔註100〕 《太平御覽·樂部·琴中》〈樂府解題曰〉:「《水僊操》伯牙學琴於成連先生,三年不成,至於精神寂寞,情之專一,尚未能也。成連……剌而去,旬時不返。伯牙近望無人,但聞海水洞滑崩澌之聲,山林蒼冥,群鳥悲號,愴然而歎曰:『先生移我情。』乃援琴而歌,曲終,成連迴剌船,迎之而還,伯牙遂為天下妙矣。」

〔註101〕 見張岱:《四書遇》,頁108。

明代文壇上，甚至有專門品評六經的專文出現。〔註102〕在《四書》的詮釋史中，注意《四書》的文學性而加以品評的首推李卓吾的《四書評》。在李卓吾的注解中，時常針對經文的文學性加以評點，如「絕妙文字，的眞神品」〔註103〕、「看他文字關應處，似開實合。妙絕，妙絕！」〔註104〕、「理順辭明，文章上乘。」〔註105〕等等評語。他更指出《孟子》文章妙處在於「孟子之文，妙在以客代主，不費半些氣力。」〔註106〕、「孟子文字之妙，全在閒冷處著精神。」〔註107〕他並推崇《孟子》之文爲：「《孟子》全部，固文之聖矣。」〔註108〕給了《孟子》一書最高的文學評價。李卓吾重視經典的文學性，與傳統重視經典中的微言大意者可說是大相逕庭、迥異其趣。張岱受到李卓吾這種評點風氣的影響，他在詮釋《四書》時，也常會針對經文的文學性加以品評賞析，如前章所舉諸例。〔註109〕

這種透過關鍵文字的點出，使全篇精神昭然若揭的詮釋法在《四書遇》中，可說是不勝枚舉。除了文字的品評外，有時更對經文直接讚賞，例如《孟子・盡心上・王子》章：「孟子自范之齊，望見齊王之子，喟然嘆曰：『居移氣，養移體，大哉居乎！夫非盡人之子與？』孟子曰：『王子宮室、車馬、衣服，多與人同，而王子若彼者，其居使之然也，況居天下之廣居者乎？魯君之宋，呼於垤澤之門。守者曰：『此非吾君也，何其聲之似我君也？』此無他，居相似也。』」他引陸君啓之言曰：

> 既以王子形廣居矣，後掉一尾，却以魯君形王子，意思益顯豁，議論
> 益精神，文章絕妙。〔註110〕

又如《論語・公冶長・子路》章：「子路有聞，未之能行，唯恐有聞。」他說：

> 十二字爲子路傳神，是絕妙像贊。〔註111〕

此外，有時注文則直接指出經文之妙處：

> 古人著書敘事，多於複一句處傳神。〔註112〕

〔註102〕如孫鑛的《孫月峰評經》即是一例。詳見郭紹虞：《中國文學批評史》（臺北：五南圖書出版有限公司，1994年8月），頁419～424。
〔註103〕見李贄：《四書評》，頁172。
〔註104〕見李贄：《四書評》，頁173。
〔註105〕見李贄：《四書評》，頁195。
〔註106〕見李贄：《四書評》，頁209。
〔註107〕見李贄：《四書評》，頁238。
〔註108〕見李贄：《四書評》，頁250。
〔註109〕詳見本論文第三章《張岱四書遇的成書與詮釋方式》第二節〈四書遇的詮釋方式〉，第七點「以文解經」諸例。
〔註110〕見張岱：《四書遇》，頁551。
〔註111〕見張岱：《四書遇》，頁140。
〔註112〕見張岱：《四書遇》，頁179。

「飯糗茹草」四字畫出舜窮困風味。「被裗」八字，畫出舜榮華的景
象。「若固有之」，「若將終身」畫出舜澹漠之精神。〔註113〕

又如《論語‧述而‧見聖》章：「子曰：『聖人吾不得而見之矣，得見君子者，斯可
矣。』子曰：『善人吾不得而見之矣，得見有恒者，斯可矣。亡而爲有，虛而爲盈，
約而爲泰，難乎有恒矣。』」《四書遇》云：

記者於中間復下「子曰」二字，便把當日俯思仰嘆光景畫出，眞傳神
手也。經書中如此妙處不少，都被俗儒抹却。（頁 183）

通過張岱以文學的角度詮釋經書的方式，儒家經典的文學性頓時彰顯出來，套用前
人的話說，儒家經典通過散文大家張岱的品評詮釋，可謂「六經皆文」了。

二、注文呈現文學之美

張岱是晚明的散文大家，其文章的特色「是篇幅不長，洗鍊精短。張岱爲文任
筆揮灑，率直不矜矯，平易中有深致，意盡而止，不贅餘言。蓋性情灑脫，文筆精
妙，故能作短雋而出色的文字。紀遊、敍事、說理、志人物，皆寫得精采絕倫。」
〔註114〕因此他在詮釋經文時，自然呈現其文章風格。

（一）敍事說理簡潔精鍊

張岱在散文創作上講求簡潔精鍊的文字風格。他之所以側重簡鍊的行文風格，
與他的史書創作有關。在《石匱書‧自序》中，他稱讚司馬遷《史記》是：

……不苟襲一字，不輕下一筆，銀鉤鐵勒，簡鍊之手，出以生澀，至
其論贊，則淡淡數語，非煩上三毫，則睛中一畫，墨汁斗許，亦將安所用
之也？〔註115〕

「簡潔」的敍事筆法，一直是史家的傳統，史家認爲文約可以導致事豐的效果〔註116〕，
這正與晚明小品文講求「篇短而神遙，墨希而旨永」的主張相合。因此張岱論文除了
反對模擬傳統的陋習外，最主要的就是講求文字內容的精純簡鍊。他說：

《水滸傳》形容汴京燈景云：「樓台上下火照火，車馬往來人看人。」
只此十四字，古今燈詩燈賦，千言萬語，刻畫不到。……古人墓銘愈簡愈

〔註113〕見張岱：《四書遇》，頁 559。
〔註114〕見黃桂蘭：《張岱生平及其文學》，頁 109。
〔註115〕見張岱著‧夏咸淳校點：《張岱詩文集》〈瑯嬛文集〉卷 1〈石匱書自序〉，頁 99。
〔註116〕如劉知幾《史通》說：「夫國史之美者，以敍事爲工，而敍事之工者，以簡爲主。
簡之時義大矣哉！歷觀自古作者，權輿《尚書》，發蹤所載務於寡事；《春秋》變體，
其言貴於省文。斯蓋澆淳殊致，前後異跡。然則文約而事豐，此述作之尤美者也。」
見劉知幾：《史通》卷 6〈敍事〉。

妙。孔子銘季札云：「嗚呼！有吳延陵季子之墓。」傅奕自銘曰：「傅奕，

　　青山白雲人也，以醉死。」一語名世，何必長篇累牘然後不朽。〔註117〕

張岱認爲簡潔精鍊的文學語言，可以使得作品流傳後世，永垂不朽。因此他爲文說

理，三言兩語，便能透入骨髓，擊中要害。他批評當時各種明史著作，只用了三句

話十二個字：「國史失誣，家史失諛，野史失臆。」〔註118〕「誣」、「諛」、「臆」一

語破的，切中要害。從《石匱書》的論贊來看，篇幅都極簡短，但褒貶抑揚，卻極

有份量。所以在詮釋《四書》時，自然呈現這種文筆風格。如解《論語・述而・釣

弋》章：「子釣而不綱，弋不射宿。」時，他說：

　　　　湯解三面之綱，而又伐暴救民；文武澤及枯骨，而又戎衣一著。天下

　　事原有並行而不悖者，故知雷霆霜雪，總是造化之仁。〔註119〕

在一般的觀念裡，釣、獵是殘仁之事。但《論語》此章之記載，容易使讀者懷疑孔

子的聖人操守。因此他援引古來聖人的典故解釋孔子的行爲時，並以「雷霆霜雪」

的自然景象點出反面的言行一樣是「造化之仁」的涵意。其中僅以「湯解三面之綱，

而又伐暴救民；文武澤及枯骨，而又戎衣一著。」等幾個字就概括了三位聖人的事

跡，如此的詮釋文字就如史筆一般精簡卻又富涵深意。又如《孟子・萬章上・伊尹》

章〔註120〕，他論伊尹云：

　　　　胸中無完竹，畫於未畫也；心正而筆正，書於未書也。臨楮求書，書

　　不成書矣；臨縑求繪，繪不成圖矣。阿衡搆於有莘，商舟締於版築，鷹揚

　　造於漁釣，鼎足定於隆中。論事業者論蘊藉，不論遭際也。在畎畝之中，

　　不樂巢許之道，而樂堯舜之道，便不是終於畎畝之人。〔註121〕

張岱少時曾習舉業，工駢文，上述詮釋文字，簡潔洗鍊，就像《石匱書》中的論贊

一般，已可獨立成一篇小品文看，呈現出駢文整齊對偶之美。又如《論語・公冶長・

狂簡》章：「子在陳曰：『歸與！歸與！吾黨之小子狂簡，斐然成章，不知所以裁之。』」

他說：

〔註117〕見張岱：《快園道古》（杭州：浙江古籍出版社，1986年）〈學問部〉。

〔註118〕見張岱著　夏咸淳梳點：《張岱詩文集》《瑯嬛文集》卷1，〈石匱書序〉，頁100。

〔註119〕見張岱：《四書遇》，頁184。

〔註120〕萬章問曰：「人有言：『伊尹以割烹要湯。』有諸？」孟子曰：「否，不然。伊尹耕

　　　　於有莘之野，而樂堯舜之道焉。非其義也，非其道也，祿之以天下，弗顧也；繫馬

　　　　千駟，弗視也。非其義也，非其道也，一介不以與人，一介不以取諸人。湯使人以

　　　　幣聘之，囂囂然曰：『我何以湯之聘幣爲哉？我豈若處畎畝之中，由是以樂堯舜之

　　　　道哉？』湯三使往聘之，既而幡然改曰：『與我處畎畝之中，由是以樂堯舜之道，

　　　　吾豈若使是君爲堯舜之君哉？……」

〔註121〕見張岱：《四書遇》，頁489。

> 學者胸次不高有兩病：好周旋世故，不簡於塵緣，一也；好博涉見聞，
> 不簡於學問，二也。周旋世故，做今人的鄉愿；博涉見聞，做古人的鄉愿。
> 其胸次不淨，總一般不得「狂」。〔註122〕

這裡他一針見血指出學者治學的通病就在於「好周旋世故」、「好博涉見聞」。短短幾個字，就可看出其論理的精闢以及文字運用的純熟。再引數例：

> 君子雖困阨折挫，其道自直，所謂石壓筍斜出也。小人夤緣攀附，無
> 才而在高位，無德而握重權，豈不厚誣，故曰「錯枉」。〔註123〕

> 玉不揜瑕，人不以瑕而賤玉於石；鏡不揜翳，人不以翳而貴鐵於鏡。
> 君子不揜過，人不以過而貴小人於君子。君子之過，真；而小人之無過，
> 僞也。〔註124〕

又如解釋《孟子・盡心上・王霸》章：「夫君子所過者化，所存者神」時，更可看出其精簡有韻：

> 或問「所存者神」曰：情識不生，如空如水。問「所過者化」曰；雁
> 度長空，影落寒水，雁無留跡，水無留影。〔註125〕

這樣的詮釋文字不只精簡有如禪偈，「雁度長空，影落寒水，雁無留跡，水無留影」更建構出一股超脫空靈的韻味。祁彪佳在《古今義烈傳》序說他爲文：「手自刪削，自成一家言，其點染之妙，凡當要害，餘子一二百言者，宗子能數十字，輒盡情狀。」〔註126〕可說相當貼切。

（二）修辭典雅短雋有味

由於「張岱少好舉業，習於帖括，十六歲已工作駢文。其文時有對偶駢句，以作反襯排比。或揭出相反之事物，相映相襯，以壯文勢；或同一句法上下相接，逐層遞進，以廣文義。」〔註127〕我們從《四書遇》中就常可欣賞到張岱擅用排比與對偶兩種修辭技巧，使文章整散兼行，呈現錯落有致之美。如解釋《孟子・離婁・歸仁》章，《四書遇》：

> 嶺南多毒，而有金蛇白藥以治毒，湖南多氣，而有薑橘茱萸以治氣。
> 魚鱉螺蚵治濕氣，而生於水，麝香羚羊治石毒，而生於山。蓋有是病，即

〔註122〕見張岱：《四書遇》，頁144。
〔註123〕見張岱：《四書遇》，頁94。
〔註124〕見張岱：《四書遇》，頁365。
〔註125〕見張岱：《四書遇》，頁538。
〔註126〕見張岱著・夏咸淳校點：《張岱詩文集》〈附錄〉，〈義列傳序・祁彪佳〉，頁445。
〔註127〕見黃桂蘭：《張岱生平及其文學》，頁112。

生是藥；有是亂，即生是人。蓋不蓄，則自不得也，所以不重艾而重蓄艾
之人。〔註128〕

又如《論語・八佾・器小》章，《四書遇》：

王道伯業，只在根本毫釐上差別。浮雲太虛，功名便是道德，金屑著
眼，功名只是功名。聖人小管仲極有微義，豈能對或人言之！〔註129〕

以上句式整散間行，錯落有緻，呈現駢文的形式之美。又如《論語・述而・執鞭》
章：「子曰：『富而可求也，雖執鞭之士，吾亦爲之；如不可求，從吾所好。』」《四
書遇》云：

擾擾紅塵，見清泉白石，未免有脫兔投林之想。黃粱未熟，偷心不盡。
行到黃河渡口，纔嗒然死了去也。〔註130〕

這裡「擾擾紅塵」、「清泉白石」、「脫兔投林」、「黃粱未熟」、「偷心不盡」煉句精美，
修辭雅致，除了表現文句之美外，作者獨特的個人精神亦躍然紙上。又如在《論語・
子罕・知者》章：「子曰：『知者不惑，仁者不憂，勇者不懼。』」他運用排比修辭法，
使其文章更顯說服力：

三樣人皆能擔當大事；大事臨前，屹然不動。若是智者，明晰事理，
故不惑。若是仁者，毫無愧怍，故不憂。若是勇者，膽氣過人，故不懼。
孔子陳蔡之阨，子貢不惑，顏子不憂，子路不懼，若孔子則毫不芥心。窮
通得喪，視若寒暑風雨之序矣。〔註131〕

又如《論語・鄉黨・寢居》章：「寢不尸，居不容。見齊衰者，雖狎，必變。見冕者
與瞽者，雖褻，必以貌。凶服者式之。式負版者。有盛饌，必變色而作。迅雷風烈，
必變。」他說：

大舜，烈風雷雨弗迷，中流一柁；迅雷風烈必變，把得柁牢。故大舜
兢兢業業，仲尼樂在其中。古來聖人戰兢即自在，自在即戰兢。會得此意，
便可有天下而不與，入磨涅而不化。〔註132〕

這裡使用映襯法，將大舜與孔子之精神面貌相互映襯，彰顯聖人處世之不同風格面
貌。又《論語・顏淵・齊景》章：「齊景公問政於孔子。孔子對曰：『君君，臣臣，
父父，子子。』公曰：『善哉！信如君不君，臣不臣，父不父，子不子，雖有粟，吾

〔註128〕見張岱：《四書遇》，頁444。
〔註129〕見張岱：《四書遇》，頁112。
〔註130〕見張岱：《四書遇》，頁175。
〔註131〕見張岱：《四書遇》，頁224。
〔註132〕見張岱：《四書遇》，頁235。

得而食諸？』」《四書遇》云：

> 景公此時所謂危葉易風，驚禽易落，一聞夫子之言，感慨咨嗟，幾與
> 牛山之泣，同其酸梗。〔註133〕

這裡用譬喻法以「危葉易風，驚禽易落」將景公的抽象心情形容的活靈活現，重現當日景公之情，歷歷如繪，洋溢著文學的感染力。除了擅用修辭外，其注文也相當活潑不呆版。如《論語·為政·十世》章：「子張問：『十世可知也？』子曰：『殷因於夏禮，所損益可知也；周因於殷禮，所損益可知也；其或繼周者，雖百世，可知也。』」《四書遇》：

> 子張看得世上事不過是這光景，故曰「可知」。然中間還有信不過處，
> 故止曰「十世」。夫子橫眼一覷，見戲場中許多雜劇，只是悲歡離合之套
> 數。故把夏殷周做個榜樣說，隨你禹湯文武聖人，也跳不出圈套，有恁麼
> 古怪事，所以道唐虞揖讓三盃酒，湯武征誅一局棋。看得破時，天大來事
> 不直一笑。〔註134〕

整體來說，《四書遇》注文篇幅有時雖短，但張岱透過其文學內涵的修辭剪裁，豐厚學識涵養的議論發揮，文章呈現韻味深厚、形式優美，充滿文學性、個人特色的解經作品。在《四書》學的詮釋歷史中，《四書遇》所呈現的文學之美，可以說是獨一無二的特色。

〔註133〕 見張岱：《四書遇》，頁 261。
〔註134〕 見張岱：《四書遇》，頁 97。

第六章　陽明學說對《四書遇》的影響

　　從明初以來,《四書》的解釋基本上籠罩在朱子《四書集注》之下,這時期的《四書》學著作多爲朱子學的發揮少有新意。更甚者則爲講章時文的敷衍乃至轉相抄襲之作,導致經義學問漸至荒疏,朱學逐漸僵化。此種學風到了明中葉王陽明「心學」的提出後才有所改變。王陽明提倡「致良知」之說,以自我良知爲中心,強調個人良知的展現和聖賢人格的完成。隨著陽明心學的盛行,晚明儒家經典詮釋有了新的風貌,即是揚棄程朱的學說而產生了大量以「陽明心學」爲思想基礎來詮釋《四書》的新作品。〔註1〕張岱的《四書遇》便是其中之一。因此本章擬從張岱《四書遇》所呈現的陽明學說觀點以及作者對陽明學說的闡發當中,一探張岱詮釋《四書》的思想基礎,以及陽明學說對張岱在詮釋《四書》時的影響,以幫助吾人瞭解陽明學說對晚明《四書》學的影響層面及深度。

第一節　《四書遇》承襲陽明論學觀點與態度

　　張岱曾祖父張元忭受業王畿,是陽明學派的思想家。祖父張汝霖也有《易經因旨》、《四書荷珠綠》等經學著作。因此,張岱受家學淵源的薰陶便有《四書遇》的問世。《四書遇》是張岱以全副精神心力所爲的解經之作,其中不僅有自己「精思靜悟,鑽研已久」的《四書》學見解,書中更是自四部七略乃至宋明時人（特別是陽明學者）關於《四書》學說之見解,無不旁證博引,僅引用語錄所涉及到的人物,

---

〔註1〕 這種現象表現在對《四書》的詮釋上最爲明顯,蓋明人于儒家經典特重《四書》,其原因有二:一是學人往往就《四書》以講學,尤其是以《大學》架構規模,演成學說;二是「明代儒生以時文爲重,時文以四書爲重」。語見《四庫全書總目提要‧四書人物考提要》。

就有二百六十七人之多。〔註 2〕張岱詮釋聖人經典與保存學術文化的苦心孤詣於此書可見其一斑。今綜觀《四書遇》全書，處處可見陽明的論學觀點與治學方法、態度對張岱以及同時代的學者在詮釋《四書》時的影響。茲分數點敘述於下，以明陽明學說對張岱在詮釋經典時的影響情形。

一、遵循陽明對《大學》改本之看法與儒家人物之評價

（一）直截痛快，不必補傳

因為朱子《四書集注》以己意改削、移易經文，將《大學》分經一章、傳十章，顛倒原次，移易本文，並添補「格物致知」一章，認為必如此，經始「辭約而理備，言近而旨遠，非聖人不能及」；王陽明對此不以為然，並抬出《大學古本》以為因應。張岱對朱子「格物致知」補傳的做法亦承襲陽明的意見以為：

> 以「古之欲明明德」直接在「止於至善」之下，直截痛快，不必更為補傳。〔註 3〕

因此他認為不用替「格物致知」作補傳。並引張侗初的說法以為：

> 曰：「大畏民志」，格物也。「此謂知本」，物有本末之本也。物格而後知至矣，故曰「此謂知本，此謂知之至也」。此正是釋格物致知，直捷痛快，不須蛇足。〔註 4〕

他認為經文《大學・聽訟》章中的「大畏民志」，就是詮釋「格物」而「此謂知本」就是詮釋「致知」。因此經文中的「此謂知本，此謂知之至也」正是釋「格物致知」，經義本自完整，根本無需補傳。另外「經傳對應」和「三綱八目」是朱子《大學章句》的根本架構，這個根本架構配合著朱子「窮理致知」的思想，建立了朱子《四書》學中藉以奠定聖學基礎的《大學》義理體系。而張岱對朱子經一章傳十章的編排次序，亦承襲陽明「去分章而復舊本」的意見，認為《大學》不應有所謂「經」、「傳」之分。例如《大學・聽訟》章，《大學章句》云：「右傳之四章，釋『本末』」〔註 5〕，《四書遇》批評道：「朱子以此傳為釋本末，尚少一釋終始傳。」〔註 6〕這裡張岱明白指出朱子將《大學》經文強行分章之不當。不過張岱雖也主張去「分章」與「格物致知」補傳，但他所主張的《大學》版本並不是陽明提倡的古本《大學》，

〔註 2〕見朱宏達：《四書遇・前言》（杭州：浙江古籍出版社，1985 年 6 月），頁 5。
〔註 3〕見張岱：《四書遇》，頁 10。
〔註 4〕見張岱：《四書遇》，頁 9。
〔註 5〕見朱熹：《四書集注》，頁 6。
〔註 6〕見張岱：《四書遇》，頁 9。

而是遵循明人蔡清《四書蒙引》的版本。他說：

> 《大學》中頗多錯簡。《禮記》蔡氏所定傳文，所謂致知在格物，在
> 物有本末，事有終始，知所先後則近道矣。知止而後有定，定而後能靜，
> 靜而後能安，安而後能慮，慮而後能得。子曰：「聽訟吾猶人也，必也使
> 無訟乎？」無情者不得盡其辭，大畏民志，此謂知本，此謂知之至也。二
> 語不作衍文。《聖經章》以古之欲明明德，直接在「止於至善」之下。直
> 接痛快，不必更爲補傳。〔註7〕

上文中所提到的蔡氏，乃明朝人蔡清，蔡清對《大學》的篇章次序以爲：

> 清竊謂諸先所定亦有未安者，看來當先以物有本末一條云云，然後續
> 以知止而后有定云云，而終以子曰聽訟吾猶人也云云。如此則由粗以及
> 精，先自治而后治人，亦古人爲學次第也。今以知止居前，知所先後居後，
> 則次序顛倒，文理俱礙矣。故清亦未敢全以爲然，竊後更定於此，以俟後
> 之君子。〔註8〕

因此其《四書蒙引》對《大學》的章節安排即爲如是：

> 大學之道，在明明德，在新民，在止於至善。古之欲明明德於天下者，
> 先治其國，欲治其國者，先齊其家，欲齊其家者，先修其身，欲修其身者，
> 云云未之有也。所謂致知在格物者，物有本末，事有終始，知所先後，則
> 近道矣。知止而后有定，定而后能靜，靜而后能安，安而后能慮，慮而后
> 能得。子曰「聽訟吾猶人也，必也使無訟乎！無情者不得盡其辭，大畏民
> 志。此謂知本，此謂知之至也。」〔註9〕

張岱以爲此種版本最符合《大學》的義理結構，並以之爲詮釋《大學》時的基本認
識。出此可見，張岱雖推尊陽明，但是對某些問題的認定仍取決於自己「主觀之體
悟」，充分展現了晚明學者論學獨立自主的解脫精神。

（二）孟子生平立言不甚拘泥

陽明對孔門人物的看法是尊顏子、孟子其次。他說：「見聖道之全者惟顏子，觀
喟然一嘆可見……顏子沒，而聖學之正脈，遂不盡傳矣。」〔註10〕又曰：「顏子具
體聖人，其於爲邦的大本大原，都已完備。夫子平日知之已深」〔註11〕對曾子的看

〔註7〕　見張岱：《四書遇》，頁7。
〔註8〕　見〔明〕蔡清：《四書蒙引》《四庫全書珍本》（臺北：台灣商務印書館）卷1，頁59。
〔註9〕　同上註。
〔註10〕　見王陽明：《傳習錄》卷上·〈陸澄錄〉，頁48。
〔註11〕　見王陽明：《傳習錄》卷上·〈薛侃錄〉，頁79。

法則說：「一貫是夫子見曾子未得用功之要，故告之。學者果能忠恕上用力，豈不是一貫？」〔註12〕而對於孟子，除了對「本性」的論說與孟子持不同立場外，對於孟子的學說則認爲是「因病立方」一時權變，不若《大學》精簡，他說：

> 孟子「集義」、「養氣」之說，固大有功於後學，然亦是因病立方，說得大段，不若《大學》「格、致、誠、正」之功，尤極精一簡易，爲徹上徹下，萬世無弊者也。〔註13〕

因此，唐君毅先生即說：「陽明以良知之名，解釋大學所謂『致知』之知，並以良知即獨知，即中庸之愼獨之『獨』。陽明之書亦重在發明《大學》與《中庸》之心學。陽明之良知，即顏子之『有不善未嘗不知，知之未嘗復行也』（易傳語）之『知』。此顏子之知不善，即不復行，正是陽明之即知即行之知。故陽明最推尊顏子。而對於孟子，則陽明並不如何推尊。陽明對孟子所言之性善，亦有微辭。」〔註14〕又說：「陽明並不以孟子之學爲至極。陽明最推尊者，乃是顏子。故嘗謂『顏子歿而聖學亡』。傳習錄上亦載陽明謂『見聖道之全者，唯顏子』」〔註15〕

陽明對儒家人物之看法與評價，影響了晚明學者對孔門人物的認知，如蕅益智旭亦認爲「顏子既沒，孔子之道的無正傳」〔註16〕而曾子、子夏、子張、子貢等人以降實未能傳得孔子心法。〔註17〕對於《孟子》，則云：「解《孟子》者曰擇乳，飲其醇而存其水也。」〔註18〕更於《四書蕅益解》一書中，糾舉出《孟子》數例缺失。〔註19〕

張岱《四書遇》承襲陽明的看法，在書中亦屢云「顏子死，而聖人之學絕。」〔註20〕「夫聖門王佐，止顏子一人」〔註21〕對於其他孔門人物則曰：「聖門近回者，賜也。」〔註22〕給了子貢不錯的評價。而「曾子眞實是『魯』」〔註23〕、「子夏、子

〔註12〕見王陽明：《傳習錄》卷上‧〈薛侃錄〉，頁66。

〔註13〕見王陽明：《傳習錄》卷中‧〈答聶文蔚〉，頁150。

〔註14〕見唐君毅：〈陽明學與朱子學〉，《陽明學論文集》（臺北：華岡出版有限公司，1977年6月），頁54。

〔註15〕見唐君毅：〈陽明學與朱子學〉，《陽明學論文集》，頁48。

〔註16〕見蕅益大師原著，江謙居士補註：《四書蕅益解補註》（臺北：佛教書局，不著年月），頁108。

〔註17〕見簡瑞銓：《四書蕅益解研究》，頁217～218。

〔註18〕見蕅益大師原著，江謙居士補註：《四書蕅益解補註》，頁2。

〔註19〕見簡瑞銓：《四書蕅益解研究》，頁219～220。

〔註20〕見張岱：《四書遇》，頁241。

〔註21〕見張岱：《四書遇》，頁242。

〔註22〕見張岱：《四書遇》，頁248。

〔註23〕見張岱：《四書遇》，頁247。

游多未曾明白下學而上達一句，只爲他在語言教法上尋求耳，若認得天性，又何同異之有？」〔註24〕

對於《孟子》的評價，除了蕅益智旭外，《四書遇》所引晚明學者的《四書》著作中，亦有許多訂正《孟子》的文字。例如《孟子・萬章上・封象》章：

> 萬章問曰：「象日以殺舜爲事，立爲天子則放之，何也？」孟子曰：「封之也；或曰：放焉。」萬章曰：「舜流共工於幽州，放驩兜于崇山，殺三苗于三危，殛鯀于羽山，四罪而天下咸服，誅不仁也。象至不仁，封之有庳。有庳之人奚罪焉？仁人固如是乎？在他人則誅之，在弟則封之。」曰：「仁人之於弟也，不藏怒焉，不宿怨焉，親愛之而已矣。親之欲其貴也，愛之欲其富也。封之有庳，富貴之也。身爲天子，弟爲匹夫，可謂親愛之乎？」「敢問或曰放者，何謂也？」曰：「象不得有爲於其國，天子使吏治其國，而納其貢稅焉，故謂之放。豈得暴彼民哉？雖然，欲常常而見之，故源源而來。『不及貢，以政接於有庳』。此之謂也。

孟子弟子萬章疑問爲何象欲殺舜，而舜仍封之於「有庳」這個地方的問題時，孟子以爲「仁人之於弟也，不藏怒焉，不宿怨焉，親愛之而已矣。」《四書遇》則引陽明的話批評孟子的說法：「王陽明曰：『只說不留一點怨怒於胸中，語意自融，何消說怨怒在弟，而己不藏宿。』」〔註25〕又如《孟子・滕文公下・善王》章：

> 孟子謂戴不勝曰：「子欲子之王之善與？我明告子。有楚大夫于此，欲其子之齊語也，則使齊人傳諸？使楚人傳諸？」曰：「使齊人傳之。」曰：「一齊人傳之，眾楚人咻之，雖日撻而求其齊也，不可得矣；引而置之莊嶽之間數年，雖日撻而求其楚，亦不可得矣。子謂薛居州，善士也，使之居于王所。在於王所者，長幼卑尊皆薛居州也，王誰與爲不善？在王所者，長幼卑尊皆非薛居州也，王誰與爲善，一薛居州，獨如宋王何？」

孟子在回答戴不勝的問題時，以爲人受周遭的環境影響很大，就算一個薛居州在王左右，也難起大作用。張岱對孟子這種說法以爲有欠周詳，他補充說：

> 薛居州善力亦不大，故須左右夾輔。若論古名臣：太甲改德，一伊尹；高宗中興，一傅說。止藉一人旋轉，何在眾士薰陶？〔註26〕

又如《孟子・離婁上・教子》章：

> 公孫丑曰：「君子之不教子，何也？」孟子曰：「勢不行也。教者必以

〔註24〕見張岱：《四書遇》，頁 361。
〔註25〕見張岱：《四書遇》，頁 484。
〔註26〕見張岱：《四書遇》，頁 432。

正；以正不行，繼之以怒，則反夷矣。『夫子教我以正，夫子未出於正也。』則是父子相夷也。父子相夷，則惡矣。古者易子而教之，父子之間不責善。責善則離，離則不祥莫大焉。」

孟子回答公孫丑「君子之不教子」的原因時，以爲：「父子之間不責善。責善則離，離則不祥莫大焉。」而張岱詮釋此章時則以爲：

沈無回曰：古者易子而教之，不得已，爲不肖子慮也。若上智中材，則傳曰：「愛子，教之以義方，弗納於邪。」父亦未嘗不教。韓求仲云：孔子之教伯魚，未聞其易子也。周公之撻伯禽，未聞其勢不行也。易子而教，終是爲不肖子說法。弇州云：《問服章》可以示君，不可以示臣。《責善章》可以示父，不可以示子。謝太傅云：吾嘗自教兒。深得教子之法。〔註27〕

這裡連引沈無回〔註28〕、韓求仲〔註29〕、謝太傅〔註30〕三人的說法，表示對孟子說法的欠周詳。這種糾正孟子說法的例子，在《四書遇》所引晚明諸人的言論中甚多，張岱甚至有「孟子生平立言，不甚拘泥，……學者不可不知。」〔註31〕的言論出現。

由上可知，陽明「顏子歿而聖學亡」、「見聖道之全者，唯顏子」的理念，深深影響了後學對儒家人物的評價。晚明學者除遵循陽明認爲儒家道脈不傳的觀點外，甚至認爲陽明心學是直承孔、顏心法而來。〔註32〕

二、承襲陽明治學的目的與態度

（一）四書五經，不過說這心體

陽明以爲儒家經典是記述吾心常道的「心學」，經學即是聖人的心學，唯有透過本心的反思，才能瞭解經典的義蘊。他說：

蓋四書五經，不過說這心體。這心體即所謂道心，體明即是道明，更無二。此是爲學頭腦處。〔註33〕

因此「經學即心學」是王陽明主要的經學觀，唯有透過本心的反思與體悟，才能瞭解經典的義蘊。他說：

〔註27〕見張岱：《四書遇》，頁450。
〔註28〕沈守正，名遇，字無回，明萬曆間舉人，著有《四書叢說》傳世。
〔註29〕韓敬，字求仲，明萬曆三十八年進士。
〔註30〕即東晉名臣謝安。
〔註31〕見張岱：《四書遇》，頁394。
〔註32〕見簡瑞銓：《四書蕅益解研究》，頁220～223。
〔註33〕見王陽明：《傳習錄》卷上・〈陸澄錄〉，頁28。

《六經》者，吾心之記籍也，而《六經》之實則具於吾心。……而世
之學者，不知求《六經》之實於吾心，而徒考索於影響之間，牽制于文義
之末，硜硜然以爲是《六經》矣。……世之學者既得吾説而求諸其心焉，
其亦庶乎知所以爲尊經也矣。〔註34〕

陽明認爲《六經》的義理存在每個人的本心當中，對於當時學者不能透過本心的反
思，以瞭解經典的義蘊，卻白費心力於他人間接而支離末節說法的情形，陽明頗爲
感嘆。爲此，陽明一再呼籲當代學者尊經、讀經應「求諸吾心」、用心體悟，才能理
解經典的旨義。承襲了這個概念，張岱在《四書遇》自序中即說：

……余幼遵大父教，不讀朱註。凡看經書，未嘗敢以各家註疏橫據胸
中。正襟危坐，朗誦白文數十餘過，其意義忽然有省。間有不能強解者，
無意無義，貯之胸中。或一年，或二年，或讀他書或聽人議論，或見山川
雲物，鳥獸蟲魚觸目驚心，忽於此書有悟，取而出之，名曰《四書遇》。
蓋遇之云者，謂不於其家，不於其寓，直於途次之中邂逅遇之也。古人見
道旁蛇鬥而悟草書，見公孫大娘舞劍器而筆法大進。蓋有以遇之也。古人
精思靜悟，鑽研已久，而石火電光，忽然灼露，其機神攝合，政不知從何
處著想也。

由上可知張岱詮釋《四書》的基本立場與態度，即是遵循陽明先生對經典的認知而
來。認爲欲通達聖人的經典，非先通達自己的本心不可。綜觀《四書遇》全書，張
岱詮釋《四書》的基本立場乃是以「己心」解經。即強調本心的主體性，透過個人
的研讀理解與生命體悟來詮釋經文，這種「以己心解經」不受傳統註疏影響的態度，
即是承襲陽明先生「經學即心學」的說法而來。

（二）擔荷乾坤、仔肩宇宙

陽明有鑑於當時讀書人普遍沈溺在詩文創作與記憶之學當中，不知探求儒家身
心修養的學問，於是率先提倡，鼓勵讀書人「先立必爲聖人之志」〔註35〕。而「學
者欲爲聖人，必須廓清心體，隨即使纖翳不留，眞性始見，方有操持涵養之地。」
〔註36〕這裡陽明明確指出，學者爲學的目的在於成聖成賢，而成爲聖賢的關鍵在於
「致良知」的實踐。他說：

〔註34〕見王陽明：《王陽明全集》卷7，〈文錄四〉，〈稽山書院尊經閣記〉，頁254。
〔註35〕見王陽明：《王陽明全集》卷三十三，〈年譜一〉，「孝宗弘治十有八年乙丑，先生三
　　　　十四歲」條，頁1226。
〔註36〕見王陽明：《王陽明全集》卷33，〈年譜一〉，「武宗正德五年庚午，先生三十九歲」
　　　　條，頁1231。

凡看經書，要在致吾之良知，取其有益於學而已。則千經萬典，顚倒
縱橫，皆爲我之所用。〔註37〕

這裡陽明指出研讀經典的目的，主要在啓發吾人良知。並將之實踐於日常生活中「爲
我之所用」，作爲生活的準則，則聖賢人人可成。從陽明的言論中可知其聚徒講明良
知之學，並非僅爲了學術的高明境界或玄學趣味而講，他是希望藉由「致良知」的
提出，達到淑世願望，他說：

聖人之學日遠日晦，而功利之習愈趨愈下……蓋至於今，功利之毒淪
淶於人之心髓，而習以成性也，幾千年矣。……嗚呼，士生期世，而尚同
以求聖人之學乎！尚同以論聖人之學乎！土生斯世，而欲以爲學者，不亦
勞苦而繁難乎！不亦拘滯而險艱乎！嗚呼，可悲也已！所幸天理之在人
心，終有所不可泯，而良知之明，萬古一日，則其聞吾拔本塞源之論，必
有惻然而悲，戚然而痛，憤然而起，沛然若決江河，而有所不可禦者矣。
非夫豪傑之士，無所待而興起者，吾誰與望乎？〔註38〕

簡單地說，陽明所欲表達的心聲就是不忍世風日下、儒學淪落爲功利之具，希望藉
由心學的提倡，力挽狂瀾、提振人心，「眞能以天地萬物爲一體，實康濟得天下，挽
回三代之治，方是不負如此聖明之君，方能不枉此出世一遭也。」〔註39〕針對此點，
黃宗羲即指出：「自姚江指點出良知人人現在，一反觀而自得，便人人有個作聖之路。
故無姚江，則古來之學脈絕矣。」〔註40〕即是說指點出良知，使人人在自心中有個
現成的憑藉，遂可以隨著自己的境遇去尋求作聖之路。

除了強調治學的目的與「致良知爲學問的頭腦」外，陽明特重日常生活實踐的
功夫。他說：「區區專說致良知。隨時就事上致其良知，便是格物；著實去致良知，
便是誠意；著實致其良知，而無一毫意必固我，便是正心。」〔註41〕又說：「但見
得此意，不加實踐，以入於精微，則漸有輕滅世故、闊略倫物之病。雖比世之庸庸
瑣瑣者不同，其爲未得於道一也。」〔註42〕實踐就是所謂事上磨練。事上能致得良
知，即其所謂「入於精微了」。他說：

〔註37〕見王陽明：《王陽明全集》卷6，〈答季明德〉，頁214。
〔註38〕見王陽明：《傳習錄》卷中・〈答顧東橋書〉，頁104～105。
〔註39〕見王陽明：《王陽明全集》卷35，《年譜三》「六年丁亥，先生五十六歲，在越」條，
頁1304。
〔註40〕見黃宗羲：《明儒學案》卷10，〈姚江學案序〉，頁179。
〔註41〕見王陽明：《傳習錄》卷中・〈答聶文蔚〉，頁150。
〔註42〕見王陽明：《王陽明全集》卷35，《年譜三》「五十三歲八月宴門人於天泉橋」條，
頁1291。

> 人須在事上磨練做功夫乃有益，若只好靜，遇事便亂，終無長進。那
> 靜時功夫，亦差似收斂，實放溺也。〔註43〕

陽明這種「看經書，要在致吾之良知」以「挽回三代之治」的治學目的，與「知行合一」、「事上磨練」的實踐精神隨著陽明心學的傳播，影響了晚明《四書》學的詮釋者，例如焦竑在《焦氏四書講錄》有感而發地說：「轉移世道者，只在開明人心，更無別法也。」〔註44〕晚明許多儒者詮釋《四書》，並非只是純任一己之所好，逞新立異以詮釋《四書》，而是在認同陽明心學之外，也與陽明一樣懷抱著淑世願望來闡揚聖人經典。他們的詮釋心理實際上是一種濃郁的儒家人文關懷。

張岱由於家學淵源的關係，以及對陽明心學的嚮往，年輕時就有「志在補天」〔註45〕的胸懷氣概。〔註46〕承襲了陽明爲學的目的與觀念，除了以「致良知」等陽明心學內涵詮釋《四書》外，書中對實踐精神與淑世的抱負更是多所著墨。在《四書遇》中，張岱就表現出十分讚賞范仲淹「先天下之憂而憂，後天下之樂而樂。」的胸懷，認爲這是知識份子立身治學的根本。他說：

> 范文正公做秀才時，便以天下爲己任，此政其才力弘毅處。以天下之
> 憂爲憂，以天下之樂爲樂，其擔荷何重？「先天下之憂而憂，後天下之樂
> 而樂」其擔荷何遠？使世間士子無此胸襟，則讀書種子先絕矣，更尋何人
> 仔肩宇宙？〔註47〕

張岱對於儒家理想中，獻身於天下萬民的古聖賢亦十分敬佩。如他評虞舜和夏禹云：「舜禹不與，非敝屣天下之謂也。舜憂勤、禹胼胝，上爲君父，下爲蒼生，未嘗視爲己之天下，而以己與焉者也。」〔註48〕「千古聖賢，憂勤惕勵，只爲此庶民。」〔註49〕又說：

> 士人行己，恥己之不爲聖賢，不是空空抱歉。此中有許大作用在。當
> 其爲使，則恥辱君命；當其居鄉，則恥不孝弟；必信必果，亦只是爲不肯

〔註43〕見王陽明：《傳習錄》卷下·〈陳九川錄〉，頁165。
〔註44〕見焦竑《焦氏四書講錄》《續修四庫全書》162冊·孟下·卷14，「君子反經而已矣」一節，頁359。
〔註45〕見張岱著·夏咸淳校點：《張岱詩文集》，〈瑯嬛文集〉卷2，〈越山五佚記〉，頁172。
〔註46〕張岱青年時期即有補天之志，希望自己成爲一塊能派大用的煉石，以彌縫明朝江山出現的巨大裂痕。其友陳洪綬即說：「吾友宗子，才大氣剛，志遠學博，不肯俯首牖下，天下有事，亦不得閒置。」見張岱著·夏咸淳校點：《張岱詩文集》〈附錄〉，〈張宗子喬坐衙劇題辭〉頁450。
〔註47〕見張岱：《四書遇》，頁196。
〔註48〕見張岱：《四書遇》，頁203。
〔註49〕見張岱：《四書遇》，頁471。

無恥。今之從政，大都皆無恥之流矣，故不足算。說個行己，便不得舍却

四方，空談性命，故知尼山相士，定取其實實有益於天下國家。〔註50〕
張岱在書中一再強調實踐的重要，如前章所云對《四書》義理的闡釋著重在實踐方法的探究，整部《四書遇》更呈現出其通經致用、特種實踐精神的特色。〔註51〕張岱對於不能實踐聖人之道而空談性理的俗儒非常反感，他譏諷說：「宋儒有學恭而安十五年不成者，亦大可笑事。」並敢於提出：「儒者全無實用」〔註52〕、「吾儒大而無用，只爲倚門傍戶，體既不眞，用亦不實。」〔註53〕的議論。他鄙視不通經濟世務，只會死啃書本的「章句之儒」。尤其厭惡宋元以來空談性命、裝模作樣的僞道學。像這類對俗儒的有力鞭撻和批判的言論，可以說是張岱承襲了陽明治學的觀念，有感於明季積貧積弱的現實而發，強烈表現出張岱積極用世的傾向。

另外，陽明論治學方法著重在獨立思考的精神、詮釋經典注重簡單明瞭，不拘泥文句解釋的方式，對晚明新《四書》學呈現自由解釋、解脫精神有很大的影響。其對儒、佛、道三教的態度，影響了晚明三教合一說的盛行，間接的影響四書學「以禪解經」的面貌，皆移致下章論及，此處不再贅述。

第二節　以「陽明心學」爲詮釋《四書》的思想基礎

陽明心學的主要內容爲「心即理」、「知行合一」、「致良知」。從《四書遇》中可發現，張岱對《四書》的詮釋是受到陽明學說的影響，揚棄了許多朱註的觀點，而以陽明學說爲詮釋《四書》時的思想依據，茲分述如下。

一、世界有缺陷，即是此心不曾圓滿

陽明的心性觀主要爲心即理，包括心之本體即是至善以及萬物一體觀。檢視《四書遇》一書，發現張岱即以此爲立論核心來詮釋《四書》之義理。

（一）心即理

陽明認爲，心就是性、心就是天理。他說：

所謂汝心，卻是那能視聽言動的，這箇便是性，便是天理。有這箇性，

纔能生。這性之生理，便謂之仁。這性之生理，發在目便會視；發在耳便

〔註50〕見張岱：《四書遇》，頁278。
〔註51〕詳見本論文第五章《四書遇的內容特色》第二節〈彰顯實踐精神〉。
〔註52〕見張岱：《四書遇》，頁40。
〔註53〕見張岱：《四書遇》，頁468。

會聽；發在口便會言；發在四肢便會動。都只是那天理發生也，故謂之心。
〔註54〕

這裡陽明所說的「心」是指那能使人視聽言動的東西。這東西陽明稱之爲「性」、「天理」，意謂此乃人自然就有的、天然的屬性。它是人生命與人性的根源。這裡陽明所指的「心」重在道德主體，在天地萬物與吾一體的理論結構中，道德主體即形上學宇宙本體。他又說：「良知是造化的精靈。這些精靈生天生地、成鬼成帝。皆從此出，眞是與物無對。」〔註55〕陽明認爲人的心不僅是人自身的主宰，同時也是天地萬物的主宰。如果沒有「人心一點靈明」，天地萬物也就失去其所以爲天地萬物的價值。張岱在詮釋《四書》時，即秉持陽明的心性觀，來詮釋《四書》中的心性論題。如他在解《中庸・盡性》章時說：

　　性生天、生地，故可以贊天地之化育。天地萬物依我性而立，我性不依天地萬物而立。〔註56〕

此處張岱說的「我性」即是指陽明學說中的「人心一點靈明」，他是天地造化的根源。這種對心性的詮釋即是依循陽明「心即理」的理氣一元論而來。他更認爲古來聖賢相傳之學，所闡明的即是此「心」的學問，他說：

　　《康誥》直指其體，《伊訓》更推其原，《帝典》則極言其量之大。蓋本乎心，原於天，包乎四表上下，明德也，而新民至善已寓矣。〔註57〕

此外，陽明又稱「心」爲「知覺」「良知」。所以「良知」是「心」最根本的特性，他說：「知是心之本體，心自然會知。見父自然知孝，見兄自然知弟，見孺子入井，自然知惻隱，此便是良知，不假外求。」〔註58〕。張岱認爲陽明的「良知」之學是儒家道統的嫡傳，他在詮釋《孟子・盡心下・道統》章時，即就這樣說：

　　王陽明曰：千聖本無心外訣，六經須拂鏡中塵。又云：如今指點眞頭面，只是良知更莫疑。〔註59〕得此解者，則雖隔幾千萬歲，猶然若見堯、舜、湯、文、孔子於一堂。〔註60〕

因此張岱把陽明的「良知」之學，充分體現在《四書遇》全書中，如解《論語・爲

〔註54〕　見王陽明：《傳習錄》卷上・〈薛侃錄〉，頁74～75。
〔註55〕　見王陽明：《傳習錄》卷下・〈黃省曾錄〉，頁193。
〔註56〕　見張岱：《四書遇》，頁50。
〔註57〕　見張岱：《四書遇》，頁5。
〔註58〕　見王陽明：《傳習錄》卷上・〈徐愛錄〉，頁11。
〔註59〕　原詩爲〈詠良知四首示諸生〉：「箇箇人心有仲尼，自將聞見苦遮迷，而今指與眞頭面，只是良知更莫疑。」見王陽明：《王陽明全集》卷20，〈外集二〉，頁790。
〔註60〕　見張岱：《四書遇》，頁578。

政・誨知》章：「子曰：『由！誨女，知之乎！知之爲知之，不知爲不知，是知也。』」時就說：

> 「知之爲知之，不知爲不知，」息息不昧，千古長存。禪家謂之孤明，吾儒指爲獨體。既不倚靠聞見，亦不假借思維。當下即照，更無轉念，故曰「是知。」《論語》中「之」字、「斯」字、「是」字，最當著眼，如「是知也」，「是丘也」，俱急切指認。一是不可當下埋沒了這點眞靈明；一是不可當前蹉過了這箇眞面目。〔註61〕

這裡可見張岱把「知」詮釋爲「良知」。並擴大認爲《論語》中『之』字、『斯』字、『是』字」等字皆有指涉「良知」的意涵。而要讀者「不可當下埋沒了這點眞靈明」、「不可當前蹉過了這箇眞面目。」

（二）心之本體，即是至善，即是天理

陽明以爲心的特性是「天理之昭明靈覺」。這種本然的明覺即心之本體，是一種道德意義上的本覺，它能夠自然地合於道德法則，換言之，它本身即可提供道德法則。所以陽明常說「心之本體即是天理」〔註62〕。又說「心之本體無所不該，原是一個天，只爲私慾障礙，則天之本體失了。心之理無窮盡，原是一個淵，只爲私慾窒塞，則淵之本體失了。」〔註63〕因此德行的根源完全是內在的，人只要「體當自家心體」，潛藏的寶藏就會成爲至善的源泉。而心體既然是至善，在這個意義上，不但誠是心之本體〔註64〕，仁是心之本體，義、禮、智、信、樂、定也都可以說是心之本體。依此，張岱詮釋《四書》時，即大量呈現此種觀念，如：

> 張侗初曰：元氣雖含藏，故四時必備。聖性雖深靜，故五德俱全。當春而春，當秋而秋，藏極而發也。時仁則仁，時義則義，靜極而生也。所謂未發之中，其中也時，故曰「時出」，蓋從淵泉發根也。〔註65〕

> 張侗初曰：無聲無臭，天命之初。闇然篤恭，未發之體。然戒愼恐懼，卻是位育實地。內省不疚，卻是平天下眞把柄。可見至誠至聖與天命合一處，不是無根。〔註66〕

> 仁不是外面別尋一物，即在吾心，譬如修養家所謂龍虎鉛汞，皆是我

〔註61〕見張岱：《四書遇》，頁92。
〔註62〕見王陽明：《傳習錄》卷中・〈答周道通書〉，頁108。
〔註63〕見王陽明：《傳習錄》卷下・〈黃直錄〉，頁174。
〔註64〕陽明認爲：「誠字有以工夫說者，誠是心之本體，求復其本體，便是思誠的工夫。」見《傳習錄》卷上・〈薛侃錄〉，頁73。
〔註65〕見張岱：《四書遇》，頁62。
〔註66〕見張岱：《四書遇》，頁65。

身內之物，非在外也，故曰：「仁在其中矣。」〔註67〕

　　君子之深造必以道。道者，率性者也。以道方自得，非由外鑠，我固
有之者也，終身由而不知其道，所行習者，祇從名義上周旋，形跡上簡點，
而固有者茫無干涉。〔註68〕

又如，陽明認為本體未嘗有動，他說：「定者，心之本體，天理也。動靜，所遇之時
也。」張岱發揮陽明的說法，他說：

　　人心原來至靜，亦至動，如鏡子隨照隨減，故常照。若終日有個影子
在鏡上，便對面不受照矣。聖人之心惟無在，故無不在；常人之心有所在，
故有不在。〔註69〕

　　此即本著陽明「定是心之本體」的觀念而來。在《四書遇》全書中，隨處可見
陽明「心之本體，即是至善」的觀點。

（三）萬物一體觀

　　陽明認為人與天地萬物是一體的，「良知」不僅是人心的靈明，同時也是天地萬
物的「靈明」，他說：

　　人的良知就是草木瓦石的良知，若草木瓦石無人的良知，不可以為草
木瓦石矣。豈為草木瓦石為然，天地無人的良知，亦不可為天地矣。蓋天
地萬物與人原是一體，其發竅的最精處，是人心一點靈明。〔註70〕

「天地萬物與人原是一體」因此，他認為「無心外之理，無心外之物」，「心即道，
道即天，知心則知道知天」。〔註71〕

　　張岱在詮釋《四書》時，陽明這種「萬物一體」的觀念亦體現在《四書遇》全
書中。如解《中庸・盡性》章，他引張侗初的話說：

　　曰：何謂「至」？「無聲無臭，至也。」何謂「盡」？天地萬物為一
體，盡也。誠即性也。誠至而性渾然全矣，有何不盡？盡性即是盡人性、
盡物性也。譬如和合諸香，爇一塵，具足眾氣；沐浴大海，掬微滴，用匝
百川。無不有，乃無際之虛空。無不照，乃無塵之淨境。此盡性之義也。
〔註72〕

〔註67〕見張岱：《四書遇》，頁358。
〔註68〕見張岱：《四書遇》，頁468。
〔註69〕見張岱：《四書遇》，頁13。
〔註70〕見王陽明：《傳習錄》卷下・〈黃省曾錄〉，頁199。
〔註71〕見王陽明：《傳習錄》卷上・〈陸澄錄〉，頁52。
〔註72〕見張岱：《四書遇》，頁50。

又《論語・陽貨・問仁》章,《四書遇》云:

> 景逸問聖門求「仁」。顏子是沉潛的,如何聖人在視聽言動上告他?
> 子張是務外人,却又曰:「能行五者於天下?」答曰:總是仁體通天下為
> 一身的。顏子功夫渾成,聖人從天性上點出形色;子張功夫高大,聖人從
> 作用上究竟本體。其實萬物一體,源頭初無二也。〔註73〕

因此在詮釋《論語・衛靈公・多學》章時,他引陽明的話說:

> 王陽明曰:老子曰「道生一」。當其為道,「一」尚何有也?然「一」
> 雖非所以為道,而猶近於本;學雖非離於道,而已涉於末。二者則大有異
> 矣。雖然,此為未悟者辨也,學者真悟多即「一」,「一」即道也,斯則庶
> 幾為夫子之「一貫」矣。此意即悟「萬物一體」之意方可謂之學。〔註74〕

張岱這裡詮釋孔子的「學」的觀念即是學者要能體悟「多即一」、「一即道」的道理,
換句話說也就是體悟陽明「萬物一體」的觀念,方可謂之學,方可謂之「一貫」。

二、知之即為行也

陽明以為「知」和「行」是不能截然分開的一個整體,「知」是行的指導思想,
「行」是知的具體實踐,「知」是「行」的開端,「行」是「知」的必然結果。他說:

> 知是行的主意,行是知的功夫;知是行之始,行是知之成。若會得時,
> 只說一箇知,已自有行在;只說一箇行,已自有知在。聖賢所以既說一箇
> 知,又說一箇行者,只為世上有一種人,懵懵懂懂任意去做,全不思惟省
> 察,也只是箇冥行妄作,所以必說箇知,方纔行得是。又有一種人,茫茫
> 蕩蕩,空去思索,全不肯著實躬行,也只是箇揣摩影響,所以必說箇行,
> 方纔知得真。此是不得已補偏救弊之說。若見得這箇意時,即一言而足。
> 今人卻將知行分作兩件去做,以為必先知了,然後能行,故且講習討論,
> 做了知的工夫,方去做行的工夫,遂至終身不行,亦遂終身不知。此不是
> 小病痛,其來非一日矣。我今說箇知行合一,正是對病的藥。若知得我宗
> 旨,即說兩箇亦不妨,亦只是一箇。若不會宗旨時,便說一箇,亦濟得甚
> 事?只是閒說話。〔註75〕

陽明之所以提出這一主張,主要是針對當時不知而妄行與空想而不行兩種不良傾向
來對症下藥的。其目的就是倡導一種理論與實踐相結合的學風,而體現一種反空談、

〔註73〕見張岱:《四書遇》,頁339。
〔註74〕見張岱:《四書遇》,頁308。
〔註75〕見王陽明:《傳習錄》卷上・〈徐愛錄〉,頁8。

務實際的態度。陽明這種「行之明覺處便是知，知之篤實處便是行」，知行「原來只是一箇工夫」的態度，對張岱具有啓迪的效用。他在詮釋《中庸・行明》章：「子曰：『道之不行也，我知之矣，知者過之，愚者不及也；道之不明也，我知之矣，賢者過之，不肖者不及也。人莫不飲食也，鮮能知味也。』」時即說：

> 夫子取知行而互言之，則知行合一之旨，不待新建之說而後明矣。而
> 下節止曰「鮮能知味也」，則知之即爲行也，亦不獨新建「良知」之說矣。
> 然當夫子之時，而兩曰「我知之矣」，則知其解者不亦鮮乎。〔註76〕

這裡張岱以爲「知行合一」的道理在孔子時已言之，顯然的他抬出聖人爲陽明的學說作背書，其肯定陽明之說不言可喻。在詮釋經文時更不時流露出「知行合一」的意見。如《中庸・不行》章：「子曰：『道其不行矣夫！』」，他說：

> 此即屬「鮮能知味」之下，「鮮知」即「不行」，非有二也。〔註77〕

又如《中庸・服膺》章：「子曰：『回之爲人也，擇乎中庸。得一善則拳拳服膺而弗失之矣。』」，他引焦竑的話說：

> 焦漪園曰：「不能期月守」，不是擇而守了，又復不能守。言它所擇的，
> 皆是守不牢的，如何算得知？〔註78〕

以上兩則例子都是在闡述陽明「知是行的主意，行是知的功夫；知是行之始，行是知之成。」的意旨。他並批判俗儒分知、行爲二之不當，他說：

> 俗儒分析知行，便把始終條理截作兩件。始作樂時？八音可缺得一件
> 否？作樂終時，八音亦可缺得一件否？終始只是一件事，從古聖人亦只做
> 一件事。〔註79〕

這裡張岱以音樂爲喻，認爲知與行的關係是不能分作二件事來看，就如演奏音樂時，八音不可缺一般。如果八音缺一，音樂自不成音樂；知行不能合一，則知必不是眞知，行必不是眞行。「知行」就如「終始」一般只是一件事。

三、聖賢教人，只在心上作工夫

陽明學說的另一個特色是對「良知」的探求，《傳習錄》當中幾乎處處可見陽明對「良知」的論述，可見陽明學說實爲陽明對「良知」的體悟之學，因此陽明後學常以「良知之說」來指稱陽明學說。而陽明「良知之說」亦有其指歸與重心，即在

〔註76〕見張岱《四書遇》，頁 26。
〔註77〕見張岱：《四書遇》，頁 27。
〔註78〕見張岱：《四書遇》，頁 30。
〔註79〕見張岱：《四書遇》，頁 493。

於「致良知」的提倡。陽明曾說：「吾平生講學，只是『致良知』三字。」〔註80〕
又說：「聖賢論學，無不可用之功，只是致良知三字，尤簡易明白有實下手處，更無
走失。近時同志亦已無不知有致良知之說，然能於此實用功者絕少，皆緣見得良知
未真，又將致字看太易了，是以多未有得力處。」〔註81〕可見陽明對「致良知」工
夫的重視。「致良知」包括主體與客體兩方面。就主體來說「致」可以作「恢復」、「擴
充」來講，即「致良知就是把心之良知擴充到底」〔註82〕，用陽明的話說，即是：

> 人心是天、淵。心之本體，無所不該，原是一箇天，只爲私欲障礙，
> 則天之本體失了。如今念念要致良知，將此障礙窒塞一齊盡去，則本體便
> 復了，不是箇天、淵乎？〔註83〕

而就客體來說「致」可作「推及」、「推致」來解，即「致知就是要把良知所知貫穿
落實於行動中去」。陽明即謂：

> 若鄙人所謂致知格物者，致吾心之良知於事事物物也。吾心之良知，
> 即所謂天理也；致吾心良知之天理於事事物物，則事事物物皆得其理矣。
> 致吾心之良知者，致知也；事事物物皆得其理者，格物也，是合心與理而
> 爲一者也。〔註84〕

又云：

> 蓋良知只是一箇天理自然明覺發見處，只是一箇眞誠惻怛，便是他本
> 體。故致此良知之眞誠惻怛以事親，便是孝；致此良知之眞誠惻怛以從兄，
> 便是弟；致此良知之眞誠惻怛以事君，便是忠。只是一箇良知，一箇眞誠
> 惻怛。〔註85〕

其實，「致良知」「用《論語》的話說是『克己復禮』，用《尚書》的話說叫『惟精惟
一』，用《中庸》的話說就是『戒愼恐懼』，用《大學》的話說就是『格物致知正心
誠意』，用宋儒的話說就是『存天理去人欲』，都是同一個意思。『學者用功雖千思萬
慮，只是要復他本來體用而已』」。〔註86〕

張岱在詮釋《四書》時，即承襲陽明的看法，如《論語·子罕·鄙夫》章：「子

〔註80〕見王陽明：《王陽明全集》卷26，〈續編一〉，〈寄正憲男手墨二卷〉，頁990。
〔註81〕見王陽明：《王陽明全集》卷6，〈文錄三〉，〈書三·與陳惟濬〉，頁221～222。
〔註82〕陳來以爲「致良知」可分爲「至極義」與「實行義」。見陳來：《有無之境——王陽
　　　　明的哲學精神》（北京：人民出版社，1991年3月），頁178～183。
〔註83〕見王陽明：《傳習錄》卷下·〈黃直錄〉，頁174。
〔註84〕見王陽明：《傳習錄》卷中·〈答顧東橋書〉，頁89。
〔註85〕見王陽明：《傳習錄》卷中·〈答聶文蔚〉，頁152。
〔註86〕見李生龍：《新譯傳習錄》（臺北：三民書局，2004年1月），導讀，頁19。

曰：『吾有知乎哉？無知也。有鄙夫問於我，空空如也。我叩其兩端而竭焉。』」
朱子在詮釋時，有兩點特徵：一是所謂「無知」是孔子爲了讓人親近，自己降低
身份所說的話；二謂「空空」是指出鄙夫的狀態。對於「無知」的解釋，王陽明
則謂：

> 問：「先儒曰：『聖人之道，必降而自卑。賢人之言，則引而自高。』
> 如何？」先生曰：「不然。如此卻乃僞也。聖人如天，無往而非天。三光
> 之上，天也；九地之下，亦天也。天何嘗有降而自卑？此所謂大而化之也。」
> 〔註87〕

這裡陽明指出，朱子的解釋會讓人誤認孔子的「無知」有作僞的嫌疑。陽明認爲「無
知」是大而化之的關係。又對於「空空」陽明曰：

> 孔子有鄙夫來問，未嘗先有知識以應之，其心只空空而已；但叩他自
> 知的是非兩端，與之一剖決，鄙夫之心便已了然。鄙夫自知的是非，便是
> 他本來天則，雖聖人聰明，如何可與增減得一毫？他只不能自信，夫子與
> 之一剖決，便已竭盡無餘了。若夫子與鄙夫言時，留得些子知識在，便是
> 不能竭他的良知，道體即有二了。」〔註88〕

張岱在詮釋此章時，即接受了陽明的說法，並進一步闡釋「良知」就如鏡子一般「隨
叩隨竭，我亦不留」的妙用：

> 鏡無相而相現，江無影而月來，風入竅而于喁，鍾受擊而響徹，全體
> 無，故全體有也。隨問隨叩，叩不由我，隨叩隨竭，我亦不留，「吾有知
> 乎哉？無知也。」〔註89〕

因此，順著這個理路，張岱在詮釋《四書》時，就常出現此「致良知」的思想。如
他解《論語·衛靈公·求己》章：「子曰：『君子求諸己，小人求諸人。』」時，引陽
明之話說：

> 君子之學，務求在己而已。毀譽榮辱之來，非獨不以動其心，且資
> 之以爲切磋砥礪之地，故君子無入而不自得，正以其無入而非學也。若
> 夫聞譽而喜，聞毀而戚，則將皇皇於外，惟日之不足矣，其何以爲君子？
> 〔註90〕

又解《論語·子罕·知者》章：「子曰：『知者不惑，仁者不憂，勇者不懼。』」時說：

〔註87〕見王陽明：《傳習錄》卷上·〈陸澄錄〉，頁45。
〔註88〕見王陽明：《傳習錄》卷下·〈黃省曾錄〉，頁210。
〔註89〕見張岱：《四書遇》，頁211。
〔註90〕見張岱：《四書遇》，頁317。

「惑」「憂」「懼」三字皆從心。人知慕智、仁、勇之名，而不知本於心，故夫子特爲拈出，其實「不惑」、「不憂」、「不懼」，總之一不動心也。名雖三分，心則合一。〔註91〕

這裡指出「良知之心」本具「智、仁、勇」三德，「名雖三分，心則合一」。而這些本具之德則須努力去恢復、擴充才能成聖，他說：

「德」字、「慝」字、「惑」字皆從心。一心去先事，則「德」日起；專心去除惡，則「慝」日消；耐心去懲忿，則「惑」日解。大抵聖賢教人，只在心上做工夫，不在外邊討求。〔註92〕

除了致本身之良知外，尚須「致吾心之良知於事事物物也」，他說：

言行從忠信篤敬流出，忠信篤敬不依言行而有，故參前倚衡，刻刻皆然，處處皆見，此是自然本體功夫。必如此，纔與天下，可不言而喻，故曰「夫然後行」。〔註93〕

又云：

安人安百姓，是脩己實功，不是脩己效驗。蓋「以安人」「以安百姓」與「脩己以敬，」同是一「以」。聖賢看得安人安百姓，是我己中一件吃緊之事，不可推出外邊。〔註94〕

又云：

「人莫不飲食也」，將日用處指出道體，從舌根上拈出眞味，不可作喻解。饑者易食，渴者易飲。一易字，不知瞞過多少味矣。究而言之，辨淄澠之易牙，也算不得知味者。〔註95〕

而這「致良知」的工夫是「不可少有間斷」。〔註96〕

綜合言之，陽明心學即是張岱詮釋《四書》時，最基本也是最主要的思想基礎。張岱依此心學立場來貫徹對《四書》的詮釋，如同今人黃俊傑先生所說「張岱接受明末王學中的『心』的概念，認爲『心』與『理』同質，又能創生世界萬物。張岱採取這個基本立場來重新解釋《四書》。」〔註97〕

〔註91〕見張岱：《四書遇》，頁224。
〔註92〕見張岱：《四書遇》，頁265。
〔註93〕見張岱：《四書遇》，頁310。
〔註94〕見張岱：《四書遇》，頁305。
〔註95〕見張岱：《四書遇》，頁26。
〔註96〕見張岱：《四書遇》，頁565。
〔註97〕見黃俊傑：〈張岱對古典儒學的解釋─以《四書遇》爲中心〉，《明清之際中國文化的轉變與延續研討會論文集》，頁342。

第三節　《四書遇》援引陽明見解

　　就經學詮釋的歷史來說，歷代學者幾乎都是依附經書來表達自己的思想。陽明既然對朱子「性即理」的理學觀有所不滿，而產生其「心即理」的「心學」，自然的，其學說的主旨，及其對程朱之學的不滿，亦反映在對《四書》學的見解上面。《四書遇》承襲陽明經學見解，《四書》中的幾個重要概念都是陽明學的引用與闡發。如《大學》的「三綱領」與「格物致知」、《中庸》中「中庸」「誠」之意義、《論語》中「禮」「仁」的內涵「學」的宗旨方法、《孟子》「性善說」「集義養氣」的論述等等，此皆已於本論文第四章述及。除此之外，歸納《四書遇》中援引陽明學說的部分，主要還有以下幾點：

一、爲學大病在好名

　　例如《論語・衛靈公・沒世》章：「子曰：『君子疾沒世而名不稱焉。』」與《論語・子罕・可畏》章：「子曰：『後生可畏，焉知來者之不如今也？四十、五十而無聞焉，斯亦不足畏也已。』」朱子《四書集注》，「稱」詮釋爲「被稱」，「聞」詮釋爲「有聞」；王陽明則強調學問的目的在於自己的確立，而不理會世間的評價，爲了自己的陶冶，勸人努力求道，他說：

　　　　　「爲學大病在好名。」侃曰：「從前歲，自謂此病已輕。此來精察，乃知全未。豈必務外爲人？只聞譽而喜，聞毀而悶，即是此病發來。」曰：「最是。名與實對。務實之心重一分，則務名之心輕一分。全是務實之心，即全無務名之心。若務實之心，如饑之求食，渴之求飲，安得更有工夫好名？」又曰：「『疾沒世而名不稱』稱字去聲讀，亦『聲聞過情，君子恥之』之意。實不稱名，生猶可補，沒則無及矣。『四十五十而無聞』是不聞道，非無聲聞也。孔子云『是聞也，非達也』，安肯以此望人？」〔註98〕

根據陽明之見，「疾沒世而名不稱」的「稱」字應爲「符合」之意，意思是君子處世應名實相符，不可徒好虛名，使名過其實；「四十五十而無聞」的「聞」字指的是「聞道」並不是「名聞」的意思，意思是君子爲學目標在志於道，如此方能達理，而不是名聲的追求。對於此章「疾沒世而名不稱」的詮釋，張岱逕自援引陽明的話爲註解：

　　　　王陽明曰：「稱」字去聲讀，實不稱名，生猶可補，沒則無及矣。〔註99〕

〔註98〕見王陽明：《傳習錄》卷上・〈薛侃錄〉，頁63～64。
〔註99〕見張岱：《四書遇》，頁316。

下一章《論語・衛靈公・求己》章:「子曰:『君子求諸己,小人求諸人。』」接著引
陽明之言說:「君子之學,務求在己而已。」〔註100〕如此的詮釋,可知張岱爲學的
旨趣,乃是遵循陽明之說,爲學重在「反躬自省」,於人倫日常間省察克治,勿讓名
利之心蒙蔽了本心的良知。

二、君子之學,務求在己

　　因爲爲學的目標重在實踐聖道方面,而不是外在名聲的追求,所以在面對毀譽
時,自能坦誠以對,如《論語・衛靈公・求己》章,引陽明的話說:

> 王陽明曰:君子之學,務求在己而已。毀譽榮辱之來,非獨不以動其
> 心,且資之以爲切磋砥礪之地,故君子無入而不自得,正以其無入而非學
> 也。若夫聞譽而喜,聞毀而戚,則將皇皇於外,惟日之不足矣,其何以爲
> 君子?〔註101〕

又如詮釋《孟子・盡心下・貉稽》章:「貉稽曰:『稽大不理於口。』孟子曰:『無傷
也。士憎茲多口。《詩》云:『憂心悄悄,慍於群小。』孔子也。『肆不殄厥慍,亦不
隕厥問。』文王也。』」時,他說:

> 王文成曰:人若著實用功,隨人毀謗欺慢,處處得益,處處是進德之
> 資。若不用功,只是魔也,終被累到。〔註102〕

又如詮釋《孟子・離婁上・毀譽》章:「孟子曰:『有不虞之譽,有求全之毀。』」他
說:

> 王陽明曰:毀譽久之自見,未有能掩其實者。王通以無辨止毀,良是。
> 「不虞之譽」,爲驟得而自喜者坊也。「求全之毀」,爲聞穢而輕信者坊也。
> 兩意自別,傳註中亦不及此。〔註103〕

這裡援引了幾條陽明對待毀譽的態度,首先是「無辨止毀」的方法,且更要以積極
正面的態度面對「毀謗欺慢」,如此切磋砥礪,則「處處得益,處處是進德之資」。
君子若能如此面對毀譽榮辱之來,自能隨境安順,「無入而不自得」。所以在詮釋《論
語・子罕・居夷》章:「子欲居九夷。或曰:『陋,如之何?』子曰:『君子居之,何
陋之有?』」時,他又引陽明之言:

> 王陽明曰:不必説「所居則化」,此言礙了,中國君子可夷狄、可患難,

〔註100〕 見張岱:《四書遇》,頁317。
〔註101〕 見張岱:《四書遇》,頁317。
〔註102〕 見張岱:《四書遇》,頁564。
〔註103〕 見張岱:《四書遇》,頁453。

無入而不自得？九夷之陋，於君子何有焉？故曰「何陋之有？」〔註104〕
朱子詮釋「君子居之，何陋之有？」時以為「君子所居則化，何陋之有？」〔註105〕
「所居則化」則表示還有人、我相對，須以我之德化彼之陋，中間還有許多功夫作
為，還許多分別；陽明則以為「君子可夷狄、可患難，無入而不自得」，「無入而不
自得」表現了隨遇而安的豁達生命觀，而「九夷之陋，於君子何有焉」，是說在君子
的心中是沒有「九夷之陋」這件事，因為君子者以天下萬物為一體也，所以可以「素
富貴，行乎富貴；素貧賤，行乎貧賤；素夷狄，行子夷狄；素患難，行乎患難，君
子無入而不自得焉。」〔註106〕

三、看破生死，夭壽不二

在每個真實修學聖道的生命歷程中，除了會碰到名聞利養的考驗、毀譽逆順的
磨練之外，最後還是會面臨生死關卡的恐懼，此為存養功夫最難突破者，關於這個
問題，張岱在詮釋《孟子·盡心上·盡心》章：「孟子曰：『盡其心者，知其性也。
知其性，則知天矣。存其心，養其性，所以事天也。夭壽不貳，身以俟之，所以立
命也。』」時，他即引陽明之言說：

> 問夭壽不二？陽明曰：學問工夫，於一切聲利嗜好，俱能脫落殆盡。
> 尚有一種死生念頭，毫髮挂滯，便於全體有未融釋處。若於此處見得破，
> 透得過，此心全體，方是流行無礙，方是盡性至命。〔註107〕

陽明以為學者除了能克盡名利、慾望外，若是能再把「死生念頭」看破不再罣礙，
那麼就是學問功夫徹底的完成，本心流行無礙，也就達到「盡性至命」的聖人境
界，那麼自能「夭壽不二」，突破生死存活的憂慮罣礙。張岱於此徵引陽明之言，
除了標示出修道的歷程與最後關卡外，事實上亦隱然的表示出自己的修道志向與
成聖願望，治學的目的在此，生命的意義也在此。證諸於張岱於明亡後的種種作
為，他為什麼能忍受生活的困窘，心靈的孤獨隱居深山；他為什麼能不慕名利，
忍辱負重，堅持完成《石匱書》等著作，這些行為蓋皆源於其真實的於生命歷程

〔註104〕見張岱：《四書遇》，頁214。
〔註105〕見朱熹：《四書集注》，頁113。
〔註106〕見《中庸·素位》章：「君子素其位而行，不願乎其外。素富貴，行乎富貴；素貧
　　　　賤，行乎貧賤；素夷狄，行乎夷狄；素患難，行乎患難。君子無入而不自得焉。在
　　　　上位不陵下，在下位不援上，正己而不求於人，則無怨。上不怨天，下不尤人，故
　　　　君子居易以俟命，小人行險以徼幸。子曰：『射有似乎君子，失諸正鵠，反求諸其
　　　　身。』」
〔註107〕見張岱：《四書遇》，頁533。

中，涵養、操持、踐履陽明良知之學而有所得於心者也。用他自己的話來說，即是：「其居常而克敦孝義，其用世而必效忠貞。」〔註108〕我們從《甲午初度是日餓》這首詩來看：

> 餓亦尋常事，尤於是日奇。既無方朔米，焉得洛生麟？
>
> 痛僕辭親友，小兒剪藋葵。一貧真至此，回想反開頤。〔註109〕

從以前的錦衣玉食到現在的一貧如洗，這種環境的變動與心靈的打擊不可謂不大，但是處在這種艱困的環境中，他還能自我解嘲，堅持操履，其胸中涵養可知。本來以張岱豐富的學識與廣泛的交游，是不至於如此困窘的，但是他「稍欲出門交，輒恐喪所守。寧使斷其炊，取予不敢苟。」〔註110〕這種堅持，可說無愧於他一生所標榜的忠貞節義的精神。

由上面這幾條援引的言論來看，張岱是把陽明的教法，當作是自己為人處世的座右銘來看。不論是對名與實的看法、面對毀譽的態度、對性命窮通之看法等等生命觀，張岱都亦步亦趨的圍繞著陽明的看法加以闡釋發揮，躬行實踐。

總的來說，從《四書遇》中可看出陽明學說對張岱以及晚明陽明學者廣大深刻的影響。他們的《四書》學見解，乃至面對生命的態度，率以陽明學說為圭臬，或加以引用、或加以引申發揮，呈現了「宗王」的《四書》學特色。以張岱為例，他認為陽明的「良知」之學確是儒家道統的嫡傳。不論是對《大學》改本的看法、對儒家人物的評價；或是對經典的認知、治學的目的、治學的態度皆以陽明為宗。在《四書遇》中，張岱除了以「心即理」、「知行合一」、「致良知」等陽明心學作為詮釋《四書》的思想基礎外，更承襲了陽明對《四書》學的見解，諸如《大學》「三綱領」、「格物致知」、《中庸》的意涵、《論語》「仁」的內涵、《孟子》「性善說」的質疑等等看法。此外，對陽明的許多觀念亦屢屢徵引闡發，如對名與實的看法、面對毀譽的態度、對性命之看法等皆援引陽明之說為依歸。換言之，《四書遇》可說是晚明一個知識份子接受陽明心學後，在生活與生命歷程中的體悟所得。由此可看出，陽明學說不僅對晚明知識份子在學術方面的影響，更甚者則是成聖成賢的生命追求。用張岱的話說，即是「世界缺陷，即是此心不曾圓滿。」之完美人格的講求。張岱在其史學鉅著《石匱書》中就如此說：「陽明先生創良知之說，為暗室一炬。」

〔註108〕 見張岱著・夏咸淳校點：《張岱詩文集》〈瑯嬛文集〉卷1，〈贈沈歌敘序〉，頁123。

〔註109〕 見張岱著・夏咸淳校點：《張岱詩文集》〈張子詩粃〉卷4，〈甲午初度是日餓〉二首之一，頁73。

〔註110〕 見張岱著・夏咸淳校點：《張岱詩文集》〈張子詩粃〉卷2，〈甲午兒輩赴省試不歸走筆招之〉，頁32。

〔註 111〕又說：「致良知之說行，而人猶訾之，天下無學術矣；平宸濠、平思、田之功成，而人猶訾之，天下無事功矣。」〔註 112〕其對陽明的學說與事功可說是推崇備至，尤其在明末清初，王學衰弱不振之際，不少經世致用的學者對王學採取全盤否定的態度時，他卻能以歷史的眼光，充分肯定了王學在明代思想史上的重要地位，重新給王學極高的評價。

〔註111〕　見張岱：《石匱書》，〈王守仁列傳〉《續修四庫全書》（上海：上海古籍出版社，1995年）第 139 冊，頁 350。
〔註112〕　同上註，頁 339。

第七章　《四書遇》與晚明《四書》學的關係

晚明《四書》學新的面貌，日人荒木見悟稱之爲「新四書學」。依筆者歸納，其主要特徵爲：（一）在著作態度上持反對朱子《四書》學之立場；並以陽明心學取代程朱理學爲詮釋《四書》時的思想基礎。（二）在研究精神與方法上則自由解釋大興，充滿著自由學風與解放精神。〈三〉在著作內容上，最主要的特色爲呈現三教融合乃至儒佛合流的傾向。綜觀整個《四書》學史來說，晚明新《四書》學的多樣性與豐富性，其立論的自主性都可說是《四書》學史上的一道異彩，本章則接著探討《四書遇》受晚明新《四書》學風的影響情形，以及所呈現的面貌。〔註1〕

第一節　《四書遇》對朱子學的態度

從明初以來，《四書》的詮釋一直是圍繞在朱子學的發揮而呈現「此亦一述朱，彼亦一述朱」的局面。對於此種情形，晚明陽明後學抱持反感之態度。張岱在《四書遇‧自序》中亦持這種立場：

> 六經四子，自有註腳而十去其五六矣，自有詮解而去其八九矣。故先輩有言，六經有解不如無解。完完全全幾句好白文，卻被訓詁講章說得零星破碎，豈不重可惜哉！余幼遵大父教，不讀朱註。凡看經書，未嘗敢以各家註疏橫據胸中。……

這種對朱子《四書》學說之不滿，從陽明就發其端。就《傳習錄》中所載來看，陽

〔註1〕關於晚明《四書》學著作之書名、作者、數量及提要可參考國立編譯館編：《新集四書註解群書提要附古今四書總目》（上、下）一書，而陳昇輝：《晚明論語學之儒佛會通思想研究》一文，則主要據此書製成〈附錄：明代論語及四書相關提要整理〉諸表，分爲應舉、窮經、其他等三大類，說明其撰著動機、內容提要、學術立場等。見氏著：《晚明論語學之儒佛會通思想研究》，頁 205～224。

明屢屢針對朱子的經說予以批駁，而其反對朱子學最主要的關鍵處在於對「心學」「理學」學說見解不同所導致。他說：

> 朋友觀書，多有摘議晦庵者。先生曰：「是有心求異，即不是。吾說與晦庵時有不同者，爲入門下手處有毫釐千里之分，不得不辯。然吾之心與晦庵之心，未嘗異也。若其餘文義解得明當處，如何動得一字？」〔註2〕

可見陽明駁朱的理由在於「入門下手處有毫釐千里之分」因此不得不辯。若是心存成見爲反對而反對，也是陽明所不許。陽明對朱子學的看法成爲後學對待朱子學的主要態度。如此不難明瞭張岱在詮釋經義時，對朱子「文義解得明當處」，仍會予以徵引，如《大學‧正心修身》章：「所謂脩身在正其心者，身有所忿懥，則不得其正；有所恐懼，則不得其正；有所好樂，則不得其正；有所憂患，則不得其正。心不在焉，視而不見，聽而不聞，食而不知其味。此謂脩身在正其心。」他說：

> 朱子曰：四者，須從無處發出，不是寂寂的。無只是無過去、未來、見在之累，就使有而不有，最精。〔註3〕

又如《中庸‧天命》章：「天命之謂性，率性之謂道，修道之謂教。道也者，不可須臾離也。可離，非道也。是故君子戒慎乎其所不睹，恐懼乎其所不聞。莫見乎隱，莫顯乎微。故君子慎其獨也。喜怒哀樂之未發謂之中，發而皆中節謂之和。中也者，天下之大本也；和也者，天下之達道也。致中和，天地位焉，萬物育焉。」他說：

> 未發已發，不以時言。朱子亦云：雖一日之間，萬起萬滅，而其本體未嘗不寂然，此言極透。〔註4〕

張岱對朱子《四書集注》《四書或問》中，議論見解認爲是精當之處仍會與以肯定引用，但《四書遇》全書所展現的思想立場，卻是更側重於站在陽明學說的角度對朱子學作批判，這一點是和晚明思潮一脈相承的。

張岱反對朱子《四書》學的意見中，彙總起來可從最基本的版本體例問題、內容註解方式、到最核心的義理思想等等。茲略述如下：

一、反對《四書集注》改本

對於朱子《四書集注》的改本，晚明《四書》學的詮釋者，大部份繼承了陽明的看法，對朱子的改訂紛紛持著相反的見解，主張恢復《大學》古本。而對朱子的「格物致知」補傳，晚明的新《四書》學者更是認爲是多餘的，張岱亦持反對立場。

〔註2〕見王陽明：《傳習錄》卷上‧〈薛侃錄〉，頁57。
〔註3〕見張岱：《四書遇》，頁13。
〔註4〕見張岱：《四書遇》，頁21。

關於張岱對大學改本的主張，因前章已述及，此處不在贅述。另外朱子常以己意任意移易經文，此點張岱亦不認同。如《論語・述而・互鄉》章：「互鄉難與言，童子見，門人惑。子曰：『與其進也，不與其退也，唯何甚？人潔己以進，與其潔也，不保其往也。』」，朱子《四書集注》云：

> 互鄉，鄉名。其人習於不善，難與言善。惑者，疑夫子不當見之也。疑此章有錯簡。「人潔」至「往也」十四字當在「與其進也」之前。潔，脩治也。與，許也。往，前日也。言人潔己而來，但許其能自潔耳，固不能保其前日所爲之善惡也。但許其進而來見耳，非許其既退而爲不善也。蓋不追其既往，不逆其將來，以是心至，斯受之耳。「唯」字上下疑又有闕文，大抵亦不爲已甚之意。〔註5〕

此章斷句朱子以爲是：「互鄉難與言，童子見，門人惑。」並認爲此章有錯簡、闕文。張岱就不這麼認爲，他引周海門之言曰：

> 此章原無錯簡，亦無闕文。朱註改之，未是。「互鄉」八字爲句，言此鄉有一難與言之童子，非一鄉皆難於言也，此漢疏，宜從。「唯何甚」言怪見此童子，惡惡抑何甚乎？舊說宜從。〔註6〕

張岱以爲此章斷句應爲：「互鄉難與言童子見，門人惑。」認爲並不是全鄉之人皆「習於不善，難與言善。」只是「言此鄉有一難與言之童子，非一鄉皆難於言也。」因此此章並未有闕文與錯簡。

二、朱註未明，特爲拈出

晚明學者對朱子《四書集注》的內容解釋方式與字義的訓詁亦多所不滿。首先李卓吾的《四書評》便打破了朱子學獨斷之局面，本著良知之學自出己見，形成一種新的《四書》觀，發展出新的《四書》詮釋方式，並批判了當時的學術氛圍。〔註7〕張岱在詮釋《四書》時，訂正朱註的地方，主要有如下數種：

（一）補朱註之未明者

例如《中庸・無憂》章：「子曰：『無憂者其唯文王乎！以王季爲父，以武王爲子，父作之，子述之。』武王纘大王、王季、文王之緒，壹戎衣而有天下，身不失

〔註5〕 見朱熹：《四書集注》，頁100。
〔註6〕 見張岱：《四書遇》，頁186。
〔註7〕 其《四書評》序即云：「善道理有正言之不解，反言之而解者，有詳言之不解，略言之而解者。世之案頭講章之所以可恨者，正爲講之詳、講之盡耳。」見李贄：《四書評》，頁1。

天下之顯名，尊爲天子，富有四海之內，宗廟饗之，子孫保之。武王末受命，周公成文、武之德，追王大王、王季，上祀先公以天子之禮。斯禮也，達乎諸侯、大夫及士、庶人。父爲大夫，子爲士，葬以大夫，祭以士；父爲士，子爲大夫，葬以士，祭以大夫。期之喪達乎大夫，三年之喪達乎天子。父母之喪，無貴賤一也。」《四書遇》云：

> 本文既曰：「三年之喪，達於天子矣，」又曰：「父母之喪，無貴賤一也」，不幾重複乎？三年之喪，不獨父母也。適孫爲祖，爲長子，爲妻，天子達於庶人，一也。周穆后崩，太子壽卒，叔向曰：「王一歲而有三年之喪二焉，」故復曰：「父母之喪，無貴賤一也。」此段朱註未明，予特拈出以示學者。〔註8〕

此處朱子《四書集注》對「三年之喪」一節並沒有特別說明，張岱認爲經文既說「三年之喪」又說「父母之喪，無貴賤一也」容易讓學者混淆不清，特別援引《左傳·昭公十五年》中叔向的說法〔註9〕以補朱註之不足。

（二）斷句與朱註不同者

例如《論語·八佾·文獻》章：「子曰：『夏禮，吾能言之，杞不足徵也；殷禮，吾能言之，宋不足徵也。文獻不足故也。足，則我徵之矣。』」《四書遇》云：

> 《禮運》孔子曰：「我欲觀夏道，是故之杞，而不足徵也，吾得夏時焉。我欲觀殷道，是故之宋，而不足徵也，吾得《坤》《乾》焉。」讀此知《論語》「夏禮吾能言，之杞不足徵也；殷禮吾能言，之宋不足徵也。」
>
> 〔註10〕

此段原文朱熹的斷句爲：「夏禮吾能言之，杞不足徵也；殷禮吾能言之，宋不足徵也。」〔註11〕兩「之」字屬上，而張岱則據《禮紀·禮運》的經文，將兩「之」字的斷句屬下。又如《孟子·盡心下·發棠》章：「齊饑。陳臻曰：『國人皆以夫子將復爲發棠，殆不可復。』孟子曰：『是爲馮婦也。晉人有馮婦者，善搏虎，卒爲善士。則之野，有眾逐虎。虎負嵎，莫之敢攖。望見馮婦，趨而迎之。馮婦攘臂下車。眾皆悅之，其爲士者笑之。』」《四書遇》云：

〔註8〕 見張岱：《四書遇》，頁 43。
〔註9〕 《左傳·昭公十五年》：「叔向曰：『王其不終乎。吾聞之，『所樂必卒焉。』今王樂憂，若卒以憂，不可謂終。王一歲而有三年之喪二焉，於是乎以喪賓宴，又求彝器，樂憂甚矣，且非禮也。』」
〔註10〕 見張岱：《四書遇》，頁 103。
〔註11〕 見朱熹：《四書集注》，頁 63。

「則之野」，文理不通。楊升庵有讀法：「卒爲善」句，「士則之」句，「野有眾逐虎」句，與下「其爲士者笑之」前後相映，當從此句豆。〔註12〕

張岱援引楊慎的斷句，以爲此章之文應爲：「晉人有馮婦者，善搏虎，卒爲善，士則之，野有眾逐虎。」如此文理乃爲可通。

（三）見解與朱註不同者

例如《論語·公冶長·忠信》章：「子曰：『十室之邑，必有忠信如丘者焉，不如丘之好學也。』」《四書遇》云：

> 皋、夔、稷，尙有何書可讀？君子威重之學，亦以主忠信爲本，而朱子以美質釋忠信，抹殺古今學脈矣，異日夫子稱回之好學，曰：「不遷怒，不貳過。」則夫子所謂「丘之好學」，亦豈讀書看文章之謂哉？〔註13〕

這裡張岱對聖賢之學的看法以爲是著重於人格道德的養成與實踐，而非朱子學所主張的學問知識的累積。他說：

> 《易》曰：「顏氏之子，其殆庶幾乎。有不善未嘗不知，知之未嘗復行。」明是「不貳過」註脚。明此則「不遷怒」可知已。聖賢工夫，平平實實，不必說玄說幻。愚觀天下理盡於《易》。《易》逆數也。故學者工夫，亦盡用逆。夫子「四毋」、顏子「四勿」「三月不違仁」「簞瓢不改其樂」合之「不遷」「不貳」，純是用逆工夫。顏子精於《易》者也，故曰：「其殆庶幾。」觀此章，則「學而時習之」決非是讀書做文字。昔人有「日裏習得夜裏習不得」之語，是主何見？〔註14〕

他認爲「學而時習之，決非是讀書做文字」，而是認爲「君子威重之學，亦以主忠信爲本。……子稱回之好學，曰：「不遷怒，不貳過。」則夫子所謂『丘之好學』亦豈讀書看文章之謂哉？」〔註15〕又如《論語·爲政·能養》章：「子游問孝。子曰：『今之孝者，是謂能養。至於犬馬皆能有養；不敬，何以別乎？』」朱子《四書集注》云：

> 養，謂飲食供奉也。犬馬待人而食，亦若養然。言人畜犬馬，皆能有以養之，若能養其親而敬不至，則與養犬馬者何異。甚言不敬之罪，所以深警之也。〔註16〕

〔註12〕見張岱：《四書遇》，頁566。
〔註13〕見張岱：《四書遇》，頁148。
〔註14〕見張岱：《四書遇》，頁150。
〔註15〕見張岱：《四書遇》，頁222。
〔註16〕見朱熹：《四書集注》（北京：中華書局，1983年10月），頁56。

《四書遇》則云：

> 孔子論孝，豈有以父母與犬馬相比之理！按《內則》曾子曰：「是故
> 父母之所愛亦愛之，父母之所敬亦敬之。至於犬馬盡然，而況於人乎」！
> 則犬馬者，是父母之犬馬。言孝者自謂能養，至於父母之犬馬，皆能有以
> 養之，但不敬，則何以自別其養父母之心乎？釋者不考，遂成千古之誤。
> 〔註17〕

這裡引《禮記‧內則》篇曾子之言闡釋「孔子論孝，豈有以父母與犬馬相比之理！」
來訂正朱注「言人畜犬馬，皆能有以養之，若能養其親而敬不至，則與養犬馬者何
異。」之非，認為朱子「釋者不考，遂成千古之誤。」

在《四書遇》中關於對朱註註解內容不滿的例子，可說是不勝枚舉。這可說是
晚明新《四書》學，在註解《四書》時的一種態度傾向。

三、以「致良知」代「即物窮理」

關於《四書》義理方面，首先張岱批評宋儒自豪的道脈之說，以為：

> 傳道之說，宋儒傚禪家衣缽而為之，孔門無此也。曾子隨事用功，子
> 夏泥於多學，故語以「一貫」。若云秘傳，何不以語顏子？若曰道慎其所
> 接，子夏之後，何以流為莊周？根性各別，道體無方。〔註18〕

「道統論」始創於韓愈，宋儒及其後世信徒都抓住這個法寶，竭力加以鼓吹，標榜
自己是孔孟嫡傳，儒宗統緒，以確立在思想上學術上的統治地位。張岱譏諷他們說，
這套技倆乃得之於佛門，同佛教徒衣缽相授、法嗣秘傳的名堂一模一樣，其實孔門
無此情形。「根性各別，道體無方」這八個字包含著深刻的思想，指出任何一種學派
或思想體系，均帶有流動性、多樣性，而不承認有什麼凝固性、單一性。這就從根
本上動搖了朱子理學的獨尊地位。李贄也曾提出類似的觀點：「道之在人，猶水之在
地也」、「道無絕續，人具隻眼」（《藏書‧德藝儒臣前論》）。關於「道統論」的說法，
今人勞思光先生即評論道：「倘吾人據理如實以觀之，則顯然可見道統之說實欠明
確。孔子以前之名王，姑無論其事跡可考信者多少，總無一人是真有哲學之自覺者。
自堯舜至於文武，其有功於世，或不盡屬子虛，然政事之功績與學說之創建相去甚
遠。倘以儒學為正學，以儒家之統為道統，則此道統實只能始於孔子，而不能謂始
於堯舜。堯舜皆早期部落社會之共主。其智慧事功原不可詳考，縱使所傳皆真，亦
不足使之成為哲人。吾人更不能以堯舜為儒學之祖。學者觀孔孟之說時，於此等分

〔註17〕見張岱：《四書遇》，頁86。
〔註18〕見張岱：《四書遇》，頁124。

際宜深辨之。」〔註19〕因此張岱在詮釋《四書》時便能擺脫程朱理學的權威與觀點，而採用陽明心學為思想基礎，使得《四書遇》中處處呈現「心即理」、「知行合一」、「致良知」的詮釋觀點並據以批駁朱子之說，如對「格物致知」的方法、「中庸」的意義、「克己復禮」的方法、「知言養氣」的含意等皆與朱說相反。〔註20〕從整部《四書遇》來看，張岱即以此心學立場來貫徹對《四書》的詮釋。如同今人黃俊傑先生所說「張岱接受明末王學中的『心』的概念，認為『心』與『理』同質，又能創生世界萬物。張岱採取這個基本立場來重新解釋《四書》。」〔註21〕「並隨處針對朱子《四書集注》中所展現的「理」「氣」二分，「天理之公」、「人欲之私」二分的概念，施以明確的批判。最具體的例子就是張岱對《孟子‧公孫丑上‧知言養氣》章，以及《論語‧顏淵‧克己復禮》章所提出的解釋，顯然與朱子的解釋針鋒相對。」〔註22〕

綜觀《四書遇》全書對宋程朱以及他們創立的理論體係。有所非議，有所批判。或校定句讀，或詮釋字句，或調整章次，或訂正學脈等等。《四書遇》中反映出張岱「宗王而有悖於朱」的基本觀點，是與晚明新《四書》學相呼應。

第二節　《四書遇》充滿自由解釋的學風

明中葉受陽明學說的影響，知識份子重視自我意識的覺醒，主體精神的張揚，要求個性自由和個性解放，這種學風使得從明初以來，以朱註為《四書》學主流的情形受到衝擊，《四書》學的解釋擺脫了朱註的藩籬，呈現出百家爭鳴，自由解釋大興的狀況。

一、詮釋的濫觴

這種對《四書》的新詮釋態度與方法，王陽明的《大學問》首開其端，而李卓吾的《四書評》承接其緒。李卓吾詮釋《四書》的方式就與傳統的儒者有所不同，表達對朱註以降《四書》注疏繁瑣的不滿。首先他的《四書》著作不稱作「注、疏、解、詁、訓、釋」之類傳統的名稱而用「評」，這顯示了他要站在平等自由的地位，對經典加以品評。通過自己的裁量來詮釋經典，而不是一味崇奉遵循前人的註解。

〔註19〕見勞思光：《新編中國哲學史》（一），頁155。
〔註20〕詳見本論文第四章各節所論。
〔註21〕見黃俊傑：〈張岱對古典儒學的解釋─以《四書遇》為中心〉，頁342。
〔註22〕同上註，頁354。

李卓吾詮解《四書》的方式一方面藉著當時的評點方式；一方面本良知之學自出己見，顯現出一種自由解脫的精神與經典詮釋方式。這種強調以己心詮釋經典而鄙薄文字訓詁，重視經典真精神的詮釋方式，打破了朱子學獨斷之局面，對後來的《四書》學造成很大的迴響，而呈現了一種新的經典詮釋的方法與面貌〔註23〕。《四書評》的問世，使得朱註的權威日趨沒落。從張岱的《四書遇》中，便可看到他受《四書評》很大的影響。在《四書遇》中明引李卓吾的見解共十八條。〔註24〕此外也有許多引用李卓吾的觀點或《四書評》中的注文卻未言明者，如：《論語・公冶長・乞醯》章，《四書評》曰：「維直道也，非譏議微生高也。不然乞鄰與人亦是好事，夫子何刻毒至此？」〔註25〕《四書遇》曰：「維直道也，非譏刺微生高也，不然乞鄰與人，亦是好事，夫子何刻毒至此？」〔註26〕由此可見張岱熟讀《四書評》，其《四書遇》受《四書評》相當多的影響。

另外，楊起元的《四書眼評》亦是《四書遇》學習的對象。在《石匱書》中他說：

> 讀楊復所之書，而後知復所之超悟也。復所有《四書評》數卷，不下注腳，不立訓詁。只以白文內數虛字、閒字、無著落字，翻出妙理……，是豈章句之儒所能夢見也哉？〔註27〕

楊起元屬陽明學派，也是晚明佛教著名居士，受禪學影響，「居閒常究心宗乘，慕曹溪大鑒之風。」〔註28〕其閱讀經書「只以白文內數虛字、閒字、無著落字，翻出妙理」的「超悟」方法，也影響了張岱研讀《四書》的方法與詮釋角度。如《四書遇》中也常對經文中的虛字、閒字、無著落字等加以獨特的詮釋，或援引楊起元《四書眼評》中見解為注，在《四書遇》中，其所徵引輯錄的就有四十三條之多。〔註29〕

〔註23〕 《四書評》問世之後，接著就產生了大量以「參」、「眼評」、「點睛」、「遇」、「管窺」、「千百年眼」等等字眼為書名的《四書》新著。晚明《四書》著作，如：張汝英《四書參》、張明憲《四書參》、陳天定《慧眼山房說書》、余應科《四書千百年眼》、徐奮鵬《古今大全》、《古今道脈》、楊復所（起元）《四書眼評》、釋智旭《四書蕅益解》、張岱《四書遇》等，皆有受李卓吾《四書評》影響的情形，由此亦可見出《四書評》在明末新《四書》學中的地位。
〔註24〕 見張岱：《四書遇》，頁 25，78，89，139，182，194，216，223，284，287，295，303，314，320，324，332，389，552。
〔註25〕 見李贄：《四書評》，頁 56。
〔註26〕 見張岱：《四書遇》，頁 146。
〔註27〕 見張岱：《石匱書》卷 201，〈儒林列傳〉，頁 83。
〔註28〕 見彭紹升：《居士傳》（揚州：江蘇廣陵古籍刻印社，1991 年 5 月），卷 44，頁 583。
〔註29〕 見張岱：《四書遇》，頁 15，22（2 條），24，26，30，33（2 條），36，50，54，55，65，73，78，84，86，94，99，130，147（2 條），157，173，185，186，195，210，

二、《四書遇》所呈現自由解釋風氣的情形

　　由於陽明學的影響外，張岱的家風，對張岱自由解脫的個性影響亦大。張家自祖父時即具有濃厚的自由氣息，也由於家學與家風的自由開放、不拘小節，使張岱治學為文皆展現解脫精神。例如柱對是中國建築的特色，但柱對以往不被文人視為正統的文學，張岱生性瀟灑浪漫，突破了傳統觀念的束縛，專門蒐集柱對而成《柱銘抄》一書。他在《柱銘抄》自序中說到：「昔人有以柱對傳者，傳之自文長始，昔未有以柱對傳而刻之文集者，刻之自余刻文長逸稿始。」〔註30〕自張岱此書出，越中文人競相作柱對。可惜的是文人士子作柱對之時，「未作時，先有文長橫據胸中，既作時，又有文長遮蓋上面」〔註31〕不能獨創，故未至善境。獨倪鴻寶所作之對，不學文長，而有過文長者，張岱對之特加讚賞。從序言中，我們也可再次看出張岱反對模擬、重獨創風格的一貫態度，他說：「即使予果似文長，乃使人曰，文長之後，復有文長，亦何貴於宗子也？」〔註32〕又如〈又與毅儒八弟〉一文中說：

> 前見吾弟選明詩存……吾弟勿以幾社君子之言橫據胸中，虛心平氣，細細論之，則其妍醜自見，奈何以他人好尚為好尚哉？……故願吾弟自出手眼，撇卻鍾、譚，推開王、李，毅孺、陶庵還其為毅孺、陶庵，則天下能事畢矣。學步邯鄲，幸勿為蘇人所笑。〔註33〕

張岱這裡論詩文的意見反對心存成見、訴諸權威，以他人的好尚為好尚，而是要自出手眼，彰顯個人獨特風格。所以他在評論明代嘉靖七子領袖王世貞時，即說：「弇州學史而史，學左而左，學騷而騷，學子而子，直書麓中一大盜俠耳。其手眼不自出焉，故勿貴也。」〔註34〕模仿古人的作品，不能自出手眼，沒有自己的特色風格，所以說「故勿貴也」。所以他為文如此，治史如此，詮釋經典時亦如此，就如他所說的：「凡學問最怕拘板。必有活動自得處，方能上達。」〔註35〕因此其《四書遇》，就表現了形式自由、內容多樣的風貌。張岱在詮釋《四書》時即強調本心的主體性，透過個人的研讀理解與生命體悟來詮釋經文。張岱對於其讀書解經的態度有這麼一段話：「凡看經書，未嘗敢以各家註疏橫據胸中。正襟危坐，朗誦白文數十餘過，其

212，216，221，253，315，333，341，358，361，378，449，501，546，572，576。
〔註30〕見張岱著・夏咸淳校點《張岱詩文集》，〈瑯嬛文集〉卷1，頁143。
〔註31〕同前註。
〔註32〕同前註。
〔註33〕見張岱著・夏咸淳校點《張岱詩文集》〈瑯嬛文集〉卷3，頁228～229。
〔註34〕見張岱：《石匱書》《續修四庫全書》318冊，〈文苑列傳〉卷61，頁724。
〔註35〕見張岱：《四書遇》，頁69。

意義忽然有省。」〔註36〕整部《四書遇》就是張岱通過對經書的熟讀精思與生命體悟來加以詮釋的。他說：「蓋道理要自己理會出來，方有無窮妙處，若自己未曾見得到那地位，教者就容易與他說盡，則我自說我的，與學者有何干涉？」〔註37〕這種說法就是強調要以個人的主體，去詮釋經典的精神，張岱這種「以己心解經」不受傳統註疏影響的解脫精神，反映在其《四書遇》時，就呈現出形式自由與內容豐富多樣的面貌，成為晚明新《四書》學中的典型作品。我們茲從形式與內容兩方面來看，張岱是如何通過自心的體悟，來活潑呈現經典的義理呢？

（一）形式自由解放

就形式上來說，首先便是書名與訓解方式的解放。張岱詮釋《四書》的作品書名用「遇」這個字就前所未見。他解釋「遇」的涵意說：

> 蓋遇之云者，謂不於其家，不於其寓，直於途次之中邂逅遇之也。古人見道旁蛇鬥而悟草書，見公孫大娘舞劍器而筆法大進。蓋有以遇之也。古人精思靜悟，鑽研已久，而石火電光，忽然灼露，其機神攝合，政不知從何處著想也。〔註38〕

這種對「遇」字的解釋，就如禪宗參禪著重在「悟」一般，都強調主體精神的超脫與領悟，因此《四書遇》的體裁便不遵循傳統的章句訓詁方式，而採用如禪宗語錄一般的語錄體，隨時隨地逐條將他「精思靜悟，鑽研已久」的心得用來詮釋《四書》。從《四書遇》的詮釋方式：以己心解經、以經解經、以史解經、以諸子解經、以集解經、以佛道解經、以文解經、以小說俗諺解經等八項〔註39〕來看，其注經的形式已完全擺脫明初以來呆版的解經方式，注文活潑多樣，不拘一格，自由活潑彰顯了帶有個人色彩的經學作品。如《論語・子張・士師》章：「孟氏使陽膚為士師，問於曾子。曾子曰：『上失其道，民散久矣。如得其情，則哀矜而勿喜。』」他說：

> 聽獄者，能想到「上失其道，民散久矣」，則自然矜憐，不致苛刻。
> 此是煩熱症中一服清涼丸散。〔註40〕

而詮釋《孟子・離婁下・簡驩》章：「公行子有子之喪，右師往弔。入門，有進而與右師言者，有就右師之位而與右師言者。孟子不與右師言，右師不悅，曰：『諸君子皆與驩言，孟子獨不與驩言，是簡驩也。』孟子聞之曰：『禮，朝廷不歷位而相

〔註36〕見張岱：《四書遇》自序，頁1。
〔註37〕見張岱：《四書遇》，頁554。
〔註38〕見張岱：《四書遇》自序，頁1。
〔註39〕詳見本論文第三章第二節〈四書遇的詮釋方式〉。
〔註40〕見張岱：《四書遇》，頁364。

與言，不逾階而相揖也。我欲行禮，子敖以我爲簡，不亦異乎？』」這一件事時，則說：

> 聖賢待小人，定有看家拳，又有藏身法。劈頭一「禮」字壓倒驩，心
> 知其簡而無如之何，誰謂嚴而不惡？〔註41〕

以上兩則例子一以中醫口吻「煩熱症中一服清涼丸散」爲釋，一以武功路數「聖賢待小人，定有看家拳，又有藏身法。」爲釋，顯得自由活潑，呈現平民化的傾向。又如有些經文他不作解釋而要讀者：「細讀白文，自明邦君從何地出現。」〔註42〕有些經文的詮釋則採用問答體的形式，自問自答。這樣的形式這像禪語問答一般與明初「述朱」的《四書》學作品可說是天壤之別，其詮釋方式可說展現了活潑多樣，不拘形式的灑脫精神。

其次，除了訓解方式的解放與多樣外，《四書遇》的詮釋語言亦呈現活潑多樣的特色。如本論文第五章所言，其注文呈現文學之美，具有敍事說理簡潔精鍊；修辭典雅，文章短雋有味等特色外，因爲是語錄體，所以文中更常出現口語、俗語、俗諺等語言。如「無些子不到」〔註43〕、「小人自家肚子裏瞞不過」〔註44〕、「漫說聾啞爲家公」〔註45〕、「牆外人說話，牆內人便曉得是某人某人」〔註46〕、「我更把甚麼去觀他」〔註47〕、「更無罅子再容著惡」〔註48〕、「孟子忒看得自然，中間倒有躲閃，所以告子信他不過。」〔註49〕、「看官著眼」〔註50〕、「諺曰：『貧家勤掃地、醜婦淨梳頭』」〔註51〕、「諺曰：『沿山尋野鳥，屋裏不見哺雞娘』」〔註52〕等等，詮釋語言自由活潑，通俗易讀。

（二）內容自出手眼

就內容上來說，由於能不囿陳說、先立成見，故能自出手眼，通過自己的體悟，詮釋經典中的道理，或使經文明白易曉，或別有新解創見，或寄託胸懷等等，從《四

〔註41〕見張岱：《四書遇》，頁 476。
〔註42〕見張岱：《四書遇》，頁 75。
〔註43〕見張岱：《四書遇》，頁 2。
〔註44〕見張岱：《四書遇》，頁 11。
〔註45〕見張岱：《四書遇》，頁 13。
〔註46〕見張岱：《四書遇》，頁 113。
〔註47〕見張岱：《四書遇》，頁 115。
〔註48〕見張岱：《四書遇》，頁 118。
〔註49〕見張岱：《四書遇》，頁 118。
〔註50〕見張岱：《四書遇》，頁 216。
〔註51〕見張岱：《四書遇》，頁 294。
〔註52〕見張岱：《四書遇》，頁 343。

書遇》中所反映的自由學風，約略可分以下數點：

1. 不迷信權威

張岱治學雖宗陸、王心學，但對「大學版本」的主張、對「異端」的看法就與陸王有所出入，由此看出張岱論學不訴諸權威，一以己心所得爲標準的獨立解放精神，而這種精神是與陽明相呼應的。在詮釋《四書》的過程中，當他遇到經義難明之處，則持保留、存疑態度，不強爲之注。如《論語‧八佾‧問社》章：「哀公問社於宰我。宰我對曰：『夏后民以松，殷人以柏，周人以栗，曰：使民戰栗。』子聞之，曰：『成事不說，遂事不諫，既往不咎。』」他說：

> 何休註《公羊傳》曰：「松，猶容也，想見其容貌而事之，主人正之意也。柏，猶迫也，親而不疎，主地正之意也。栗猶戰栗，謹敬貌，主天正之意也。又《禹貢》「青州，鉛松怪石。荊州，杶幹栝柏」。《周禮》云：「各於其野之所宜木」。「夏都安邑，宜松；殷都亳，宜柏；周都豐鎬，宜栗。」又云：「太社唯松，東社唯柏，商社唯梓，西社唯栗，北社唯槐」。則宰我之言，未爲不是，夫子非之，不知何故？「使民戰栗」又與夫子隕霜不殺草之對同，即康侯所謂勸之斷也。夫子令勿說、勿諫、勿咎亦不知何故？〔註53〕

張岱這裡連引《公羊傳》何休註、《禹貢》、《周禮》之文來印證宰我回答哀公之出言有據，反而不知孔子否定宰我的原因。對此詮釋，我們可以見到張岱不迷信權威，曲爲解說的嚴謹、自信的治學態度。

2. 不囿陳說

除了不迷信權威外，對已經相沿以久的陳說、眾說，張岱仍能獨排眾議，不受拘束，如解《論語‧里仁‧有鄰》章：「子曰：『德不孤，必有鄰。』」他引楊復所之言曰：

> 今之解者都作「有德者不孤，必有鄰」看了。不知夫子原說「德不孤，必有鄰」也，猶言一善立而眾善至也。是勸人進德語。〔註54〕

此章對於「德不孤，必有鄰」的詮釋，大部分的著作都以「人」的角度詮釋「德」字，於是便成了「有良好品德的人，是不會孤獨寂寞的，一定有好人品的人相鄰爲伴」這個意思。而張岱卻以「德行」的角度來詮釋「德」字，而成「德行是不孤立的，當實踐一種品德時，必定能同時完成其他的德行。」的意思。譬如說當一個人

〔註53〕見張岱：《四書遇》，頁111。
〔註54〕見張岱：《四書遇》，頁130。

能對國家盡忠時，自然能對父母盡孝，對朋友守信，於是「忠」、「孝」、「信」三德便能一起實踐了。比較這兩種說法，筆者覺得還是張岱的看法比較符合原典的精神。可惜的是，張岱對《論語・里仁・里仁》章：「子曰：『里仁爲美。擇不處仁，焉得知？』」的解釋不能以「德不孤，必有鄰」同樣角度來詮釋，他說：

> 管子經國，不許四民雜處，雜處則其言厖，其事易。此是保甲第一法。
> 師其深意，孟母所以三遷。〔註55〕

這裡詮釋「里仁爲美」時，張岱還是遵循著陳說以外在的角度來詮釋「里仁」〔註56〕，認爲「選擇居處時，當選有仁厚之俗的地方，才是明智之舉」的意思，順著這個意思而有上述之詮釋。其實此章詮釋應爲「『里仁爲美』意思是我們眞正學問安頓的處所，要以仁爲標準。達到仁的境界，也就是學問到了眞善美的境界。『擇不處仁』的意思是我們學問、修養，沒有達到處在仁的境界，不算是智慧的成就。」〔註57〕比較符合原典的精神，張岱若能將此兩章合參，也自能導出這個見解。

3. 自出己見

由於能不因襲成說，所以在詮釋經文的過程中，常能有所創見，如解《論語・爲政・周比》章：「子曰：『君子周而不比，小人比而不周。』」時，他說：

> 「周」與「比」不在量之廣狹，而在情之公私。情公，即一人相信亦「周」；情私，即到處傾蓋亦「比」。以普愛眾人，專昵一人，分「周」「比」者誤。聲氣是「周」的血脉；朋黨是「比」的精神。〔註58〕

又如《論語・雍也・爲儒》章：「子謂子夏曰：『女爲君子儒，無爲小人儒！』」他說：

> 問小人如何亦曰「儒」、亦曰「中庸」？曰「四書」中所稱「小人」，其規模本領，皆與君子爭席，但心有公私耳。公則爲周、爲和、爲泰，私則爲比，爲同，爲驕。其外面，皆是一般。眞小人即假君子，儌中行乃眞鄉愿，欺歟唯其所造，非明眼人莫辨。〔註59〕

這裡論「周、比」、「君子、小人」、「和、同」、「驕、泰」的差別關鍵處在於「情之

〔註55〕見張岱：《四書遇》，頁116。
〔註56〕例如朱子的《四書集注》云：「里有仁厚之俗爲美。擇里而不居於是焉，則失其是非之本心，而不得爲知矣。」見氏著：《四書集注》，頁69。
〔註57〕見南懷瑾：《論語別裁》（上），頁174。南先生對「里仁」一章有其獨到的見解，他認爲：「『居』、『里』的意義就是『自處』，『里仁』的意思也就是一個人如何處在仁的境界。處世，處人，尤其是自處，都要有『自處之道』。再明白點講，什麼叫『里仁』呢？就是我們隨時要把修養、精神放在仁的境界」。見氏著：《論語別裁》，頁170。
〔註58〕見張岱：《四書遇》，頁90。
〔註59〕見張岱：《四書遇》，頁157。

公私」，可說鞭辟入裏，匠心獨運。又如《論語‧公冶長‧善交》章：「子曰：『晏平仲善與人交，久而敬之。』」他說：

> 齊桓公欲相鮑叔，而管仲沮之；齊景公欲以尼谿封孔子，而晏嬰沮之。千古交情，千古知己。蓋齊景公時嬖寵內擅，強臣外橫，雖用聖人，其勢難久，況當年累世之言？其知孔子最深。余謂晏嬰是孔子第一知己也。〔註60〕

這裡說「晏嬰是孔子第一知己」可說發前人所謂發。又如詮釋《論語‧泰伯‧才難》章：「舜有臣五人而天下治。武王曰：『予有亂臣十人。』孔子曰：『才難，不其然乎？唐虞之際，於斯為盛。有婦人焉，九人而已。三分天下有其二，以服事殷。周之德，其可謂至德也已矣。』」時，他認為：

> 十亂內婦人是邑姜，武王后，太公女也。人多不曉。〔註61〕

像這種「人多不曉」的例子或是張岱自己的創見，在全書中所在都有，因此也形成了他自己特有的《四書》學風格，不像明初「此亦一述朱，彼亦一述朱」或轉相因襲的著作，這也是《四書遇》有其意義價值的地方。

4. 兼采備錄

　　《四書遇》全書的特色之一就是博引眾說，兼錄異說。〔註62〕由於張岱不迷信權威，不囿陳說，故注文能自出己見，而對經解不同意見者，仍會兼采備錄，如《論語‧述而‧束脩》章：「子曰：『自行束脩以上，吾未嘗無誨焉。』」，他說：

> 《論語》《禮記》解束脩，束脯也，十脡為束。廷篤曰：「吾自束脩以來為人臣，不陷於不忠。」註「束，帶。脩，飾也。」李固《奏記梁商》曰：「王公束脩屬節。」晉荀羨擒賈堅，堅曰「吾束脩自立，君何謂降耶？」皆檢束、修飾之義，與《論語》不同。〔註63〕

《論語》此章「束脩」之意向來皆詮釋成「肉條」的意思，也就是敬奉老師的報酬。張岱這裡雖沒有反對這樣的解釋，不過他徵引他書「束脩」之意，具陳於此，以供讀者自己抉擇，與讀者廣闊的閱讀空間。

　　我們知道，張岱的文學風格活潑空靈，任何文體在他筆下都獲得充分的解放，甚至他的〈自為墓誌銘〉也不拘一格，生趣盎然。由以上諸例來看，《四書遇》的形式與內容除了展現晚明那種特有的「解放精神」與自由活潑的學風外，亦具有張岱

〔註60〕見張岱：《四書遇》，頁141。
〔註61〕見張岱：《四書遇》，頁204。
〔註62〕詳見本論文第六章，第三節。
〔註63〕見張岱：《四書遇》，頁172。

鮮明的個性特徵。這在晚明的新《四書》學著作中，確有其代表性的意義。

第三節　《四書遇》所呈現「三教合流」的樣貌

　　佛法自漢朝傳入中國以後，便與儒、道二家思想相交涉，彼此影響，而匯爲中國文化的三大主流，其對中國文化的影響，可說是至深且廣。就佛教中國化的過程而言，首先要面對的即是如何讓佛教的思想能在中國的土壤裡生根茁壯，以及如何化解外在的排佛壓力。因此佛教界「三教合一」說的提出即是基於此歷史使命而主動的作出回應。明朝（尤其是明中葉王學興起）以後，「三教合一」論的主張更爲盛行，蔚爲風潮。造成明代這種風氣的原因，主要爲王學的盛行與晚明佛教的復興有關。

　　晚明佛教界經過四大師的提倡後形成了「居士佛教」的盛行。有關明末居士的種類，根據今人聖嚴法師的說法：「明末居士，有兩大類型：一類是親近出家的高僧而且重視實際修行的，另一類則信仰佛法、研究經教卻未必追隨出家僧侶修學的讀書人。第一類型的暫且不提，第二類型的居士，大抵與陽明學派有關，所謂左派的陽明學者，便是理學家之中的佛教徒，而且這一批居士對明末佛教的振興，有其不可埋滅的功勞。」〔註64〕晚明的史學家、散文家張岱，即是屬於第二類型的在家居士。作爲居士佛教的一員，又是當代的文學家、史學家、陽明學者，張岱是採取什麼樣的觀點來看待「三教合一」說，採用何種經典詮釋方式來會通三教呢？從整理歸納張岱《四書遇》全書以「佛、道」解經的方式，其會通三教的方法，可分爲態度上之認同與義理上之會通。所謂態度上，是指作者個人主觀上認同「三教合一」說，因此在詮釋經典時，自然刻意採用佛、道之典故、語彙來詮釋儒理。而這些詮釋都是一些普世道理上的通則，並沒有特殊論述，端看作者個人的態度而定；所謂義理上，乃指將儒家之核心義理如「格物致知」、「仁」、「義」等概念詮釋成佛、道特有的思想義涵，如「眞如」、「佛性」等。茲分論如下：

一、詞彙、經文與典故的引用

（一）「地獄不空，誓不成佛」──詞彙的引用

　　此項出現甚多，當時許多的作者都受到時代風氣的薰習，在其著作中自然就夾雜著佛、道之語。在《四書遇》中這樣的引用例子甚多，如：

〔註64〕見聖嚴法師：《明末佛教研究》（臺北：法鼓文化事業公司，2000 年 8 月），頁281。

向來認作機鋒，近來紛紛執眷，皆屬邊見。〔註65〕

「闕」，缺陷之「缺」，終身放不下，正是做工夫處。若一筆勾倒「疑」「殆」，公案如何銷得？〔註66〕

明辨處種子到手，功夫自然樸實，不露一些精采，故曰：「篤行」。博學、慎思、審問、篤行，都是方便法門。〔註67〕

地獄不空，誓不成佛，聖人何嘗有棄人？〔註68〕

以上這些「機鋒」、「邊見」、「公案」、「方便法門」、「地獄不空，誓不成佛」皆只是詞彙的借用，並沒有特殊之處。

（二）「盲人摸象」──經文、典故的引用

為了詮釋上的方便、理解的需要，援用佛、道之經文或典故幫助理解儒典。例如有些《四書》上的義理，用佛、道經文或典故來詮釋或比喻，則更加能幫助讀者快速的理解與掌握經義，收到畫龍點睛，相得益彰之效果。張岱則會採開放的態度引用。此種態度也是呈現《四書遇》解脫精神、自由解釋的一面。例如他說：

> 子貢多能，聖人調伏子貢，亦以多能，蓋以繡毬馴獅子法也。故昔人有言曾子以秋陽、江漢說夫子，祇成得曾子之夫子，孟子以小魯、小天下言夫子，祇成得孟子之夫子，子貢以多能、天縱言夫子，亦祇成得子貢之夫子。如盲人摸象，得耳者以為如簸，得鼻者以為如杵，得牙者以為如槃；摸得一體，皆以為象。其實象之全體，非盲者所能揣摩得也。〔註69〕

又說：

> 三說紛紛。一傍着「性相近也」立說，一傍着「習相遠也」立說，一傍着「惟上智與下愚不移」立說。故引孔子作斷案，三說不攻自破。有三盲摸象，得象耳者，云象如簸箕；得象鼻者，云象如舂杵，雖獲一方，終不得全象之實。三者言性，政與盲者無異。〔註70〕

這裡兩度援引佛典《大般涅槃經》上「盲人摸象」的故事，一則來詮釋《論語‧子罕‧多能》章曾子、孟子、子貢等人對孔子認識之不徧；一則詮釋《孟子‧告子上‧性善》章「性相近也」、「習相遠也」「惟上智與下愚不移」三說對「本性」之認識猶

〔註65〕見張岱：《四書遇》，頁124。
〔註66〕見張岱：《四書遇》，頁93。
〔註67〕見張岱：《四書遇》，頁45。
〔註68〕見張岱：《四書遇》，頁186。
〔註69〕見張岱：《四書遇》，頁210。
〔註70〕見張岱：《四書遇》，頁507。

如「盲人摸象」一般，「終不得全象之實」。又如《論語・子張・日月》章：「叔孫武叔毀仲尼。子貢曰：『無以爲也！仲尼不可毀也。他人之賢者，丘陵也，猶可逾也；仲尼日月也，無得而逾焉。人雖欲自絕，其何傷於日月乎？多見其不知量也。』」他說：

> 《經》曰：惡人害賢，猶仰天而唾，唾不至天，還從己墮；迎風颺塵，
> 塵不至彼，還坌己身；賢不可毀，毀必滅己。〔註71〕

這裡援引佛典《四十二章經》的經文，詮釋「叔孫武叔毀仲尼」的結果必是「賢不可毀，毀必滅己。」又如《論語・雍也・施濟章》：「子貢曰：『如有博施於民而能濟眾，何如？可謂仁乎？』子曰：『何事於立！必也聖乎！堯舜其猶病諸！夫仁者，己欲立而立人，己欲達而達人。能近取譬，可謂仁之方也已。』」《四書遇》云：

> 梁武鑄象造經，崇飾梵宇，問達摩有功德否？達摩云「實無功德。」
> 博施濟眾，總是功德念頭，所以聖人提出本領銷歸到自家身上，卻又不是
> 虛願口談沒把柄的話。大機大用全在「立」「達」兩字，非解人誰與歸？
>
> 〔註72〕

這裡則引用佛教有名的梁武帝見達摩祖師的典故〔註73〕，來詮釋聖人論「立、達」兩字之心意。又如《孟子・離婁下・赤子》章：「孟子曰：『大人者，不失其赤子之心者也。』」他說：

> 赤子與孩提不同，赤子纔離胞胎以其身赤，故曰赤子。孩提知愛知敬，
> 已落知能。赤子渾沌初剖，塊然純樸，無知無能，一天命之性，老子謂「如
> 嬰兒之未孩者」是也。故赤子是未發，孩提是已發。〔註74〕

這裡引用《老子》的話來詮釋「赤子」之意，並以之區別赤子與孩提之異在於「赤子是未發，孩提是已發」。這種援引佛、道之語彙、典故、經文來詮釋儒典，幫助對經義之理解的詮釋方式並沒有深入義理層面的會通，乃是態度上的開放與認知，不

〔註71〕 見張岱：《四書遇》，頁366

〔註72〕 見張岱：《四書遇》，頁167。

〔註73〕 《五燈會元》：「十月一日至金陵。帝問曰：『朕即位已來，造寺寫經，度僧不可勝紀，有何功德？』祖曰：『並無功德。』帝曰：『何以無功德？』祖曰：『此但人天小果，有漏之因，如影隨形，雖有非實。』帝曰：『如何是眞功德？』祖曰：『淨智妙圓，體自空寂，如是功德，不以世求。』帝又問：『如何是聖諦第一義？』祖曰：『廓然無聖。』帝曰：『對朕者誰？』祖曰：『不識。』帝不領悟。祖知機不契，是月十九日，潛回江北。十一月二十三日，屆于洛陽。當魏孝明帝孝昌三年也，寓止于嵩山少林寺，面壁而坐，終日默然。人莫之測，謂之壁觀婆羅門。」見〔宋〕釋普濟：《五燈會元》（上）（臺北：廣文書局，1971年）卷1，初祖菩提達磨大師條，頁43。

〔註74〕 見張岱：《四書遇》，頁466。

像程朱學者那樣視佛道爲異端，加以嚴屬的排擠罷了。

二、修行功夫、人物與觀念的比擬

即是刻意地把佛、道、儒三家之人物與修行功夫拿來互相類比以顯其共通性。此種類比方式已能更深入的合會三教，如：

（一）禪學在掃，聖學在脫，總一機鋒

將三教或是儒佛之間的修行功夫互相比擬，例如詮釋《論語‧學而‧三省》章：「曾子曰：『吾日三省吾身：爲人謀而不忠乎？與朋友交而不信乎？傳不習乎？』」他說：

> 昔有禪師常日喚主人公「惺惺否？」自答曰「惺惺。」此即是日省之
> 意。三「乎」字是細細問心之詞，故曰「三省」。〔註75〕

《六祖壇經‧緣起》品云：「何其自性本自清淨，但用此心直了成佛。」禪宗行者經過參悟後，明白「自性本自清淨」後，爲了保持此心不再被六塵所染，而須「保任」的功夫，即是日常行住坐臥之間，保持著此「清淨心」。而禪師「喚主人公『惺惺否』？」自答曰『惺惺。』」即是保任工夫之一種。這種保任之工夫做到家，則會「打成一片」，張岱就把這禪宗「打成一片」的境界拿來比擬儒家「不違仁」的境地，他說：

> 昔有祖師言：「四十年打成一片」，「不違仁」打成一片也。又有云：「他
> 人爲十二時辰使，我使得十二時辰」，「日月至焉」猶被時辰使也。〔註76〕

又如《論語‧學而‧貧富》章：「子貢曰：『貧而無諂，富而無驕，何如？』子曰：『可也，未若貧而樂，富而好禮者也。』子貢曰：『《詩》云：『如切如磋，如琢如磨。』其斯之謂與？』子曰：『賜也，始可與言《詩》已矣，告諸往而知來者。』」《四書遇》云：

> 嘗言志學章，非夫子能進，乃夫子能舍。學問時時進，便時時舍。天
> 龍截却一指，痛處即是悟處。禪學在掃，聖學在脫，總一機鋒。（頁79）

又如《論語‧雍也‧從井》章：「宰我問曰：『仁者，雖告之曰：『井有仁焉。』其從之也？』子曰：『何爲其然也？君子可逝也，不可陷也；可欺也，不可罔也。』」《四書遇》云：

> 仁者有個窮處，要尋絕處逢生法。昔有一參禪者問曰：「譬如有人口
> 咬樹籐，兩手撒開，懸崖百丈，下面有人問曰：『如何是祖師西來意？』

〔註75〕見張岱：《四書遇》，頁71。
〔註76〕見張岱：《四書遇》，頁153。

若應他，喪身亡命，若不答他，辜負了他來意，却是如何？」禪師答曰：

「請他在未咬樹時節來問。」（頁164）

從以上兩則例子來看，他認為「禪學在掃，聖學在脫，總一機鋒。」同樣是「要尋絕處逢生法」，透過這樣的類比，儒家成聖的功夫與禪宗「明心見性」的功夫也就有其共通性。

（二）孔子是佛，子貢是菩薩

主觀上把儒家人物冠以佛教的身份。如他說：「孔子是佛，子貢是菩薩；佛惟清淨無為，而菩薩則神通廣大。外道見其龍象光明，未免認是菩薩勝佛。武叔之見亦是如此。」〔註77〕孔子救世的行為被解釋成「康子纔說殺，孔子便說善；康子欲殺惡人以成善人，孔子便欲化惡人而成善人。此正是以德易刑之旨。康子如金剛怒目，欲以攝伏群魔；孔子如菩薩低眉，欲以慈悲六道。」〔註78〕而孔子對弟子的教化就如同禪師一般「《舞雩章》是熱喝，《雍徹章》是冷嘲。三家聞之，亦應汗下。」〔註79〕經過張岱這樣的類比，孔子便成為一位觀機逗教的佛門大法王了，如詮釋《孟子‧盡心下‧歸儒》章時，他說：

> 不是慈悲心，全是降伏法，如宗、岳禦群盜，距之皆為吾敵，收之皆為吾用，其中有擒，有放，有恩，有威，非大法王不得輕試此手段也。
> 〔註80〕

除此之外，他又把儒典比擬成禪宗語錄一般，要讀者參究，例如《大學‧聽訟》章：「子曰：『聽訟，吾猶人也，必也使無訟乎！』無情者不得盡其辭，大畏民志，此謂知本。」他說：

> 問「知本」如何？將聽訟來說，豈先新民而後知本乎？非也。此是粘出一段話頭，令人默想宗本。且如「無情」之人，不畏法，不畏議，如何使得「大畏」，「不得盡其詞」？此處正是「東邊日出西邊雨，說道無情又有情。」參破此地，自透宗本，千蹊萬逕，攝歸一處，何物礙心？此謂物格，此謂知之至也。〔註81〕

這裡認為經典「問知本如何？」就如禪宗參禪一般是「粘出一段話頭」，而要讀者「參破此地，自透宗本」。這樣的解釋簡直就是把儒家的經典當作是禪門語錄了。又如《論

〔註77〕見張岱：《四書遇》，頁366。
〔註78〕見張岱：《四書遇》，頁264。
〔註79〕見張岱：《四書遇》，頁98。
〔註80〕見張岱：《四書遇》，頁569。
〔註81〕見張岱：《四書遇》，頁8。

語‧述而‧燕居》章:「子之燕居,申申如也,夭夭如也。」他說:

> 或問「孔子燕居,何以申申夭夭」?余曰:「空山無人,水流花開。」
〔註82〕

這裡用「空山無人,水流花開」來解「申申夭夭」真是讓人摸不著頭緒。這樣的詮釋方式直接把儒典當禪宗公案一般,要讀者自己參究,結果張岱本人也成為禪宗大師了。

(三)夫子安信懷,是不住色相布施

即是將三教之觀念互相比擬,以顯其共通性。例如《孟子‧滕文公‧並耕》章:「子夏、子張、子游、以有若似聖人,欲以所事孔子事之,強曾子。曾子曰:『不可。江漢以濯之,秋陽以暴之,皓皓乎不可尚已。』」他引楊維斗的話說:

> 江漢秋陽不作比擬,直從聖人心中寫出一片潔白光明氣象。釋氏所
> 云:「佛身清淨似琉璃」,於此可參。〔註83〕

這裡以「江漢秋陽」與「佛身清淨似琉璃」相比擬,道出孔子的心胸境界就如佛身一樣如琉璃一般潔白光明。又如《論語‧公冶長‧言志》章:「顏淵季路侍。子曰:『盍各言爾志?』子路曰:『願車馬衣輕裘,與朋友共,敝之而無憾。』顏淵曰:『願無伐善,無施勞。』子路曰:『願聞子之志。』子曰:『老者安之,朋友信之,少者懷之。』」《四書遇》云:

> 陳道掌云:子路車裘,是七寶布施;顏子捨善勞,是身命布施;夫子
> 安信懷,是不住色相布施。(頁147)

這裡引用《金剛經》中七寶佈施、身命佈施、不住色相佈施三種佈施的功德境界來比擬子路、顏淵、孔子三者胸中境界之不同。

三、義理之會通

將儒、釋、道三家義理具存,互相比擬以顯其共通性;或以佛、道兩家的思想詮釋儒家義理,直接將儒家之意涵轉成佛、道之概念。如《論語‧述而‧坦蕩》章:「子曰:『君子坦蕩蕩,小人長戚戚。』」他說:

> 釋家言心地平,則盡世界一切皆平。天下惟平易處,最是寬廣。人心
> 險峭,便如山川,如谿壑,豈得有通衢大道?〔註84〕

這裡引佛典《楞嚴經》卷五:「當平心地,則世界地,一切皆平」的道理,來詮釋「君

〔註82〕見張岱:《四書遇》,頁170。
〔註83〕見張岱:《四書遇》,頁423。
〔註84〕見張岱:《四書遇》,頁191。

子坦蕩蕩」的心胸世界，頗有相得益彰的效果。又如《論語‧述而‧三人》章：「子曰：『三人行，必有我師焉：擇其善者而從之，其不善者而改之。』」他說：

> 老子云：「善人，不善人之師；不善人，善人之資。」改之，即是資，
> 即是師也。故曰「必有我師。」〔註85〕

這裡引《老子》二十七章之文：「善人，不善人之師；不善人，善人之資。」與孔子的「三人行，必有我師焉」相互會通，算是很成功的例子。又如《論語‧為政‧誨知》章：「子曰：『由！誨女，知之乎！知之為知之，不知為不知，是知也。』」他說：

> 「知之為知之，不知為不知，」息息不昧，千古長存。禪家謂之孤明，
> 吾儒指為獨體。既不倚靠聞見，亦不假借思維。當下即照，更無轉念，故
> 曰「是知。」《論語》中「之」字、「斯」字、「是」字，最當養眼，如「是
> 知也」，「是丘也」，俱急切指認。一是不可當下埋沒了這點真靈明；一是
> 不可當前蹉過了這箇真面目。〔註86〕

這裡張岱顯然以陽學心學的內涵來詮釋「知」字，認為「知」即是「既不倚靠聞見，亦不假借思維。當下即照，更無轉念」的「這點真靈明」、「這箇真面目」，亦即為「獨體」，並將它與禪家的「孤明」會通。這樣的解釋顯然的背離了孔子的原意。孔子的意思是指求學的態度要真誠以對，明白就明白，不明白就是不明白，不可強不知以為知，如此簡單明瞭。而張岱將「知」詮釋成心學家的「良知」並拿來與禪家之概念相比附，顯然的牽強附會了。又如《論語‧先進‧屢空》章：「子曰：『回也其庶乎，屢空。賜不受命，而貨殖焉，億則屢中。』」他說：

> 道如覆盂，本空無有，以示射者，或舉諸物，或言無有，即言無有，
> 未嘗不中，然多却一射，不若明了本空者，默然無言。但既料得無有，一
> 發覆便是，故聖門近回者，賜也。〔註87〕

這裡《論語》的「空」乃就「物質上的缺乏」而言，而張岱解為「道如覆盂，本空無有」，將「空」詮釋成「道體」乃偏離了聖人本意。又如：解《中庸‧誠明》章：「自誠明，謂之性；自明誠，謂之教。誠則明矣，明則誠矣。」他說：

> 天命之謂「性」，脩道之謂「教」，異名只是同源。「自誠明謂之性，
> 自明誠謂之教」，兩路總歸一路。《楞嚴經》上說「性覺妙明，本覺明妙。」
> 松山註云：「即寂而照曰妙明；即照而寂曰明妙。」即此意也。〔註88〕

〔註85〕見張岱：《四書遇》，頁181。
〔註86〕見張岱：《四書遇》，頁92。
〔註87〕見張岱：《四書遇》，頁248。
〔註88〕見張岱：《四書遇》，頁49。

這裡依照張岱的詮釋,中庸的「天命之謂性」與「脩道之謂教」是異名同源。與「自誠明謂之性,自明誠謂之教」也是同樣涵義;接著援引《楞嚴經》「性覺妙明,本覺明妙。」的註文「即寂而照曰妙明;即照而寂曰明妙。」來與「自誠明謂之性,自明誠謂之教」相比附。針對此點,今人黃俊傑先生辨析道:「張岱引《頻加藏‧秘密部‧大佛頂如來萬行首楞嚴經》卷四:『性覺妙明,本覺明妙』之語,比附《中庸》朱訂第二一章:『自誠明,謂之性;自明誠,謂之教』這句話,似亦與《中庸》原意頗有出入。《中庸》朱訂第二十章明白說:『誠者,天之道,誠之者,人之道也。誠者,不勉而中,不思而得,從容中道,聖人也;誠之者,擇善而固執之者也。』誠如勞思光所說,《中庸》所說的『誠者』意指『已實現之境界』,『誠之者』意指『求實現之努力』。中庸作者相當強調人本身的努力,『擇善而固執之』。但張岱對古代儒家的人文化成精神似無真切理解,所以,以佛教觀念加以比附,頗不相契。」〔註89〕又如《論語‧子罕‧絕四》章:「子絕四:毋意,毋必,毋固,毋我。」他說:

> 夫子自言「無可無不可」,與此旨同。劉元城曰孔子佛氏之言,相為表裡。孔子之言「毋意,毋必,毋固,毋我」,而佛言「無我,無人,無眾生,無壽者」其言若出一人。〔註90〕

「這裡以佛教的『無我』比附在孔子的「毋我」,俱取其表面文意,忽略兩者之根本差異:佛教之「無我」乃在捨離世界的脈絡中言之;孔子之『毋我』,乃是在個體的『小我』融入群體的『大我』的脈絡中,而使『小我』的意義在『大我』生命的綿延之中彰顯,兩者的意義是不可混為一談。」〔註91〕

由以上諸例來看,在義理會通方面,《四書遇》顯然得比《四書蕅益解》〔註92〕粗糙。因此,黃俊傑先生以為:「整體而言,張岱雖努力於調和三教,雖有少數成功的例子,但就義理的系統性而言,他的努力基本上是失敗的。」〔註93〕

綜上所論,張岱即是透過上述幾點詮釋方法,將其「三教合一」說的傾向表現在《四書》學上面。由《四書遇》全書會通三教的地方來看,大部分偏重在詞彙、

〔註89〕見黃俊傑:〈張岱對古典儒學的解釋〉,《明清之際中國文化的轉變與延續研討會論文集》,頁 351～352。

〔註90〕見張岱:《四書遇》,頁 208。

〔註91〕引自黃俊傑:〈張岱對古典儒學的解釋〉,《明清之際中國文化的轉變與延續研討會論文集》,頁 351。

〔註92〕《四書蕅益解》完全以佛法的概念意涵詮釋儒典的基本觀念,將儒家思想的主幹改為佛家之意涵,然後順此解釋轉變為佛教的思想體系,於是儒家「內聖外王」的經典便轉化為佛教成佛的修行寶典了。此點詳見簡瑞銓:《四書蕅益解研究》第四章,頁 126～178。

〔註93〕見黃俊傑:〈張岱對古典儒學的解釋〉,頁 353。

觀念的引用、人物與行為的比擬而少義理層面之會通。由此可知其會通三教主要在
態度與觀念上的開放，願意接受佛、道二家的思想與觀念，而非特意的在義理上，
融通三教。因此，我們可以說「三教合一」說，對《四書遇》最大的影響，在於對
作者觀念與態度的影響。把《四書遇》放在晚明這些以禪解經的新「四書學」中來
看，它已經比李卓吾的《四書評》、周宗建的《論語商》帶有更多「三教合一」說的
色彩；如果拿來與藉由詮釋《四書》以會通三教，宣揚其「三教合一」的觀點的林
兆恩《四書正義》相比〔註94〕；或藕益智旭的《四書藕益解》作比較〔註95〕，《四
書遇》呈現以「佛、道」解儒的面貌，主要是受時代風氣所影響，注文雜引佛、道，
並沒有特殊的動機。其著作主要思想核心仍是「陽明心學」，其援佛或老莊入儒的地
方，多半止於詞彙的引用、行為的比擬、觀念的託付或表面文意之比附，較少涉及
義理層次。並不像《四書藕益解》一樣，特意的「援佛入儒，務誘如以知禪」而建
立一套合會三教的文化整合模式。近人馬一浮在《四書遇題記》中說：「明人說經，
大似禪家舉公案，張宗子亦同此脈。卷中時有雋語，雖未必得旨，亦自可喜，勝於
碎義逃難，味同嚼蠟者遠矣。」〔註96〕可為《四書遇》呈現三教合流傾向的定評。

〔註94〕林兆恩受到陽明心學以及當時「三教合一」思潮的影響，其《四書正義》即是專門
　　　　融通「三教合一」之作。如其解《中庸正義》「修道之謂教」章云：
道也者，所以本乎其教也；教也者，所以明乎其道也。但世人不識道與教之分也，故以教為
　　　　道焉，豈非所謂教三而道亦三邪？殊不知儒氏以其道而儒之以教人也，而非儒自儒
　　　　以為道也；道氏以其道而道之以教人也，而非道自道以為道也；釋氏以其道而釋之
　　　　以教人也，而非釋自釋以為道也。
在這一章當中，林兆恩將「修道之謂教」闡釋為「教也者，所以明乎其道也」，意謂「教」
　　　　的作用在修明「道」。林兆恩指出「道」是「教」的本源，「教」的目的在明白此本
　　　　源之「道」。世人不知「道」與「教」的本末關係，「以教為道」，故誤以為「教」有
　　　　三門（儒釋道）因而「道」亦有三種。實則三教同一道，只不過三教用不同的方式
　　　　來弘道教化。此點詳見吳伯曜：《林兆恩四書正義研究》，第四章，頁87～145。
〔註95〕《四書藕益解》成書的最大動機與目的即是「以佛入儒，務誘儒以知禪」，「俾儒者
　　　　道脈同歸佛海」，如何合會儒、釋二教，以及其所顯現的成果，乃是本書成敗之關鍵，
　　　　如其詮釋「明」明德為「始覺之修」，「明德」為本覺之性；「度自性之眾生，名為親
　　　　民」，「成自性之佛道名止至善」。而所謂「格物」為「作唯心識觀」，「致知」為「轉
　　　　第六識為妙觀察智」等，詳見簡瑞銓：《四書藕益解研究》，頁126～131。
〔註96〕見張岱：《四書遇》，卷首。

第八章 結論——張岱《四書遇》在《四書》學史上的意義

張岱學問廣博，著述宏富，前半生，繁華綺麗，浪漫多姿；明亡後，砥志厲節，隱居不仕，默默以終。在他的詩集裡，有一首五言古詩〈雨梅〉，是這樣寫的：

> 梅開不得時，乃與雨相值。梅意自孤危，威儀仍不失。我見敬畏生，不敢作淒測。古人愛觀梅，原重其骨格。色香不足論，所重惟潔白。濯濯見孤稜，反得雨之力。在雨亦復佳，不必爲嘆息。所以高士心，受妬不受惜。〔註1〕

這首詩，表面上是一首讚嘆梅花於風雨中仍見潔白風骨的詠物詩，實際上是張岱處在朝代更替中，一生行誼的自我寫照。「所以高士心，受妬不受惜」道盡了這一位明朝遺老，胸中多少的堅持與委屈。在文化史上，張岱的成就是多方面的，古人所謂的三不朽中，「立德」與「立言」，張岱是當之無愧的。然而歷來對張岱的研究，大多著眼於《陶庵夢憶》、《西湖夢尋》、《瑯嬛文集》等著作的探討，偏重於其文學成就方面。回應緒論中所說，張岱是否可成爲一位經學家呢？無可置疑的，學界公認他是文學家、藝術鑑賞家；而從《石匱書》、《石匱後書》、《古今義列傳》來看，他也是一位史學家。從《夜航船》、《柱銘抄》、《老饕集》、《茶史》、《陶庵肘後方》等著作來看，他是文化保存者。而從本論文對《四書遇》的探討，可知張岱亦是一位力主經世致用的經學家，其思想主要是服膺儒家思想，以陽明心學爲實踐軸心，不止學說的繼承，更用自己的行爲操守，來詮釋儒家的義理、陽明學說的精髓，並將之落實於自己的日常生活，貫穿於自己的生命歷程與著作的一位經學家。

他的經學成就包括兩方面：第一點是對陽明學說的繼承與發揚，由於陽明本身

〔註1〕 見張岱著・夏咸淳校點：《張岱詩文集》〈張子詩粃〉卷2，〈雨梅〉，頁33。

並沒有完整的《四書》著作，其對《大學》的闡釋，亦指示其要而已。而《四書遇》則將陽明心學宗旨貫徹到對《四書》經文的詮釋上，形成了心學特色的宗王學派的《四書》著作。且其中由於輯錄了眾多晚明陽明學者的《四書》見解，使《四書遇》更具有文獻方面的價值；第二點是張岱對《四書》的發明與見解，在《四書遇》中許多注解，不落俗套，頗多創見，體現了他「精思靜悟」的心得，包括經典的詮釋方式、義理的見解、心學功夫的落實方法等等。以上兩點原因，張岱的《四書遇》可說是宗王《四書》學的集成者。

綜合而言，我們把張岱的《四書遇》放在中國整個《四書》學詮釋史的脈絡中來看，其顯現出的價值與文化意義主要有五點：一、在義理上，展現以陽明心學詮釋《四書》之成果與面貌；二、在治學態度上，特種實踐精神，表達出知識份子實現儒家傳統「內聖外王」的願望與途徑；三、在學風上，反映當代《四書》學之新面貌；四、在詮釋方式上，呈現活潑多采的經典詮釋方式與詮釋平民化之傾向；五、在內容上，保留彙整晚明陽明後學的《四書》見解等文獻，並突顯出自己的風格特色。茲分述於下：

一、在義理上，展現以陽明心學詮釋《四書》之成果與面貌

《四書遇》中所呈現的最主要義理即是陽明學說的「心即理」。並以此為思想核心，詮釋經文，逐步架構其《四書》義理見解，完成了以陽明心學詮釋《四書》之成果與面貌。

張岱《四書遇》對《四書》義理的詮釋義理內涵皆是直承陽明之說而來，如《大學》中對「三綱領」的看法，以「格心」釋「格物」，「良知」釋「知」；《中庸》中以「用中」釋「中庸」，以「格物致知」釋「戒慎恐懼」，以「心體」釋「誠」；《論語》中以「心體」釋「禮」，以「萬物一體之心」釋「仁」，以「心之所宜」釋「義」。在《孟子》中，以「無善無惡」釋「性」，以「養心」釋「養氣」等等。張岱對《四書》義理的詮釋，本質上並不著墨於「明德」「中庸」「仁」「禮」等道德價值本源的論述，或是義理的建構發揮，他所關切的是「良知本心」的掌握，以及實踐運用的探討。並以「良知」作為詮釋《四書》義理之核心觀念，如《大學》中的「明德」、《中庸》的「中」與「獨」、《論語》的「仁」，張岱皆以一念之靈明為注解。因此《四書》中的「明德」、「中」、「誠」、「禮」、「仁」皆是「良知」的異名。因此《四書遇》可說是陽明「致良知」學說落實時《四書》經典義理詮釋時，所產生的面貌。這種面貌，是陽明後學注解《四書》時所呈現的通則共相。

二、在治學方法與態度上，特重實踐精神，表達出知識份子實現儒家傳統「內聖外王」的願望與途徑

「儒學為重德哲學，其方向為人文化成，其造境則直歸道德主體之全幅展露。」〔註2〕，對宋明理學來說，其標的皆在於此。由於程朱之學元明以來成為官學，士子對《四書》的研習已逐漸偏向，變質為詞章的記誦與功名利祿的追求。於是陽明學興起，上承孔子經世之要求，強調儒家傳統「內聖外王」的願望，並化為具體功夫之講求。陽明說：「區區『格致誠正』之說，是就學者本心日用事為間，體究踐履，實地用功。」〔註3〕所以黃宗羲在《明儒學案》中即說：「有明學術，從前習熟先儒之成說，未嘗反身理會，推見至隱，所謂「此亦一述朱彼亦一述朱」耳，高忠憲云：『薛敬軒、呂涇野語錄中，皆無甚透悟。』亦為是也。自姚江指點出『良知人人現在，一反觀而自得』，便人人有個作聖之路。故無姚江，則古來之學脈絕矣。」〔註4〕而張岱的《四書遇》，即是自覺的繼承了這個治學途徑，「反身理會」而記錄了陽明學者及個人生命省思的感受語，修養與實踐的功夫語。

黃俊傑先生以為：「在儒家經典詮釋史中的兩種解經方法，一是訴諸個人的學思體驗，而使經典詮釋學成為一種『體驗的學問』；一是企圖經由名物制度，或文字訓詁的解明，以確認經典中的『道』之原始的或真實的意義，將經典詮釋學轉化為訓詁學。」〔註5〕張岱的治學方法即屬前者，從《四書遇》自序中可知，張岱詮釋《四書》學的動機與目的，並不是從功名利祿、知識理論出發，而是從心靈、從對生命的體悟出發，因此其解《四書》，並不重義理的思辨發揮與知識理論的堆積，而是著重在對良知之學的體悟有得，並將之落實於人倫日用之上。因此整部《四書遇》中，對《四書》的重要概念諸如「格物致知」、「誠」、「仁」、「義」、「禮」等並沒有特別著墨，只是以支言片語，遵循陽明學說，加以陳述罷了。相反的，整部《四書遇》大量呈現、保存了張岱自己以及陽明後學，有關實踐聖人教法的功夫探討與心得體悟。

《四書遇》整個功夫論的核心即是「致良知」。《四書遇》中的注文，到處呈現了陽明「致良知」功夫的發揮。在《四書遇》中，「格物致知」、「戒慎恐懼」、「克己復禮」、「集義養氣」皆是「致良知」。而關於治學態度上，陽明指出：「今為吾所謂格物之學者，尚多流於口耳。況為口耳之學者，能反於此乎？天理人欲，其精微必

〔註2〕見勞思光：《新編中國哲學史》（一），頁155。
〔註3〕見王陽明：《傳習錄》卷中·〈答顧東橋書〉，頁83。
〔註4〕見黃宗羲：《明儒學案》卷10，〈姚江學案〉頁197。
〔註5〕見黃俊傑編：《中國經典詮釋傳統》（一）通論篇（臺北：台灣大學出版中心，2004年6月），導言。

時時用力省察克治，方日漸有見。如今一說話之間，雖只講天理，不知心中倏忽之間，已有多少私欲。蓋有竊發而不知者。雖用力察之，尚不易見。況徒口講而可得盡知乎？今只管講天理來頓放著不循，講人欲來頓放著不去，豈格物致知之學？後世之學，其極至，只做得箇義襲而取的工夫。」〔註6〕對於陽明此點治學態度，今人饒宗頤先生亦說：「元、明人治經，最重要還是實踐工夫。薛瑄說：『考亭以還，斯道大明，無須著作，只須躬行耳。』（《明史·儒林·薛瑄傳》）王陽明所以主張知行合一。宋濂門人方孝孺，名其讀書之廬曰正學（本傳），不肯草詔而走上求仁得仁的道路。嘉靖議禮一役，直臣死於杖下而貶逐，皆爲正義而不顧任何犧牲，明儒講道，隨時可以殉道。李自成陷京師，倪元璐自縊，自言『死吾分也』（《明史》265本傳）。劉宗周獻祈天永命說，南都亡，絕食死，自言：『「獨不當與土爲存亡乎？』（《明史》255 本傳）黃道周舉義旗而死，自言：『此與高皇帝陵寢近，可死矣。』凡此皆正學、正氣之所寄託，明儒爲貫徹義理，在實際行動上表現可歌可泣的犧牲精神，這種殉道而舍生取義的行爲，髣髴西方教會史上的聖者。明人所殉的道，確實是從經學孕育出來，是經學與理學薰陶下放射出的『人格光輝』在人類史上寫出悲壯的一頁。明亡時候殉道的人數，蕭山來鎔撰江東紀事〈應天長〉十首，其第十小序云：『諸生……俱以國變，或水或兵，慷慨赴義，蓋不可盡數也。』（見《全清詞》頁 214）可惜沒有人做過統計，其可怖的程度，簡直足以令人髮指而皆裂的！近世提倡新儒學的朋友們，似乎太偏重『知』的部分。勤於造論，而忽於篤行，知與行不免有點脫節，缺乏親證，造詣與明儒之純立于其『大』與『正』的精神，相去甚遠，明儒是直接受到經學的薰陶的，明代經學的偉大地方，不在表面的道問學層次，這一點似乎應該作進一步的認識的。」〔註7〕此篇講稿眞有振聾發瞶之功，晚明陽明學者的《四書》詮釋觀點，就是要將「聖人心學」的經典義理融攝於人倫日用之間，達到成聖成賢的爲學目的，以冀扭轉當時知識份子醉心八股講章，沉迷功名利祿的學風。整部《四書遇》就是張岱自己透過陽明心學的實踐，而產生對《四書》義理精思靜悟的心得結晶。在《四書遇》書中特別彰顯實踐精神，尤其是通經致用的重視。處處可見張岱眞知力行的智慧語錄，他爲學反對爲學術而學術，反對空談心性毫無實用的俗儒，特別重視實踐的精神與實用的要求。這種主張一方面是遵循陽明的治學態度，一方面則是對晚明狂禪風氣的反省。

我們從張岱對《大學》的詮釋來看，張岱重視實踐功夫。其詮釋重在如何實踐《大學》中的義理，達到儒者內聖外王的目標。從《大學》的注解中來看，與其說

〔註6〕見王陽明：《傳習錄》卷上，〈陸澄錄〉，頁50。
〔註7〕見饒宗頤：〈明代經學的發展路向及其淵源〉，《明代經學國際研討會論文集》，頁22。

他是張岱的讀經心得，毋寧說是他的實踐聖人經典過程之心得體悟，就如禪者之參禪日記一般。儒家的修持功夫，乃是行為的學問，必須藉由「反躬自覺、精誠實踐」才能明瞭其中的優劣得失，明瞭其中的轉折關鍵，如此方能有「居仁由義」「踐德成聖」的憑藉與冀望，否則無異緣木求魚，瞎子摸像。因此筆者以為張岱《四書遇》可以為現今知識份子只知僅從知識文字上作思辨，不知如何從心性下工夫的一面借鏡與反省。

三、在學風上，反映當代《四書》學之新面貌

晚明《四書》學新的面貌，主要特徵為在著作態度上持反對朱子《四書》學之立場；並以陽明心學取代程朱理學為詮釋《四書》時的思想基礎。在研究精神與方法上則自由解釋大興，充滿著自由學風與解放精神。在著作內容上，最主要的特色為呈現三教融合乃至儒佛合流的傾向。

關於第一點部分，張岱對朱子《四書集注》《四書或問》中，議論見解認為是精當之處仍會與以肯定引用，但《四書遇》全書所展現的思想立場，卻是更側重於站在陽明學說的角度對朱子學作批判，這一點是和晚明思潮一脈相承的。張岱反對朱子《四書》學的意見中，彙總起來可從最基本的版本體例問題、內容註解方式、到最核心的義理思想等等。

第二點，明中葉受陽明學說的影響，知識份子重視自我意識的覺醒，主體精神的張揚，要求個性自由和個性解放，這種學風使得從明初以來，以朱註為《四書》學主流的情形受到衝擊，《四書》學的解釋擺脫了朱註的藩籬，呈現出百家爭鳴，自由解釋大興的狀況。就內容上來說，張岱研讀《四書》詮釋《四書》最主要便是不「先立成見」，通過自己的體悟，詮釋經典中的道理，他說：「蓋道理要自己理會出來，方有無窮妙處，若自己未曾見得到那地位，教者就容易與他說盡，則我自說我的，與學者有何干涉？」〔註8〕由於能不囿陳說、先立成見，故能自出手眼，通過自己的體悟，詮釋經典中的道理，或使經文明白易曉，或別有新解創見，或寄託胸懷等等，從《四書遇》中所反映的自由學風，約略可分以下數點：不迷信權威、不囿陳說、自出己見、兼采備錄、注文活潑多樣，不拘一格。

第三點，張岱《四書遇》亦呈現晚明「三教合一」說的傾向，由《四書遇》全書會通三教的地方來看，大部分偏重在詞彙、觀念的引用、人物與行為的比擬而少義理層面之會通。由此可知其會通三教主要在態度與觀念上的開放，願意接受佛、

〔註8〕見張岱：《四書遇》，頁554。

道二家的思想與觀念，而非特意的在義理上，融通三教。因此，我們可以說「三教合一」說，對《四書遇》最大的影響，在於對作者觀念與態度的影響。把《四書遇》放在晚明這些以禪解經的新「四書學」中來看，它已經比李卓吾的《四書評》、周宗建的《論語商》帶有更多「三教合一」說的色彩；如果拿來與藉由詮釋《四書》以會通三教，宣揚其「三教合一」的觀點的林兆恩《四書正義》相比、或藕益智旭的《四書藕益解》作比較，《四書遇》呈現以「佛、道」解儒的面貌，主要是受時代風氣所影響，注文雜引佛、道，並沒有特殊的動機。其著作主要思想核心仍是「陽明心學」。並不像《四書藕益解》一樣，特意的「援佛入儒，務誘儒以知禪」而建立一套合會三教的文化整合模式。近人馬一浮在《四書遇題記》中說：「明人說經，大似禪家舉公案，張宗子亦同此脈。卷中時有雋語，雖未必得旨，亦自可喜，勝於碎義逃難，味同嚼蠟者遠矣。」〔註9〕可為《四書遇》呈現三教合流傾向的定評。

四、在詮釋方式上，呈現活潑多采的經典詮釋方式與詮釋平民化之傾向

張岱的《四書遇》受到這晚明自由學風的影響，其詮釋方式與詮釋語言亦展現了活潑多樣的風貌。張岱本來就是散文大家「任何體裁，在他手裏都擺脫了羈束，如序、跋、像贊、碑銘等文體，出自三袁、鍾、譚，亦不免扳著道學面孔，以嚴謹筆法為之，而張岱則寫得滑稽諧謔，情趣百出。」〔註10〕因此張岱對《四書》的詮釋，可說是在追尋聖人本意的基礎認識下，充滿了時代性的「解脫精神」與「獨特性」、「個人化」的自我風格。從《四書遇》的詮釋方式：以己心解經、以經解經、以史解經、以諸子解經、以集解經、以佛道解經、以文解經、以小說俗諺解經等八項〔註11〕來看，其注經的形式與內容已完全擺脫明初以來呆板的解經方式，自由活潑彰顯了帶有個人色彩的經學作品。尤其張岱《四書遇》的詮釋語言大都為當時口語白話，甚至引俗諺、俗語、通俗小說、歷史典故解經，閱讀容易，通俗有趣，讓讀者很容易的由書中的指引可以迅速明瞭經義，《四書遇》基本上可以說是一本通俗且平民化的教本。

五、在內容上，保留彙整晚明陽明後學的《四書》見解，並能突顯個人風格特色

由於此書成書動機乃在編纂陽明後學之經說，因此書中自然廣徵博引晚明陽

〔註 9〕 見張岱：《四書遇》，卷首。
〔註10〕 見黃桂蘭：《張岱生平及其文學》，頁 105。
〔註11〕 詳見本論文第三章第二節〈四書遇的詮釋方式〉。

明學者諸如如李贄的《四書評》、許孚遠的《大學述》《中庸述》《論語述》、管志道的《論語訂釋》《孟義訂測》、焦竑的《焦氏四書講錄》、周汝登的《四書宗旨》、楊起元的《四書眼評》等等，有些人的著作或經說則已經亡佚，要靠《四書遇》才能保留，如書中時常徵引的「吳中四才子」徐禎卿，其《四書》著作或見解今已不復見。只能從《四書遇》中輯出以窺其端倪。我們現今能得見晚明尤其是萬曆前後諸陽明學者的《四書》學說樣貌，《四書遇》可說居功厥偉，具有文獻價值。而張岱引用他人見解的部分，則是經過他深心明眼，審於去取而留存的精華。他在《廉書小序》即說：「學海無邊，書囊無底，世間書怎讀的盡？只要讀書之人，眼明手辣，心細膽粗，眼明則巧於掇拾，手辣則易於剪裁，心細則精於分別，膽粗則決於去留。」〔註12〕這是張岱一貫的治學態度。

除了彙整陽明學者《四書》學見解，具有文獻價值外，《四書遇》也呈現了自己的獨特風格。第一點，他遍取歷代經史子集乃至小說、俗諺、佛教、道教的經典可與經義相發明者，皆在所徵引，其引用書目接近百種，可見其書包羅之廣，及其學問之富。張岱刻意的引經據典除了受晚明文人好奇炫博的風氣感染外，更深一層的意義即在於表明對當時「束書不觀，游談無根」的狂禪傾向的反動。此點證諸同時期的《四書》著作——蕅益智旭的《四書蕅益解》，亦有同樣傾向。其次，《四書遇》全書也寄託張岱個人明亡後的心情寫照與經世志向，充滿了個人化的特色；最後一點，張岱是晚明的散文大家，文學聖手，其為文主張「自出手眼」，其文章特色「篇幅不長，洗鍊精短。張岱為文任筆揮灑，率直不矜矯，平易中有深致，意盡而止，不贅餘言。蓋性情灑脫，文筆精妙，故能作短雋而出色的文字。紀遊、敘事、說理、志人物，皆寫得精采絕倫。」〔註13〕蘊含著獨到的見解，散發著清新的氣息，這或許就是他所說的「冰雪之氣」（一卷冰雪文序），其友人王雨謙譽之為「文中之烏獲」、「後來之斗杓」（瑯嬛文集序），雖然《四書遇》是經學著作，但是張岱特意為之，有些地方自然呈現其敘事說理簡潔精鍊、修辭典雅，文章短雋有味的文學之美。

綜上所論《四書遇》在《四書》學史上自應有一定之地位。它體現了陽明學注經的面貌，匯聚了陽明學者詮釋《四書》的總成果，反映了當代的經學風氣，突顯了自己的著作風格。其所建構的無非是想建立以實踐道德精神為導向的《四書》學著作，響應當代通經致用的風氣，引領學風。但是隨著朝代的更迭，《四書遇》遲未付梓，甚至一度亡佚，直至近年才得以印刷流通，呈現於讀者面前。其影響力在當

〔註12〕見張岱著・夏咸淳校點：《張岱詩文集》〈瑯嬛文集〉卷 1，〈廉書小序〉，頁 138。
〔註13〕見黃桂蘭：《張岱生平及其文學》（臺北：文史哲出版社，1977 年 2 月），頁 109。

時可說微乎其微，〔註14〕此點，對張岱來說，可說是一件憾事。

總結來說，從經學史擴大來看，前代人論明代經學，大抵以爲是經學史上極衰的時代。最有代表性的批評，是張廷玉的《明史》以及顧炎武、皮錫瑞等人的說法。《明史·儒林傳》說：「專門經訓，授受源流，則二百七十餘年間，未聞以此名家者。經學非漢、唐之精專，性理襲宋、元之糟柏，論者謂科舉盛而儒術微，殆其然乎！」〔註15〕這段話批評有明一代無人以經學名家，經學實比不上漢、唐之專精。顧炎武《日知錄》說：「若有明一代之人，其所著書，無非竊盜而已。」〔註16〕顧氏大概是受《五經大全》沿襲元人經說的影響，以爲明人的著作無非剽竊。皮錫瑞的《經學歷史》更直接指出：「論宋、元、明三朝之經學，元不及宋，明又不及元。」〔註17〕今人李威熊先生亦說「經學盛衰，可由經學著作的多寡，質的高下，政府與民間是否重視，或透過比較來加以區分。明代經學，經由上面的分析，大略有了輪廓。就宋學而言，初、中期是以朱學爲主流，但過了中期，朱學逐漸走下坡。繼之而起的是晚明的陽明心學，並轉爲當時的經學大流，爲宋學的陸、王學派另創高峰，但經學著述卻乏善可陳。這時批判宋學的聲音也陸續出現，在考據、辨僞、輯佚方面，也有一些的成就，不過仍屬旁支，然而可說是清乾嘉實學前頭的伏流。因此，明代宋學，往前比不上宋、元，漢學筆不上清代，當然可以判定：明代是一個經學積衰的時代。」〔註18〕但是今人饒宗頤先生卻持不同看法，他說：「明代經學一向被人目爲空疏，從清人考證學的立場來看，自容易作出這樣的評價。須知考證學的目的在求眞，著力於文字訓話上的詮釋，明人則反是，他們治經儘量避開名句文身的糾纏，而以大義爲先，從義理上力求心得，爭取切身受用之處，表面看似蹈虛，往往收到行動上預期不到的實效。」〔註19〕李威熊先生自己也說：「明儒因治經崇尙義理，遂被後人誤爲空疏，其實明人所談的義理，是指立身處世的準則，是具象的文彩光華，必須落實日常言行，絕非空

〔註14〕 此種情形就如葛兆光在《中國思想史·導論——思想史的寫法》所說：「像明清思想史上習慣的顧、黃、王並稱，而王夫之在晚明與清初思想史上的位置與意義，就是一種追認的結果，我常常希望有人能告訴我，當時有多少人讀過王氏那些在深山中撰寫的精彩著作？反過來，有些思想史上並不占有一段或半頁的東西卻有可能眞的在思想史上深深地留下過印跡……。」見葛兆光：《中國思想史·導論——思想史的寫法》（上海：復旦大學出版社，2002 年 8 月）
〔註15〕 見張廷玉：《明史·儒林傳》卷 282，頁 3096。
〔註16〕 見顧炎武：《日知錄集釋》卷 18，〈竊書〉條，頁 440。
〔註17〕 皮錫瑞：《經學歷史》，〈經學積衰時代〉，頁 252。
〔註18〕 見李威熊：〈明代經學發展的主流與旁支〉，《明代經學國際研討會論文集》，頁 91。
〔註19〕 見饒宗頤：〈明代經學的發展路向及其淵源〉，《明代經學國際研討會論文集》，頁 15。

談。明季爲道、爲正義而犧牲者，不在少數。明亡爲國捐軀烈士亦相當可觀，這應該是受以義理說經的具體影響。」〔註20〕筆者以爲以《四書遇》爲觀察對象，從「通經致用」「內聖外王」的解度來看，明代的經學成就，最重要的不在於經學著作的多寡，知識理論的堆積建構，而是在於聖賢人格的養成。此時期的知識份子顯現出希慕聖賢的朝氣與人格的自信，從書院的普及化，《石匱書》《石匱後書》的列傳等資料中就可見出端倪。而這些影響主要來自於陽明心學的傳播。因此以儒家道德人格的圓滿展現爲標準來衡量，晚明可說是經學昌明時代。

最後，回顧整篇論文，筆者以爲本論文不足之地方在於《四書遇》中，張岱徵引了許多《易經》的經文詮釋《四書》的義理，如《論語·學而·時習》章：「子曰：『學而時習之，不亦說乎！有朋自遠方來，不亦樂乎！人不知，而不慍，不亦君子乎！』」，他引用《易經》〈乾卦〉的爻辭說：

> 《論語》首章《乾》内卦，三龍皆備。「時習」，「終日乾乾」，惕龍也。
> 「朋來」，「見龍在田」，「德施普也」。「不知不慍」，「不見是而無悶」，潛
> 龍也。〔註21〕

這種資料有許多條，本論文並沒有處理。而張岱史學巨著《石匱書》《石匱後書》中，亦徵引了許多《易經》的經文，作爲論述的義理依據。以後當可從《四書遇》、《石匱書》、《大易用序》三書中，輯出這些引《易》論《易》的資料，作爲研究張岱論《易》的原始素材。其次瞻望未來，《中庸》說：「修道之謂教」，欲通曉儒教之明，乃在於修道一事，「脩」字實至重要。「夫子自十五志學，三十而立，四十不惑，五十知命，以及六十七十，至從心所欲，不逾矩者，皆有實踐之功，非如後人所釋也。其造詣至深，德成至高，德成弟子莫由瞻企。」然「今之學者，忘道久矣，道且將不知爲何？況望其脩乎！」〔註22〕現今學者道問學後忘了尊德行，致廣大則忘盡精微，勤於造論，缺乏實踐，殊爲可惜。若不能實踐儒家功夫，而欲闡明儒理，徒以播弄文字、堆砌知識爲能事，則猶如瞎子摸象，徒弄口舌罷了。筆者研究張岱《四書遇》的同時，亦受其重視實踐功夫的啓發，未來當著重於儒學功夫論之探討，此乃儒家精義之所在，而爲現今學者所欠缺探討的領域。

〔註20〕見李威熊：〈明代經學發展的主流與旁支〉，《明代經學國際研討會論文集》，頁88。
〔註21〕見張岱：《四書遇》，頁69。
〔註22〕見列聖齊著：《中庸證釋》（臺北：三德書局，1994年10月）〈宣聖序例〉，頁27～28。

主要參考書目

一、張岱原典與研究資料

（一）原　典

1.〔明〕張岱：《明紀史闕》，臺北：學生書局，1969 年。
2.〔明〕張岱：《有明於越三不朽圖贊》，臺北：文海書局，1973 年。
3.〔明〕張岱：《史闕》（上、下）冊，臺北：華世出版社，1977 年。
4.〔明〕張岱著、朱宏達校點：《四書遇》，杭州：浙江古籍出版社，1985 年。
5.〔明〕張岱：《陶庵夢憶》，北京：中華書局，1985 年。
6.〔明〕張岱著、佘德餘點校：《快園道古》，杭州：浙江古籍出版社，1986 年。
7.〔明〕張岱：《石匱書後集》，臺北：臺灣大通書局，1987 年。
8.〔明〕張岱著、夏咸淳校點：《張岱詩文集》，上海：上海古籍出版社，1991 年。
9.〔明〕張岱：《石匱書》《續修四庫全書》（318、319、320）冊，上海：上海古籍出版社，1995 年。
10.〔明〕張岱著、唐潮校點：《夜航船》，成都：巴蜀書社，1998 年。
11.〔明〕張岱著、夏咸淳、程維榮校注：《陶庵夢憶・西湖夢尋》，上海：上海古籍出版社，2001 年。

（二）專　書

1. 黃桂蘭：《張岱的生平及其文學》，臺北：文史哲出版社，1977 年。
2. 陳清輝：《張岱生平及其小品文研究》，高雄：高雄師範學院國文研究所碩士論文，1981 年。
3. 夏咸淳：《明末奇才——張岱論》，上海：上海社科院出版社，1989 年。
4. 胡益民：《張岱評傳》，南京：南京大學出版社，1990 年。
5. 胡益民：《張岱研究》，安徽：安徽教育出版社，2002 年。

6. 郭榮修：《張岱散文理論及作品研究》，臺北：臺灣大學中國文學研究所碩士論文，1993 年。

7. 蔡麗玲：《從晚明世說體著作的流行論張岱的快園道古》，新竹：清華大學中國文學研究所碩士論文，1993 年。

8. 陳麗明：《張岱散文美學研究》，臺北：臺灣師範大學國文研究所碩士論文，1996 年。

9. 蔣靜文：《論張岱小品文學：從生命模塑到形式意義的完成》，嘉義：中正大學中國文學研究所碩士論文，1997 年。

10. 陳忠和：《從劉勰六觀論張岱小品文》，高雄：高雄師範大學中文所碩士論文，1999 年。

11. 徐世珍：《張岱夜航船研究》，臺北：政治大學中國文學研究所碩士論文，2002 年。

12. 郭秉融：《張岱及其散文研究》，臺北：臺北市立師範學院應用語文學研究所碩士論文，2004 年。

13. 佘德餘：《張岱家世》，北京：北京出版社，2004 年。

（三）單篇論文

1. 邵紅：〈遺民的心事——論陶庵夢憶一書的性質〉，《臺靜農先生八十壽慶論文集》，臺北：聯經出版公司，1981 年。

2. 朱宏達：〈張岱四書遇的發現及其價值〉，《杭州大學學報》，第 15 卷第 1 期，1985 年 3 月。

3. 王安祈：〈張岱的戲劇生活〉，《歷史月刊》，第 13 期，1989 年 2 月。

4. 周志文：〈張岱與西湖夢尋〉，《淡江學報》，第 27 期，1989 年 2 月。

5. 何冠彪：〈張岱別名、字號與籍貫新考〉，《中國書目季刊》，1989 年 6 月。

6. 張則桐：〈張岱夜航船與筆記小說〉，《明清小說研究》，第 3 期，1989 年。

7. 黃俊傑：〈張岱對古典儒學的解釋——以四書遇為中心〉，《明清之際中國文化的轉變與延續研討會論文集》，臺北：文史哲出版社，1991 年。

8. 黃裳：〈張岱的史闕〉，《榆下雜說》，上海：上海古籍出版社，1992 年。

9. 孫尚志：〈略述明末紹興明士張岱〉，《浙江月刊》，1992 年 12 月。

10. 曹淑娟：〈痴人說夢，寧恆在夢——論張岱的尋夢情結〉，《鵝湖》，1993 年 9 月。

11. 佘德餘：〈張岱的實學思想〉，《紹興師專學報》，第 1 期，1995 年。

12. 胡益民：〈張岱藝術家論的特質與歷史意義〉，《安徽大學學報》，第 24 卷第 4 期，2000 年 7 月。

13. 簡瑞銓：〈晚明四書學之新風貌——以四書遇為中心〉，《博學與雅緻——明道管理學院通識教育研討會》，臺北：萬卷樓圖書公司，2007 年 3 月。

14. 簡瑞銓：〈陽明學說對四書遇的影響〉，《明道通識論叢》，第 2 期，2007 年 3 月。

二、專書部份

（一）經　學

1. 〔漢〕趙歧注、〔宋〕孫奭疏：《孟子註疏》，臺北：藝文印書館，1985 年。
2. 〔魏〕何晏注、〔宋〕邢昺疏：《論語注疏》，臺北：藝文印書館，1985 年。
3. 〔宋〕朱熹：《四書集注》，北京：中華書局，1983 年 10 月。
4. 〔宋〕朱熹：《四書或問》，上海：上海古籍出版社，2001 年 12 月。
5. 〔明〕邱濬著、林冠群校點：《大學衍義補》（上、中、下）北京：京華出版社，1999 年 4 月。
6. 〔明〕蔡清：《四書蒙引》，《四庫全書》，臺北：臺灣商務印書館，1983 年。
7. 〔明〕鹿善繼：《四書說約》《續修四庫全書》，163 冊，上海：上海古籍出版社，1995 年。
8. 〔明〕李贄：《四書評》，上海：上海人民出版社，1975 年。
9. 〔明〕蕅益大師：《四書蕅益解補註》，臺北：佛教出版社。
10. 〔明〕焦竑：《焦氏四書講錄》，《續修四庫全書》，162 冊，上海：上海古籍出版社，1995 年。
11. 〔明〕葛寅亮：《四書湖南講》《續修四庫全書》，163 冊，上海：上海古籍出版社，1995 年。
12. 〔明〕張汝英：《四書參》，日本內閣文庫明刊本，漢學研究中心景照海外佚存古籍。
13. 〔明〕楊起元：《四書眼評》，日本內閣文庫明刊本，漢學研究中心景照海外佚存古籍。
14. 〔明〕張雲鷥：《四書經正錄》，日本內閣文庫本，漢學研究中心景照海外佚存古籍。
15. 〔明〕王夫之：《讀四書大全說》，北京：中華書局，1975 年。
16. 〔清〕朱彝尊：《經義考》，臺北：中華書局。
17. 〔清〕皮錫瑞著、周予同注釋：《經學歷史》，臺北：學海出版社，1985 年。
18. 〔清〕馬宗霍：《中國經學史》，臺北：臺灣商務印書館，1992 年。
19. 陳大齊：《孔子學說論集》，臺北：正中書局，1961 年。
20. 陳大齊：《孔子學說》，臺北：正中書局，1992 年。
21. 吳怡：《中庸誠的哲學》，臺北：東大圖書公司，1976 年。
22. 吳康：《學庸研究論集》，臺北：黎明文化事業公司，1981 年。
23. 錢穆等著：《論孟研究論集》，臺北：黎明文化事業，1982 年。
24. 錢穆：《論語要略》，臺北：臺灣商務印書館，1987 年。
25. 黃俊傑：《孟子》，臺北：東大圖書公司，1983 年。

26. 黃俊傑：《孟學思想史論》，臺北：東大圖書公司，1991 年。

27. 黃俊傑編：《孟子思想的歷史發展》，臺北：中央研究院中國文哲研究所籌備處，1995 年。

28. 黃俊傑：《中日四書詮釋傳統初探》（上、下）臺北：國立臺灣大學出版中心，2004 年。

29. 黃俊傑編：《中國經典詮釋傳統》（一）通論篇，臺北：臺灣大學出版中心，2004 年。

30. 黃俊傑：《中國孟學詮釋史論》，北京：社會科學文獻出版社，2004 年。

31. 李紀祥：《兩宋以來大學改本之研究》，臺北：學生書局，1988 年。

32. 高柏園：《中庸形上思想》，臺北：東大圖書公司，1988 年。

33. 王鵬凱：《歷代論語著述綜錄》，臺北：政治大學中國文學研究所碩士論文，1989 年。

34. 陳滿銘：《中庸思想研究》，臺北：文津出版社，1989 年。

35. 曾春海：《儒家哲學論集》，臺北：文津出版社，1989 年。

36. 林師慶彰：《清初的群經辨偽學》，臺北：文史哲出版社，1990 年。

37. 林師慶彰：《中國經學史論文選集》（上）（下），臺北：文史哲出版社，1992 年。

38. 林師慶彰：《明代經學研究論集》，臺北：文史哲出版社，1994 年。

39. 林師慶彰、蔣秋華主編：《明代經學國際研討會論文集》，臺北：中國文哲研究所籌備處，1996 年。

40. 林師慶彰主編：《經學研究論叢》，第九輯，臺北：臺灣學生書局印行，2001 年。

41. 方慶雲：《李二曲四書反身錄之研究》，臺中：逢甲大學中國文學研究所碩士論文，1990 年。

42. 賴美惠：《彖傳時義研究》，高雄：國立中山大學中國文學研究所碩士論文，1993 年。

43. 列聖齊著：《中庸證釋》，臺北：三德書局，1994 年。

44. 李明輝編：《孟子思想的哲學探討》，臺北：中央研究院中國文哲研究所籌備處，1995 年。

45. 譚宇權：《中庸哲學研究》，臺北：文津出版社，1995 年。

46. 周予同著、朱維錚編：《周予同經學史論著選集》，上海：上海人民出版社，1996 年。

47. 國立編譯館：《新集四書註解群書提要附古今四書總目》（上、下），臺北：華泰文化公司，2000 年。

48. 南懷瑾：《論語別裁》（上、下），臺北：老古文化事業股份有限公司，2001 年。

49. 南懷瑾：《孟子旁通》，臺北：老古文化事業股份有限公司，2002 年。

50. 南懷瑾：《大學微言》（上、下），臺北：老古文化事業股份有限公司，2005 年。

51. 簡瑞銓：《四書蕅益解研究》，臺北：東吳大學中國文學研究所碩士論文，1996年。

52. 曾素貞：《顏元的四書學研究》，臺北：政治大學中國文學系碩士論文，1996年。

53. 鍾雲鶯：《民國以來民間教派大學中庸思想之研究》，臺北：國立政治大學中國文學系博士論文，1999年。

54. 勞思光：《大學中庸譯註新編》，香港：中文大學出版社，2000年。

55. 吳哲毅：《孟子的仁政思想》，臺北：國立政治大學政治學系碩士論文，2000年。

56. 吳伯曜：《林兆恩四書正義研究》，彰化：國立彰化師範大學國文教育研究所碩士論文，2001年。

57. 張曉生：《郝敬及其四書學研究》，臺北：東吳大學中國文學研究所博士論文，2002年。

58. 陳昇輝：《晚明論語學之儒佛會通思想研究》，臺北：淡江大學中國文學系碩士論文，2002年。

59. 陸建猷：《四書集注與南宋四書學》，陝西：陝西人民出版社，2002年。

60. 莊凱雯：《王船山讀四書大全說研究——由心性論到知人之學》，臺中：東海大學中國文學系碩士論文，2002年。

61. 陳孟君：《李卓吾四書評與晚明新四書學》，南投：暨南國際大學中國語文學系碩士論文，2004年。

62. 楊儒賓：《儒學的氣論與功夫論》，臺北：臺灣大學出版中心，2005年。

63. 吳雁南等主編：《中國經學史》，臺北：五南圖書出版股份有限公司，2005年。

64. 陳逢源：《朱熹與四書章句集注》，臺北：里仁書局，2006年。

（二）哲　學

1. 〔宋〕黎靖德編、王星賢點校：《朱子語類》，北京：中華書局，1999年。

2. 〔明〕王陽明：《王陽明傳習錄及大學問》，臺北：黎明文化事業有限公司，1988年。

3. 〔明〕王陽明著、林安梧導讀：《傳習錄》，臺北：金楓出版社，1999年。

4. 〔明〕王夫之：《讀通鑑論》，北：里仁出版社，1985年。

5. 〔明〕王夫之：《禮記章句》（上、下），臺北：廣文書局，1977年。

6. 〔明〕王夫之：《張子正蒙注》，臺北：世界書局，1962年。

7. 〔明〕黃宗羲：《明儒學案》，臺北：華世出版社，1987年。

8. 〔明〕顧炎武著、〔清〕黃汝成集釋：《日知錄集釋》，臺北：世界書局，1962年。

9. 謝國楨：《明末清初的學風》，臺北：仲信出版社，（缺版權頁）。

10. 牟宗三：《心體與性體》，臺北：正中書局，1968年。

11. 張其昀：《陽明學論文集》，臺北：華岡出版有限公司，1977 年。

12. 周志文：《泰州學派對晚明文學風氣的影響》，臺北：臺灣大學中文所碩士論文，1977 年。

13. 王煜：《明清思想家論集》，臺北：聯經出版事業公司印行，1981 年。

14. 容肇祖：《明代思想史》，臺北：臺灣開明書局，1982 年。

15. 范壽康：《朱子及其哲學》，北京：中華書局，1983 年。

16. 鍾彩鈞：《王陽明思想之進展》，臺北：文史哲出版社，1983 年。

17. 鍾彩鈞主編：《劉蕺山學術思想論集》，臺北：中央研究院中國文哲研究所，1998 年。

18. 錢穆：《中國近三百年學術史》，臺北：臺灣商務印書館，1983 年。

19. 錢穆：《陽明學述要》，臺北：正中書局，1984 年。

20. 錢穆：《朱子新學案》，臺北：聯經出版公司，1994 年。

21. 錢穆：《歷史與文化論叢》，臺北：蘭臺出版社，2001 年。

22. 韋政通：《中國思想史》（上、下），臺北：水牛出版社，1986 年。

23. 余英時：《歷史與思想》，臺北：聯經出版事業公司，1986 年。

24. 張立文：《朱熹思想研究》，臺北：谷風出版社，1986 年。

25. 張立文：《中國哲學範疇發展史》（天道篇），臺北：五南圖書出版公司，1996 年。

26. 張立文：《中國哲學範疇發展史》（人道篇），臺北：五南圖書出版公司，1996 年。

27. 戴瑞坤：《陽明學漢學研究論集》，臺北：臺灣學生書局，1988 年。

28. 陳鼓應：《明清實學思潮史》，山東：齊魯出版社，1989 年。

29. 梁啓超：《中國近三百年學術史》，臺北：華正書局，1989 年。

30. 熊十力：《十力語要初續》，臺北：明文書局，1990 年。

31. 熊十力：《原儒》，臺北：明文書局，1997 年。

32. 林聰舜：《明清之際儒家思想的變遷與發展》，臺北：臺灣學生書局印行，1990 年。

33. 趙吉惠：《中國儒學史》，鄭州：中州古籍出版社，1991 年。

34. 陳來：《有無之境——王陽明哲學的精神》，北京：人民出版社，1991 年。

35. 陳來：《朱子學研究》，上海：華東師範大學出版社，2000 年。

36. 陳來：《宋明理學》，上海：華東師範大學，2004 年。

37. 中央大學共同學科主編：《明清之際中國文化的轉變與延續研討會論文集》，臺北：文史哲出版社，1991 年。

38. 何冠彪：《明末清初學術思想研究》，臺北：臺灣學生書局，1991 年。

39. 李紀祥：《明末清初儒學之發展》，臺北：文津出版社，1992 年。

40. 余英時：《中國思想傳統的現代詮釋》，臺北：聯經出版公司，1992 年。

41. 林安弘：《儒家孝道思想研究》，臺北：文津出版社，1992 年。

42. 陳榮捷：《王陽明傳習錄詳註集評》，臺北：臺灣學生書局，1992 年。

43. 龔鵬程：《晚明思潮》，宜蘭：佛光人文社會學院，1994 年。

44. 陸冠州：《何心隱思想及其與名教之衝突研究》，高雄：中山大學中國文學研究所碩士論文，1994 年。

45. 李淑芬：《明儒論學宗旨述要》，臺北：臺灣師範大學中國文學研究所碩士論文，1995 年。

46. 王秀珍：《論陳繼儒與晚明思潮的互動關係》，臺北：東吳大學中國文學研究所碩士論文，1996 年。

47. 林明宜：《傳習錄中心字的意涵及其用法之研究》，臺北：政治大學中國文學系碩士論文，1997 年。

48. 楊國榮：《王學通論——從王陽明到熊十力》，臺北：五南圖書出版公司，1997 年。

49. 楊國榮：《良知與心體——王陽明哲學研究》，臺北：洪葉文化事業公司，1999 年。

50. 葛榮晉：《中國實學思想史》，臺北：首都師範大學出版社，1998 年。

51. 許馨元：《周海門及其聖學宗傳研究》，臺北：東吳大學中國文學研究所碩士論文，1999 年。

52. 左東嶺：《王學與中晚明士人心態》，北京：人民文學出版社，2000 年。

53. 蔡仁厚：《王陽明哲學》，臺北：三民書局，2000 年。

54. 張學智：《明代哲學史》，北京：北京大學出版社，2000 年。

55. 張學智：《心學論集》，北京：社會科學文獻出版社，2006 年。

56. 葛兆光：《中國思想史》，上海：復旦大學出版社，2002 年。

57. 呂妙芬：《陽明學士人社群——歷史、思想與實踐》，臺北：中央研究院近代史研究所，2003 年。

58. 彭國翔：《良知學的展開——王龍溪與中晚明的陽明學》，臺北：臺灣學生書局，2003 年。

59. 李生龍：《新譯傳習錄》，臺北：三民書局，2004 年。

60. 勞思光：《新編中國哲學史》，臺北：三民書局，2004 年。

61. 鮑世斌：《明代王學研究》，成都：巴蜀書社，2004 年。

62. 戴文和：《晚明經世學鉅著皇明經世文編及其相關問題研究》，臺北：東吳大學中國文學研究所博士論文，2004 年。

63. 葉守桓：《李二曲思想研究》，臺中：東海大學中國文學系博士論文，2005 年。

（三）宗　教

1. 《大方便佛報恩經》《大正藏》，第 4 冊，臺北：新文豐出版公司，1983 年。

2. 《大佛頂首楞嚴經》，《大正藏》，第 19 冊，臺北：新文豐出版公司，1983 年。

3. 《大方廣圓覺修多羅了義經》，《大正藏》，第 17 冊，臺北：新文豐出版公司，1983 年。

4. 《金剛般若波羅密經》，《大正藏》，第 8 冊，臺北：新文豐出版公司，1983 年。

5. 《妙法蓮華經》，《大正藏》，第 9 冊，臺北：新文豐出版公司，1983 年。

6. 《大般涅槃經》，《大正藏》，第 12 冊，臺北：新文豐出版公司，1983 年。

7. 《大方等大集經》，《大正藏》，第 13 冊，臺北：新文豐出版公司，1983 年。

8. 《四十二章經》，《大正藏》，第 17 冊，臺北：新文豐出版公司，1983 年。

9. 《六祖壇經》《大正藏》，第 48 冊，臺北：新文豐出版公司，1983 年。

10. 〔宋〕釋普濟：《五燈會元》（上）（中）（下），臺北：廣文書局，1971 年。

11. 〔明〕林兆恩：《林子三教正宗統論》，臺北：臺北養興堂翻印，1984 年。

12. 〔明〕釋袾宏：《蓮池大師全集》，臺北：中國佛教文化館，1989 年。

13. 〔明〕釋德清校閱：《紫柏尊者全集》，《大藏新纂卍續藏經》，第 73 卷。

14. 〔明〕錢謙益輯《紫柏尊者全集》，《大藏新纂卍續藏經》，第 73 卷。

15. 〔明〕釋德清著《憨山老人夢遊集》，臺北：新文豐出版公司，1992 年。

16. 〔明〕釋智旭：《蕅益大師全集》，臺北：佛教出版社，1989 年。

17. 〔清〕彭紹升：《居士傳》，揚州：江蘇廣陵古籍出版社，1991 年。

18. 郭朋：《明清佛教》，福州：福建人民出版社，1982 年。

19. 法舫法師：《唯識史觀及其哲學》，臺北：天華出版公司，1987 年。

20. 蔣義斌：《宋代儒釋調和論及排佛論之演進》，臺北：臺灣商務印書館，1988 年。

21. 鄭志明：《明代三一教主研究》，臺北：臺灣學生書局，1988 年。

22. 鄭志明：《中國善書與宗教》，臺北：臺灣學生書局，1993 年。

23. 陳運星：《儒道佛三教調和論之研究──以憨山德清的會通思想為例》，桃園：中央大學哲學研究所碩士論文，1990 年。

24. 任繼愈主編：《中國道教史》，上海：上海人民出版社，1990 年。

25. 任繼愈主編：《道藏提要》，北京：中國社會科學出版社，1991 年。

26. 卿希泰主編：《中國道教史》，臺北：中華道統出版社，1997 年。

27. 陳永革：《晚明佛教的復興與困境》，南京：南京大學哲學系博士論文，1997 年。

28. 聖嚴法師：《明末佛教研究》，臺北：法鼓文化，2000 年。

29. 唐大潮：《明清之際道教三教合一思想論》，北京：宗教文化出版社，2000 年。

30. 潘桂明：《中國居士佛教史》（上、下），北京：中國社會科學出版社，2000 年。

（四）歷　史

1. 〔漢〕司馬遷著、瀧川龜太郎考證：《史記會注考證》，臺北：洪氏出版社，1983年。

2. 〔漢〕班固：《漢書》，臺北：鼎文書局，1979年。

3. 〔晉〕范曄：《後漢書》，臺北：鼎文書局，1980年。

4. 〔明〕焦竑：《國史經籍志》，臺北：臺灣商務印書館，1965年。

5. 〔清〕張廷玉：《明史》，臺北：藝文印書館，不著年月。

6. 〔清〕黃虞稷：《千頃堂書目》，臺北：廣文書局，1969年。

7. 〔清〕李亨特總裁、平恕等修：《紹興府志》，臺北：成文出版社影印，1975年。

8. 〔清〕談遷：《國榷》，臺北：鼎文書局，1978年。

9. 〔清〕紀昀等著：《四庫全書總目》，臺北：藝文印書館影印本，1987年。

10. 〔清〕查繼佐：《罪惟錄》，臺北：明文書局，1991年。

11. 〔清〕萬斯同：《明史》，上海：上海古籍出版社，1997年。

12. 謝國楨：《明清之際黨社運動考》，臺北：臺灣商務印書館，1967年。

13. 鄧嗣禹：《中國考試制度史》，臺北：臺灣學生書局，1967年。

14. 黃仁宇：《萬曆十五年》，臺北：食貨出版社，1989年。

15. 李焯然：《明史散論》，臺北：允晨文化公司，1991年。

16. 余英時：《中國歷史轉形時期的知識份子》，臺北：聯經出版公司，1992年。

17. 傅衣凌：《明史新編》，上海：上海人民出版社，1993年。

18. 張治安：《明代監察制度研究》，臺北：五南圖書公司，2000年。

（五）文　學

1. 〔唐〕柳宗元：《柳河東集》，臺北：臺灣商務印書館，1968年。

2. 〔唐〕李翱：《李文公文集》，影印文淵閣《四庫全書》，第1078冊，臺北：臺灣商務印書館，1986年。

3. 〔宋〕司馬光：《傳家集》，影印文淵閣《四庫全書》，第1094冊，臺北：臺灣商務印書館，1986，年。

4. 〔宋〕程顥、程頤：《二程遺書》，影印文淵閣《四庫全書》，第698冊，臺北：臺灣商務印書館，1986年。

5. 〔明〕祁彪佳：《祁彪佳集》，北京：中華書局，1960年。

6. 〔明〕黃宗羲：《南雷文定》，臺北：世界書局，1964年。

7. 〔明〕黃宗羲：《黃宗羲全集》，臺北：里仁書局，1987年。

8. 〔明〕焦竑：《澹園集》，臺北：偉文圖書出版社，1977年。

9. 〔明〕王艮：《王心齋全集》，臺北：廣文書局，1987年。

10. 〔明〕袁宗道:《白蘇齋類集》,上海:上海古籍出版社,1989 年。

11. 〔明〕王龍谿:《王龍谿全集》,臺北:廣文書局,2000 年。

12. 〔明〕李贄:《李贄文集》,北京:社會科學文獻出版社,2000 年。

13. 〔明〕王陽明:《王陽明全集》,上海:上海古籍出版社,2006 年。

14. 〔清〕全祖望著、朱鑄禹集注:《全祖望集彙校集注》,上海:上海古籍出版社,2000 年。

15. 唐君毅:《唐君毅先生全集》,卷 19,臺北:臺灣學生書局,1984 年。

16. 劉大杰:《中國文學發展史》,臺北:華正書局,1994 年。

17. 郭紹虞:《中國文學批評史》,臺北:五南圖書出版有限公司,1994 年。

18. 林進財:《艾南英時文理論之研究》,高雄:中山大學中國文學系碩士論文,1995 年。

19. 馮永敏:《散文鑑賞藝術探微》,臺北:文史哲出版社,1998 年。

20. 熊十力:《熊十力全集》,武漢:湖北教育出版社,2001 年。

21. 鄭頤壽:《辭章學導論》,臺北:萬卷樓圖書公司,2003 年。

22. 鄭頤壽:《辭章學新論》,臺北:萬卷樓圖書公司,2004 年。

23. 謝旻琪:《明代評點詞集研究》,臺北:東吳大學中國文學研究所碩士論文,2004 年。

(六) 外文研究

1. 〔日〕荒木見悟:《明代思想研究》,日本東京:創文社,1972 年 5 月

2. 〔日〕佐野公治:《四書學史の研究》日本東京:創文社,1988 年 2 月

3. 釋聖嚴著、關世謙譯:《明末中國佛教之研究》,臺北:學生書局,1988 年。

4. 〔日〕岡田武彥著、吳光等譯:《王陽明與明末儒學》,上海:上海古籍出版社,2000 年。

5. 〔日〕松川健二編、林師慶彰等譯:《論語思想史》,臺北:萬卷樓,2006 年

三、單篇論文

1. 程元敏:〈大學改本述評〉,《孔孟學報》,23 期,1972 年。

2. 傅武光:〈四書學考〉,《臺灣師大國文研究所集刊》,第 18 期,1974 年 6 月。

3. 任繼愈:〈唐宋以後的三教合一思潮〉,《世界宗教研究》,第 1 期,1984 年。

4. 張顯清:〈明代社會思想和學風的演變〉,《中國哲學研究》,1986 年 2 月。

5. 鄭志明:〈林兆恩與晚明王學〉,《晚明思潮與社會變動》,臺北:弘化文化事業公司,1987 年 12 月。

6. 劉貴傑:〈契嵩思想研究——佛教思想與儒家學說之交涉〉,《中華佛學學報》,第 2 期,1988 年 10 月。

7. 林師慶彰：〈王陽明的經學思想〉，《陽明學學術討論會論文集》，臺北：臺灣師大人文教育研究中心，1989 年 3 月。

8. 何寄澎：〈論釋契嵩思想與儒學的關涉〉《幼獅雜誌》，20 卷第 3 期，1989 年 5 月。

9. 陳茂山：〈試論明代中後期的社會風氣〉，《史學集刊》，第 4 期，1989 年。

10. 金耀基：〈儒家倫理‧社會學與政治秩序〉，《當代》，第 41 期，1989 年 9 月。

11. 沈善洪、錢明：〈論王陽明大學觀的演變〉，《學術月刊》，1989 年 11 月號，1989 年 11 月。

12. 王家儉：〈晚明的實學思潮〉《漢學研究》，第 7 卷，第 2 期，1989 年 12 月袁爾鉅：〈論明代的理學和心學〉，《中州學刊》，第 1 期，1990 年。

13. 陳學文：〈明代中葉以來棄農棄儒從商風氣和重商思潮的出現〉，《九州學刊》，第 3 卷第 4 期，1990 年。

14. 黃瑞卿：〈明代中後期士人棄學經商之風初探〉，《中國社會經濟史研究》，第 2 期，1990 年。

15. 劉述先：〈黃宗羲對孟子的理解〉，《鵝湖》，25 卷 7 期，1990 年。

16. 陳俊民：〈宋明三教合一思潮中的心性旨趣〉，《河北學刊》，第 3 期，1991 年。

17. 王樹人：〈論語中仁的不同涵義辨析〉，《孔子研究》，1 期，1991 年。

18. 王保珍：〈蘇軾的中庸論〉，《王叔岷先生八十壽慶論文集》，1993 年。

19. 盧微一：〈儒佛道三教的演變衝突與融匯〉，《社科信息》，第 5 期，1995 年。

20. 耿寧：〈論王陽明良知概念的演變及其雙重涵義〉，《鵝湖學誌》，15 期，1995 年。荒木見悟著、李鳳全譯：〈郝敬氣學思想研究〉，《國學研究》，第 3 卷，1995 年。

21. 陳德和：〈黃宗羲理氣同體二分論析繹〉，《鵝湖》，第 22 卷 1 期，1996 年 7 月。

22. 唐大潮：〈論明清之際三教合一思想的社會潮流〉，《宗教學研究》，第 2 期，1996 年。

23. 楊國榮：〈心性之辨：從孟子到王陽明〉，《孔孟學報》，72 期，1996 年。

24. 周積明：〈四庫全書總目的經學批評〉，《孔孟學報》，71 期，1996 年。

25. 詹海雲：〈王陽明與論語〉，《明代經學國際研討會論文集》，臺北：中央研究院中國文哲研究所籌備處，1996 年 6 月。

26. 黃俊傑：〈孟子學研究的回顧與展望〉，《臺大歷史學報》，19 期，1996 年 6 月。

27. 周啟榮：〈從坊刻四書講章論明末考證學〉，《近世中國之傳統與蛻變：劉廣京院士七十五歲祝壽論文集》，1998 年。

28. 黃慶聲：〈論李卓吾評點四書笑之諧擬性質〉，《中華學苑》，1998 年 2 月。

29. 何澤恆：〈大學格物別解〉，《漢學研究》，第 18 卷 2 期，2000 年 10 月。

30. 佐野公治著、張文朝譯：〈四書註譯書的歷史〉，《經學研究論叢》，第 9 輯，臺北：臺灣學生書局，2001 年 1 月。

31. 毛文芳：〈晚明狂禪探論〉，《漢學研究》，第 19，卷第 2 期，2001 年 12 月。

32. 陸建猷：〈宗陸學派的四書學思想〉，《西安交通大學學報》，第 22 卷第 4 期，2002 年 12 月。

33. 朱修春：〈論清初四書學中的經世思想〉，《清史研究》，第 1 期，2005 年 2 月。

34. 吳伯曜：〈陽明學說對焦氏四書講錄的影響〉，《明代文學、思想與宗教國際研討會論文集》，嘉義：南華大學文學系，2005 年。

35. 吳伯曜：〈陽明心學對晚明四書學的影響〉，《湖南大學學報》，第 20 卷第 2 期，2006 年 3 月。